ジオ・ポンティとカルロ・モリーノ　ドムスへの道程

ジオ・ポンティとカルロ・モリーノ

ドムスへの道程

鹿島出版会

キース・イヴァン・グリーン　著

岸本雄二　訳

著者まえがき

私が本書を出筆した本来の目的は、イタリアの建築についてて書きたかったからでもなければ、第二次世界大戦後のイタリアの悲惨な状況のなかでの建築創作について書くことでもありませんでした。この本は、人間として見た建築家の創作活動の難しさと、しかしその難しさのなかに残されているわずかな楽しみ、について書いたつもりです。それは人間性への挑戦であるといっても差し支えないと思います。

今日、ニュースといえば、戦争であり、広がりつつある貧困であり、世界的経済危機であります。二〇〇一年九月一一日のテロによる世界貿易センター事件もまだ過去のものとはなっていません。すなわち、二〇世紀半ばに活躍したジオ・ポンティとカルロ・モリーノが主張し、訴え続けた文明的な創造に関する「問題意識」はまだその意味を持ち続け、希望的観測すら投げかけているのです。創造的創作活動を維持し続けたふたりの建築家、ふたりの間で交わされた「会話」には、まだ十分に耳を傾ける価値があります。ポンティとモリーノの答えは、この共通であるべき問題に共感を獲得するための、共有さ

拙著『*Gio Ponti and Carlo Mollino*』の日本語版『ジオ・ポンティとカルロ・モリーノ』が、日本の読者の皆さまにお届けできることになり、大変光栄に思います。

翻訳者であり私の同僚でもある親愛なる岸本雄二教授には、すばらしい訳によって日本語での出版を可能にしていただき、心から感謝の意を表したいと思います。二〇〇三年に東京を舞台にして製作された映画『ロスト・イン・トランスレーション』の場合とは異なり、翻訳の過程における、私と岸本教授との緊密な協力関係のなかで失われたものはほとんどなかっただけではなく、われわれ相互の信頼関係がいっそう深まったと確信しています。また、鹿島出版会の編集者やスタッフの皆さんには、拙著の日本語版出版の価値を認め、最後まで諦めずにサポートしていただき、ここに厚く御礼申し上げます。

れるべき場を提供することにあったのです。新しい、しかも個人的な生き方でそれを表明しようとしたのです。それは未完成ではあったが幻想的で、時代が求めているものを反映していたのです。

私は、本書が日本においてだけでなく、アメリカにおいても、いや世界中で活躍されている建築家の創作姿勢に少しでも多く語りかけてくれることを願っています。夢を追う人々に手を差し伸べ、人々が建築に触れることで生活環境を少しでも改善して不必要な苦痛を和らげたい、そういうことを意図して、この本を書きました。

キース・イヴァン・グリーン

目次

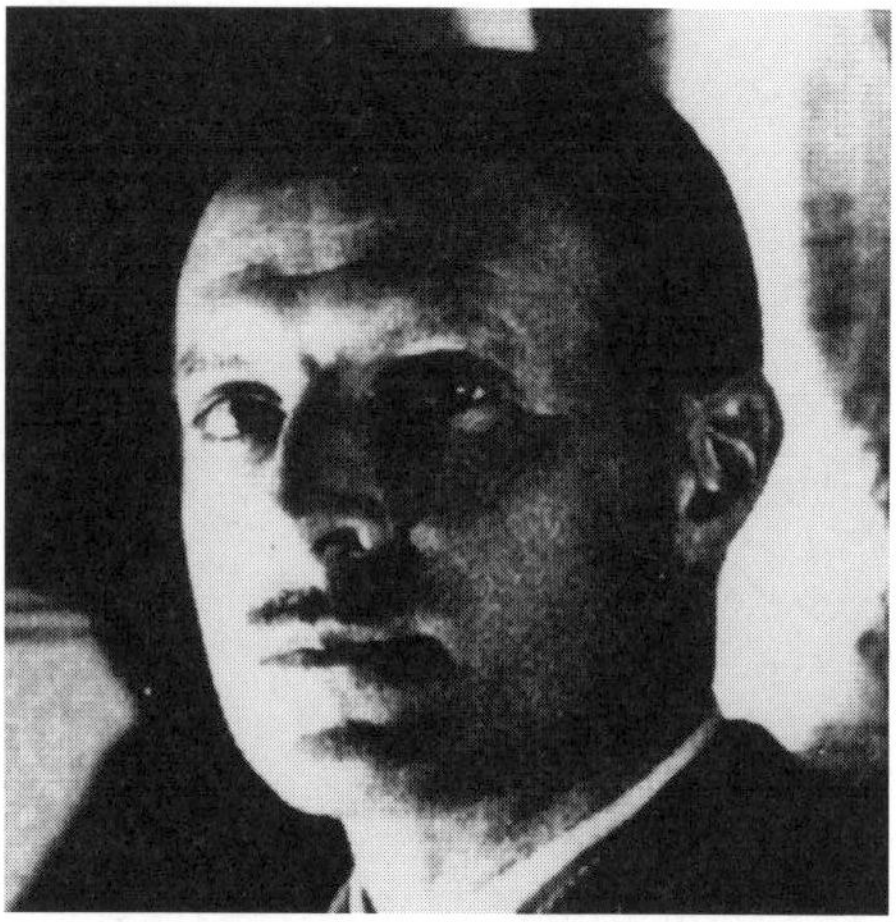

Gio Ponti　1891–1979

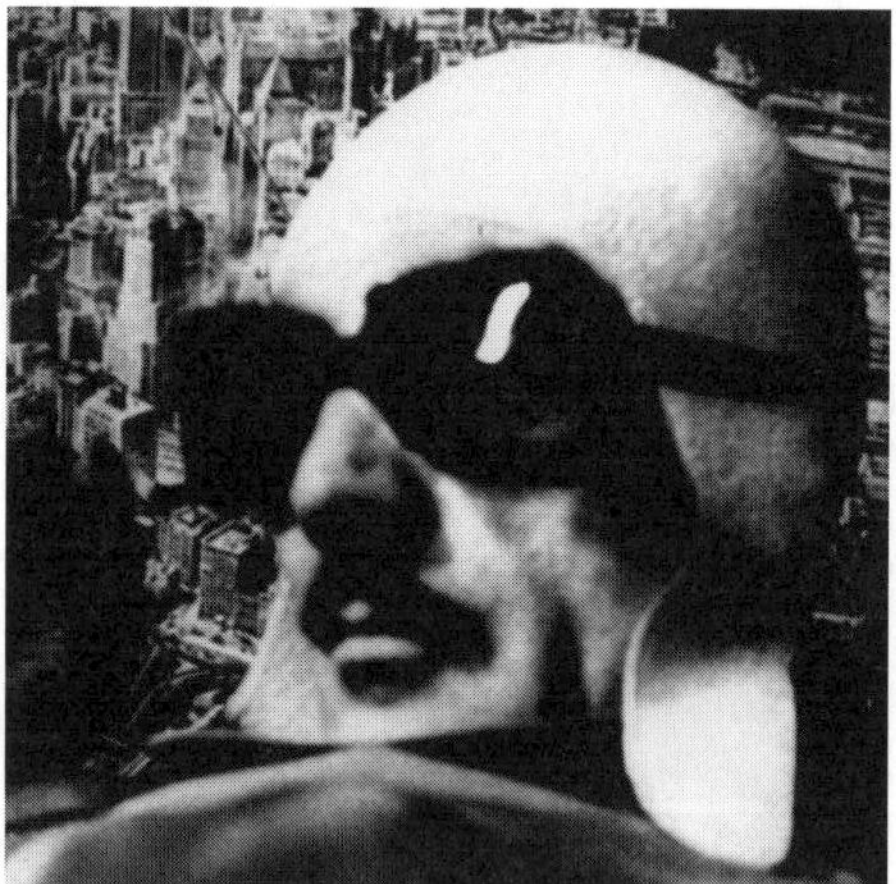

Carlo Mollino　1905–1973

序章　隠されたふたつの手法

I

ジオ・ポンティがデザインしたダイニングテーブルは一見風変わりな多角形をしているように見え、それが置いてあるダイニングルームそのものも同様に奇妙といえるほどの特殊な雰囲気を醸し出している（図1参照）。ダイニングテーブルの表面はというと、ごく普通に見えて実はそうでもないといえるし、身近に感じるようでいて親近感がないともいえる。また部屋の中で遊離しているように見えて実はうまくとけ込んでいるようにも見えたりする。

一般にダイニングテーブルの形がダイニングルームに似合わないということはめったにない。たとえば、壁、床、天井からはっきりと区別できる異質の正方形や長方形、円形、単純な幾何学的模様が採用されている場合である。しかし、「ヴィラ・プランチャート（Villa Planchart）」のダイニングルームのように、一辺の長さが三種類もある八角形のテーブルは、それがたとえ左右が対称形であったとしても部屋の大きさや形と調和させるのは容易ではない。床材の大理石をはじめ、壁面や吊り天井の仕上げ材などはテーブルと似たような形をしており、これらのさまざまな形はポンティのきめの細かいデザインによってうまくひとつにまとめ上げられている。

この幻惑的なダイニングテーブルのデザインの意図を効果的に支えているふたつの要素は「左右対称形」と「多角形」であって、テーブルの特徴をいっそう際立たせている。このふたつの要素は床材としての大理石の特徴をよく生かしているだけではなく、テーブルと床との関係をより親密にしている。

ヴィラ・プランチャートでは、ダイニングテーブルが家具や室内装飾、そのほかの建築的要素と親密に対話を交わしていたり、あたかも生物が自然環境と共生するように、周りの人工的な環境と「仮装」と呼ぶべき手法で呼応している。たとえば「仮装」においては、目立つ要素は「変装」によって敵には見えないように周囲の環境のなかに埋没してしまうことになるが、しかしこの場合の「仮装」術は完全に見えなくなるのではなく、むしろ不完全に消えるので、かえって敵の目を欺くことになる。

図1　ジオ・ポンティ。ヴィラ・プランチャートのインテリア「道化師」の部屋内部

ポンティのヴィラでこうした「仮装」の手法が使われているとはいえ、多角形のダイニングテーブル全体が周りの多角形の空間のなかに埋没しているわけではない。このテーブルの表面には二本の軸線があって、周囲の変則的な多角形の空間から少し遊離している。ポンティのつくり出す建築の世界では、「仮装」と「対称形」が打ち消し合っていることになる。「仮装」においてテーブルは、人工的でダイナミックな室内空間に吸収されやすくなり、「対称形」においては、観察者の鋭い目にテーブルの存在が再確認されやすくなる。ポンティの、未完成という完成さを意図した手法「仮装」を建築的に翻訳しようとすると、長い歴史のなかで培われてきた「対称形」がそうであったことに気がつく。ポンティは、ヴィラ・プランチャートを設計するにあたって、自然と人間の共存関係のように、「仮装」と「対称形」とが本質的には相いれない関係にあるという事実こそが、空間に「神秘さ」と「活力」を提供する源泉になっていることを感知していた。

ヴェネズエラ・カラカスの丘の頂に建つこのヴィラ・プランチャートは、アナラ&アルマンド・プランチャート夫妻のために設計された一九五〇年代中ごろの作品である。もし夫妻がこのダイニングテーブルの端がどこからはじまってどこで終わるのか不思議に思ったとしたら、それは「あてどもなくさまようこと」を意図してつくられたこの作品の建築家ポンティの、人間性豊かな「遊び心」であると知るべきであろう。

もしこれに疑問を感じるなら、ヴィラの外観のデザインをよく観察して見ればよい。この建築家がいかに建物の隅々まで気を配って設計していたかがわかるはずだ(図2参照)。自然環境のなかにある建物としてのヴィラは非常に配慮の行き届いた設計がなされており、奇異に見える多角形でさえ、単純な白い箱のように見えても実はその一部をねじってみたり、つぼめてみたり、屋根と壁とが緊張感のあるコントラストを見せたりして、すべてが建築家の意思によって設計されているのがわかる。しかし、ヴィラ・プランチャートがまさに分解寸前のような正六角形のプリズムなのか、やや不完全な六角形が正六角形に戻ろうとしているのかは定かでない。奇妙な

図2　ジオ・ポンティ。ヴィラ・プランチャートのエクステリア夜景

図3　ジオ・ポンティ。ヴィラ・プランチャートの正面外観（フルヴィオ・イラーチェ著『ジオ・ポンティ：イタリアの住宅建築』より）

ことにヴィラの外観は、インテリアと同様に、「不完全で自然でしかも人間的なもの」と「理想的で人為的でしかも精神的なもの」とを互いに結びつけている。ポンティはこのような建築作品のなかに存在する矛盾を「奇跡の均衡」と呼んでいる。[1]「奇跡の均衡」状態[2]における建築作品は、次のふたつのことを同時に表現している。

・人間とはたとえ限界があるにせよ、本質的にはすばらしい創造力そのものである。

・建築の「奇跡の均衡」は「完全」や「理想」、「全体」を提唱してやまない建築家に現実を意識させ、現実から遊離させる力となる。

II

ジオ・ポンティの親友カルロ・モリーノは、第二次世界大戦中、故郷トリノのふた部屋続きの安アパートで、仕事と夢とを追い続けていた。モリーノはこの安アパートの部屋を見事にデザインし直してすばらしい空間につくり替えて、自分のための「第二」のすみかとし、「カサ・ミラー（ミラー邸）」と命名した。

　カサ・ミラーは、すまいというよりはむしろモリーノの「隠れ家」とでもいうべきもので、建築家であり写真家で発明家でもあった彼の多彩な才能を育んだ。そこはモリーノの事務所であり、実験室であり、写真スタジオであり、さらにはトリノに住んでいた家族から逃れるための隠れ家でもあった。実は父親ユージーノが耐え難いほどの暴君に豹変することがしばしばあったためだが。

　そしてモリーノとそこに集まる多彩な客とが理想と夢を一緒に追える場所、それがカサ・ミラーであった。それは限りなく開かれた可能性へと向かう場であった。その可能性は現実的なものもあれば、空想の域を出ていなかったり、はじめから明らかに不可能なものもあった。予言的で奇跡的なディテールや、幻想的な装飾の施されたすばらしい隠れ家でもあった。

モリーノ自身も認めていることだが、この建築作品については、（同時期のいくつかの作品とともに）一八八四年にフランスで出版されたジョリス＝カルル・ユイスマンス（Joris-Karl Huysmans）の小説、『さかしま』（*A Rebours*）に書かれている隠れ家にその前例を見いだせるのであり、この小説こそがモリーノの創造性を触発することになった。[3] モリーノとカサ・ミラーに深く関係している『さかしま』のくだりでは、作者ユイスマンスは小説の主人公ジャン・デ・ゼッサント（Jean des Esseintes）の部屋について、こう書いている。

……彼は、家具や調度品の風変わりともいえる配置を綿密に行い、間仕切りで部屋をいくつかに分けて、それぞれ違った壁掛けやカーペットで覆い、その色合いはときに派手であったり、くすんで見えたり、またときに洗練されていたり、粗野であったりして、微妙に調和がとれている。さらにはラテン語やフランス語の彼の愛読書が独特なアクセントを添えていた。[4]

カルロ・モリーノはカサ・ミラー（次ページ、図4参照）の建築空間をデ・ゼッサントと同じような意図で設計している。モリーノはなんの変哲もないトリノのアパートにフランス語の愛読書を厳選して持ち込み、自らの隠れ家としたのである。デ・ゼッサントの贅沢ともいえる部屋では、未知の世界に対する信仰のごとき熱烈な憧れを作者ユイスマンスが描き出したが、カサ・ミラーでは色彩感覚や肌触りなどに配慮した人工的な素材によってデザインされている。[5]

人工の楽園をつくるにあたってモリーノはできる限り倹約し、デ・ゼッサントの部屋で使われた贅沢な材料は高価すぎるので、代用品で間に合わせた。[6] 居間とバス・トイレ付きの寝室だけしかないカサ・ミラーは、官能的とさえいえる高級木材やベルベット仕上げの家具、ミロのヴィーナスの形をした鏡、ベルベットのカーテンなどで埋めつくされているかのように見える。こうした家具や各種素材の配置のほかに、漆喰で模した古典様式風の調度品やミケランジェロの彫刻『瀕死の奴隷』の拡大レプリカなど、手に入りやすい材料で装飾している。モ

図4　カルロ・モリーノ。モリーノ自身の撮影によるカサ・ミラーのベッドルーム

リーノはこの狭く平凡で変哲もない空間を変質させるために、豪華に見え、しかもどこかで見たことのあるような要素で飾り立てたのである。

モリーノは、こうした改造にさまざまな建築的手法を用いた。透視法の消点を、つまり現実世界の透視図法を崩すために、調度品を選択し部屋を「もの」で埋めつくした。そして、人工的な環境をつくり出すために配置換えを行った。さらに、常識的な室内空間の限界を超えるために一即製品を使って時空間の超越を図った。

小説『さかしま』の序文でユイスマンスは次のように書いている。[7] 意図的に演出された環境のなかで、人は、世間の煩わしさによる人生への嫌気を癒すことができる、と。主人公デ・ゼッサントは自分の部屋に工夫を凝らし、そこを世の中からの隠れ家にしたのである。またこうも書いている。物質的に装飾で満たされた生活空間を完成させて、思考の緊張を解き、気分を落ち着かせ、脳の働きを休ませようとした。[8] しかしデ・ゼッサントにとって自宅での生活は、休息の楽しみというよりはむしろ義務としての仕事であった。どうにかして、めまぐるしく変わる自分の気持ちに対処しようとしたのである。
同様にモリーノは建築家として、近視眼的に見た自分を表現するために、わかりやすい形式的方法論と論理的内容との両方を可能にしようとした。[9] いつものことではあるが、「愛に向かって邁進」しようとするモリーノは、カサ・ミラーをして真にくつろげる場所にしようとしたのである。モリーノはもし自分の内なるものがカサ・ミラーからわき出てくるなら、それは自分の存在を示す多面的な精神が同時に現れることになると予言した。[10] 建築の設計行為はモリーノにとって、心の奥底からわき出てくる自己の反映そのものであった。それは極端に個人的なものなのだ、と彼自身も言っているように。[11] カサ・ミラーはその理論と現実とが一体となったモリーノのすばらしい代表例である。[12]
建築の究極の目的とは、あらゆる物質的限界を超えた究極の自由を獲得することにある、とモリーノは主張している。[13] しかし、現実に多くの作品を生み出す建築家にとっては、物質世界からの完全な自由などありえないのだが。実は、デ・ゼッサントとカルロ・モリーノのふたりはともに、自分たちの創造した世界と、一般の現実世界とがいかに食い違っているかを痛いほど知っている。ユイスマンスの小説の落ち着きのない主人公、デ・ゼッサントは……。

……調和のとれた生活を望みつつも、自分でつくった不思議な室内環境もままならないため、その環境について研究したり、自己観察や自己分析をして自己変革を試みる楽しみに耽ったりすることさえもしなかった。時と場所を変えたいと思うほどに迷い悩まされ、過ぎ去った日々が再び隔世遺伝のように、多少とも生気のある現実として登場することを望みつつ。[14]

不確定な未来と決して戻ることのない過去とを見つめつつ、デ・ゼッサントは、このように室内を改造し、不安定な現状から逃げだして一時的に休息できる機会を求めても実は得られない、ということを知るに至った。自分のためのすみかをつくり上げることを夢見ていたのに、不覚にも実際にできたものは、隠者の小屋と遊び部屋とを兼ねた「精巧な装置」[15]になってしまった。それは、主人公を疲労させたり困惑させたりしていたはずの純粋さと無邪気さとを反映して、建築的要素に満ちた部屋になってしまった。[16]こうしてデ・ゼッサントの二面性を有する建築は、自分の内面と現実の外的世界との間で、調和しえない緊張状態を反映する結果になった。現実の世界とは、「器と中身との関係や、礼拝の形式的しきたりとその内面的精神性との関係のように、驚くべき矛盾を含んでいる」[17]という、主人公自身が感じている不均衡のことである。

カルロ・モリーノも同様に、自分の建築が自らの意図した「休息の聖堂」にはならなかったことを理解していた。カサ・ミラーが、この建築家が求めていた、自分と自分を取り巻く人々やもろもろの事象との間にある均衡状態を維持するための支えになるはずであったのだ。しかしモリーノは諦めようとはしなかった。彼はライカの力に頼ってでも、カサ・ミラーに人と物との相互関係を求ようとした。すなわちカメラが機械的に作動している瞬間にだけ起こりうる関係である。カメラ〝Camera〟はイタリア語で「部屋」を意味するので、もしかしたらこのトリノの建築家は、ライカの小さなボディのなかに長い間探し求めていた「部屋」を見つけたのかもしれない。

しかし、ごくたまにではあるが、モリーノはこの信じられないようなファインダー越しの刹那の瞬間をフィルムに収めていた。[18]そんな写真のひとコマに、二脚のアームチェアが置いてある部屋があり、そのひとつにかかっているヒョウの毛皮とモデルの女性の髪の毛のテクスチャーとがよく調和しているのが写されている。この奇跡的な瞬間をとらえるには、モリーノは細心の注意を払って相当数の写真を撮影したようである。なぜならば、このことこそが建築家でもあり住人でもある本人と、その仕事場との「ダイナミック」な関係を、「静」としてとらえる難しさを証明していたからである。「ダイナミック」を完成させるために、時としてモリーノは自分自身を写し込むことも試みた。たとえば自らポーズをとったり、何枚もの鏡を使って、楽しそうに身を捻ったり伸ばしたりして何度も鏡に反射させて、カメラの後ろにいる自分を写したりした。

カサ・ミラーでは、モリーノ本人もゲストにすぎなかったといえる。自らの作品のなかでリラックスしようとしていたモリーノは、ある写真では装飾的な部屋の雰囲気とよく調和すると思ったのか、スポーツジャケットに花模様のネクタイを締めた自分を写したりしている(次ページ、図5参照)。このセルフポートレートに写された漆喰《しっくい》の柱頭は、ほかの写真では、女性モデルにしっかりと抱かれて彼女の体の一部になってしまっている。モリーノはカサ・ミラーで建築的手法だけに頼っていたのではなく、写真や「仮装」の手法をも積極的に取り入れていたのである。

「現実」であると同時に「象徴」でもあるカサ・ミラーは、はっきりとした計画もなければ目的すらもない建築であった。この奇妙で人工的な建築では、モリーノが自ら欲して目指したものを混乱に陥らせただけではなく、建築家自身の「二面性」の奇妙な自分の反映でもあるデザインを、意識的に混乱させたりしている。モリーノの探していたものがここにある不思議な美しさであるなら、人と物との調和が刹那的であることを彼の写真も示しているように、その美しさは決して長続きはしないであろう。安定性というものに欠けるモリーノは、完全なる未完成を完成すべく、活気に満ちていてしかも単純であるというような、不可能が可能になる瞬間を待つしかない。それまでこのような建築の「完成」はおあずけということになる。

図5　カルロ・モリーノ。カサ・ミラー室内におけるモリーノのセルフポートレート

原注

1 このような難しい弁証法的で基本的な両極面をひと言では説明しえない。しかし、より簡潔な説明を求めるなら、アナンダ・クーマラスワミが書いているように「形而下学と形而上学」間の両極間均衡や、「現実性と精神性」間の両極間均衡が本質的には同じ弁証法である（Ananda K. Coomaraswamy, *Figures of Speech or Figures of Thought* [New Delhi, Manoharlal, 1981], pp. 85 and 92を参照）。

2 ポンティの言葉を借りるなら「奇跡の均衡とは本質的にはダイナミックな建築の表現のことである」。彼特有の極端に相反する表現を使って「奇跡の均衡」について述べている。芸術とは余分なものであり、均衡のとれていないものであり、しかも不均衡の均衡である（Gio Ponti, *In Praise of Architecture*, [originally published as *Amate l'Architectura* (Love Architecture), 1957], transl. G. Seppina and M. Salvadori（NY: F. W. Dodge, 1960）, pp. 110 and 63）。

3 ユイスマンスの小説『さかしま（*A Rebours*）』では、「退廃的経験」を「新しい感覚の追求」と定義している。ユイスマンス著『さかしま』に対するモリーノの共鳴に関しては、ジョバンニ・ブリーノ著『カルロ・モリーノ：自伝としての建築』で、「モリーノに関するアーカイブの中にある一冊の本が、彼のユニークな哲学や彼のアプローチを理解する上での鍵を握る。それが『さかしま』である」（G. Brino, *Carlo Mollino: Architecture as Autobiography* [NY: Rizzoli 1987], p. 34）。同書でブリーノは、ユイスマンスの小説がモリーノのカサ・ミラーの及ぼした影響について述べている（p. 70）。モリーノは、カサ・ミラーの建築中に、ユイスマンスの小説に触発されてふたつの自伝的幻想を発表した。そのひとつは雑誌『カサベラ』の一九三三年八月号から一一月号まで四回に分けて発表された「Vita di Oberon」である。二回目に発表された題名は「L'amate del Duca」で、『Il Sevaggio』誌に一九三四年八月から一二月、一九三五年三、四、五月にわたって発表された。モリーノの、幻想的な著述と「建築家のための理想的なすまい」との関係については、マルコ・ファスカーリの著作『Una Pillola per Sognare, Una Casa』（Milan: Editrice Progetti, 1995）の「モリーノの部屋」を参照。

4 Huysmans, *Against the Grain*（*A Rebours*）, p. 10

5 Huysmans,（注4）, p. 76

6 ユイスマンスも指摘しているが、高価で贅沢な素材がありきたりの絨毯《じゅうたん》に見えるようにしているのである（Huysmans,（注4）, p. 62–63）。

7 ユイスマンスの序文は、初版から二〇年たって書かれたものである。その序文は英訳版に載っている。

8 Huysmans,（注4）, p. 82

9 Carlo Mollino（with F. Vadacchino）*Architettura: arte e tecnica*（Turin: Chiantore, 1967; first published in 1947）, p. 66

10 Carlo Mollino, *Archiytettura: arte e tecnica*, p. 66

11 Carlo Mollino, "Tutto è permesso sempre salva la fantasia"［幻想のためには、すべて許される］, *Domus* 245（April 1950）, p. 20

12 Carlo Mollino,（注11）, p. 20

13 これはモリーノ宣言の最後の部分である（p. 104）。

14 Huysmans,（注4）, pp. 168–169

15 ユイスマンスは、自著の主人公の成し遂げたインテリアデザインを精巧な装置として説明している。

16 ユイスマンスは自著『L'arte Moderne』では、芸術を誕生させた人間性と芸術を発展させた地球のように、すべての芸術は、芸術の純粋性と理不尽との間を近づけたり、芸術の天国と地獄の間を結びつけるたりしなければならない。

17 Huysmans,（注4）, p. 155

18 アダ・ミノラはモリーノの親友として手紙にこう書いている。「モリーノは単純な動きのなかに美を感じることができる人です。たとえば、手の動きや、笑みやそのほかの顔の表情などの単純な動きが彼を有頂天にさせるのです」（アダ・ミノラのカルロ・モリーノに敬意をささげる手紙から、Abitare 273号（一九八九年四月）、p. 253–254）

第一章　簡潔に

Stanza

1……部屋
2……句を集めて詩の節となす
3……非現実的世界に向かって開かれた空間
4……手工業が主人公となるような広々とした住居

ヴィラ・プランチャートとカサ・ミラーが訴えかけようとしているのは、ふたりの建築家ジオ・ポンティとカルロ・モリーノの「すまい」に対する異常ともいえる感覚であろう。ヴィラ・プランチャートとカサ・ミラーのインテリアは双方ともに明らかに不自然な様相を呈している。このふたつのすまいのインテリアとその装飾について比べても、区別をするのは非常に難しいとさえいえる。室内にある「家具」や「空間」だけを見て「そこに住んでいる人」を想像し、見分けようとしてもその試みには限界があり、思考を一時停止して再考しなければならないほどだ。この不明瞭で不自然このうえないふたつの建築作品は、伝統的に共存してきたふたつの相反する考え方の両方に疑問を投げかけている。ふたつの考え方とは、住宅とは心の安らぎと気持ちのよさとを提供する場という伝統的な立場と、機能的で標準化され、さらに必要最小限という近代建築が掲げた立場とである。

このふたつの作品は、全体にわたって疑問の余地がないほど、建築家の意図がそのままデザインに反映されている。しかし「互いに矛盾しているかのように見える」この二作品から欠点というものを見つけるのはほとんど不可能に近い。それは非常に洗練されてよく考え抜かれているからだともいえるが、ダイナミックにして開かれている未完成品だからだ、といったほうがより的確だ。自分自身を表現したいとする建築家のジレンマはこの「相矛盾する」二面性をすでに備え持っており[1]、この両側面を兼ね備えた建築を、ポンティは「精緻な幻想」と性格づけた[2]。ヴィラ・プランチャートもカサ・ミラーもともに、精緻への到達がすでに「幻想」なのだということをジオ・ポンティも若きモリーノ（モリーノはポンティより一四歳年下）も悟っていた。それでもなお、ふたりの建築家は執拗に幻想的建築を「精緻」なまでに仕上げていった。

言い換えれば、幸福な生活やすばらしい人生を求める人たちのための「幸せなすまい」と性格づけたこの幻想は、たとえどんなに「精緻」に仕上げたとしても、「すまい」の究極の目的にとっては十分ではありえなかったのだ。[3]

ヴィラ・プランチャートとカサ・ミラーで未解決に見える部分は、ふたりの建築家の力量不足に起因しているといってもよい。なぜならば、ふたりの建築家が、施主であり住人でもあるプランチャート夫妻と、自室を設計したモリーノ自身のために、必ずしも満足のいく「すまい」を提供できたとはいえなかったからである。伝統的な意味での「居心地のいいすまい」も、「純粋」な意味での「近代建築」の掲げた「機能」や「標準化」を目指した「すまい」のどちらをも提供できなかった。[4]ポンティにとって住宅とは、はじめから不可能とわかっている「自由奔放」や「美」に対する複雑なる欲求そのものであった。つまり、ポンティとモリーノにとっての「すまい」とは一般の建築デザインと一線を画しており、独立した立場から生まれてくる理想なのであった。[5]

果たして建築家が「すまい」を提供できるのかという設問、すなわち設計活動を通して経験したポンティ自身の建築家としての不適格さは、ポンティとモリーノとがともに第二次世界大戦の困難な時代に設計活動をしたイタリアの建築家であったことに起因しているともいえる。その困難はムッソリーニがローマを行軍したことにはじまり、一九六〇年から七〇年代にかけての社会主義が支配した複雑な時代でもあった。不安定な政局や社会情勢がイタリア建築の不安定な軌跡と時を同じくしていた。第二次大戦後の不安定な数十年間は、当時の政治体制を背景に設計された建築に要約されるように、「近代建築運動」そのものであった。

ヴィラ・プランチャートとカサ・ミラーを設計するにあたって、ポンティとモリーノは建築運動の主流によって敷かれたレールの上を走るという誘惑に抵抗し続けた。ユートピア（未来の理想郷）やアルカディア（自然志向の理想郷）という「理想」社会のために描かれたビジョンで、「幸せなすまい」を実現しようとしては失敗した建築家の「スティレ」や「組織」や「制度」がすなわち建築運動であった。ポンティによれば、「幸せなすまい」づくりに建築家が失敗した理由とは。

……それは歴史を振り返って見ればあきらかである。神々の没落、それによる神話の終焉、また異教徒(多神教のギリシア・ローマ)時代には芸術や宗教でさえあった思想の崩壊……そしてついには人間性を謳った理想郷や学問的で懐古趣味的な古典主義として今日までも生きながらえたものもあるが。[6]

ポンティによれば、「幸せなすまい」を設計してよりよい社会を築こうと理想に燃えている建築家にとって、もはや、神々や神の力、芸術や宗教の力を借りて表現できなくなっているし、すでに没落したものを学問的に救おうとするその努力のなかにさえ救いを求められなくなっていた。ポンティは、この頼りにならないもののリストに政治と科学を付け加えた。過去の政治体制が「よりよい社会づくり」に失敗したので、ポンティにとって建築がもはや政策の表現ではありえなくなり、建築そのものの政策を追求するべきであると宣言した。[7] 科学についても人間性への渇望を潤すには、科学という神話に頼ることはできなくなったし、羅針盤でさえも否定するしかない、とまで言い切った。では詩的な想像や詩的な瞑想の内に、この悲しみに耐えていけるだけの信仰を見いだせたのだろうか。[8]

ポンティとモリーノは、当時のイタリアにおいて途方に暮れながら絶望的な不安定さを実感しつつも「詩的なまでの純粋で原始的ともいえる職業としての建築」に向かって邁進していった。[9] では、いったいどのようにしてこの職能に対峙したのであろうか。

建築と取り組む際に、「すまいとは何か」という設問について交わされたふたりの尽きることのない会話のなかからそれは生まれてきた。もちろん、ポンティとモリーノはこの設問に対して確信をもてるような答えは探し出せなかったのだが、その代りに「答えがない」という答えを導き出した。その特徴は、この設問が「人間の可能性の限界」や「人間の存在の領域」をはっきりと示することにあった。[10] このようにすまいについて疑問を呈し続けたふたりの建築家は、建築の可能性を追い続けながら作品の限界と領域を広げていき、ついに「ドムス」というすばらしい概念に行き当たったのである。

「すまい」について交わされたポンティとモリーノの会話は、結論など期待せずに続けられたのであるから、政治的にも技術的にもさらに文化的にも時代の精神を表す、「適切」なる空間と機能の両方を有する完成品としての建築作品は、初めから追求されていなかった。ポンティはヴィラ・プランチャートのダイニングルームがあたかも「世界」そのものであるかのように思い描いたのであったが、[11] それが技術的にたとえ完全であっても「理想の世界」ではありえなかった。同時に、このヴィラが「文明」[12] それ自身であるかのように思い描いたのであるが、実はそれは、ローマ時代の人々やルネサンス期の人間至上主義者や、のちのイタリアのファシストたちが描いたような「完璧な文明」でもなかった。

ポンティとモリーノは、ユートピアとアルカディアの実現に向かって、たとえ権威はなくとも、強く個性的な建築の道を夢見ていたのである。しかしヴィラ・プランチャートの場合もカサ・ミラーの場合も、「すまい」を提供できていないという現実をその住人によって痛感させられていた。しかし、「すまい」の住人とその周りの環境とがともに「住み心地のよさ」を感じられる建築作品をつくりたいという熱望は、決して冷めていたわけではなかった。それどころか、このふたりの建築家は、建築史を振り返ればわかるように、かつて一度も成功したことのない「部屋」の創作、という地味な道を選んだのであった。その「部屋」とは、予期しなかったことが起こったり、ふたりの理想の実現とは異なる別の世界で何かが起こりうる、そういう「部屋」のことであった。

建築家であると同時に詩人でもあったポンティは、同世代のイタリアの建築家に声をかけて、建物としての建築と機能としての建築に関して、以上で述べたような「部屋」が存在しうるか、確かめてもらいたい、という難題をつきつけたのだ。このチャレンジを受け入れやすくするために、ポンティの説明は詩的で「イタリア語で部屋はStanzaで、StanzaはStayでもあり、人がそこに留まって生活を営むこと」[13]を意味する美しい言葉であると、指摘しておいたのだ。もちろんのこと、ポンティはStanzaが詩の数行をまとめた節を意味することや[14]、住居とは芸術の全領域を網羅するような住空間であるとした詩人ダンテの定義も知っていた。[15]ポンティとモリーノが思い描いていた住空間とは、そこに留まる（Stay）ことによって、気持ちのふさいでいる人が必要とするものや、憧れや夢が満たされるような部屋（Stanza）であった。

ヴィラ・プランチャートのダイニングルームとカサ・ミラーのサロンとは、ともに部屋（Stanza）である。一方は複数の焦点が可能であり透視図法が可能な、ゆったりとした部屋であり、他方は本質的な失敗やこの世の不思議さを表現している詩情豊かな建築である。両作品はともに人と環境（自然環境と人工環境）との間の「奇跡ともいえる均衡」をつくり出している。ふたりの建築家は調和を、言い換えると、人や物や世界との真摯で建設的な関係を育めるような建築作品をつくり出すことを約束していた。

この「本質的」な関係を一新するための鍵は、人や物や世界との関係がつねに一時的であるというポンティの認識している「不安定な領域」をまず認めることから始まる。[16]そうすると一見「的」をついているようでも、実は不安定極まりないことがわかってくる。なぜならそれは、ポンティのいう「奇跡の均衡」状態と、一時的には保たれている均衡状態が崩れて、建っていること自体が奇跡となるような「不安定な均衡」との間に互換性があるからである。[17]このような不安定さの原因は、本質的には不安定な関係によることがわかっていたポンティは、一般の建築家にまずはリラックスしてもらいたい、と考えた。

ドムス

1……幸せなすまい

2……神秘的で純粋な言葉

3……ポンティ主宰の建築雑誌

4……夢

ポンティは、世の中にはどうしても起こってしまう失敗があることを自覚していると同時に、すばらしい人生への可能性に対して畏怖の念を感じてもいた。[18] 生まれつきの楽天家であったポンティは、「なんと神秘的で純粋な言葉であろうか」とまるで無邪気な子供のように叫ばずにはいられなかった。その建築を追求する姿勢は「神秘的で純粋」な言葉で表せる。たとえば、ラテン語の「ドムス」はポンティ自身が英語に訳しているように、home（幸せなすまい）である。[19] それは彼の夢見た「幸せなすまい」であり、立派な人たちが幸せな生活を営むすまいであった。ポンティは建築の探求にあたって「ドムス」をテーマとし、自分の設計活動で実行に移していった。それは、建築雑誌『ドムス』であり、彼の家具工房「ドムス」であり、彼の建築作品の「ドムス」でもあった。彼は「ドムス」の旗の下で人と工芸品との理想的な関係にめぐり合える日を夢見ていた。ポンティは建築の可能性の追求や建設事業に精魂を込めたが、一方で、「ドムス」というコンセプトが、「幸せなすまい」を実現するための確かな処方箋とはなりえないし、ましてやそれを建築家に提供することなどはありえないことを自覚していた。[20]

ポンティは、「ドムス」を建築作品というよりは建築の幻影としてとらえていた。「発明する」ということは「創造する」ことではなく、「発見する」ことだといっている。[21] ゆえに「ドムス」は建築の「神秘的で純粋」な状態を示唆し、つかの間の感覚として発見された理想の状態である。その発見はまず設計過程で建築家によってもたらされ、次にそこに毎日住んでいる人によってもたらされるのである。住人が建築作品の「すばらしさ」[22]を発見した場合は、ドムスという精神的な言葉が約束してくれるものと、現実の物質的な建物とは同一なのである。不可能と考えられるようなドムス（精神的なもの）は依然現実として存在している。しかし、このような心と物との一致は、一瞬の間においてのみ可能と考えたほうがよい。ポンティによれば、どんな人間の力でもこのような

「建築のドムス的状態」を長く維持しえない、といっている。[23]

ポンティは材料を使って建築を構築したり、既存の建築に手を加える際も、つねにドムスという言葉を軸としたわけであるが、しかしそれは依然としてつかみどころのない概念のままであった。ポンティは多くの作品を残してその長い生涯を終えたが、亡くなる六年前にルーヴル美術館で催された雑誌「ドムス」の創刊四五周年記念パーティの席上、「ドムス」という言葉の明確な説明がついにできなかったことを認めたうえで、この「神秘的で純粋」な言葉について次のように語った。

それで、ドムスの将来性についてですが、ドムスは本質的にはhome（幸せなすまい）のことなのです。homeは建築の源泉であり、芸術や文化、都市のはじまりであり、夢を追ったりものをつくり出したりする個人のはじまりでさえあります。homeはものをつくり出せる人の幸福の源であり、しかもそのイメージそのものなのです。homeは人類の可能性の限界を考えるとき、すばらしく無限であり生命の源泉そのものなのです。[24]

ポンティはラテン語のドムスを使って、建築家やその施主がつくり出す人工的環境（建築的すまい）と、与えられた自然環境（自然のなかのすまい）とを結びつけてひとつにすることに大いなる喜びを感じていた。[25] 雑誌『ドムス』創刊四五周年の時点においてさえ、ポンティは「ドムス」という言葉の真の意味を語る代わりに、それが限りない可能性を内に秘めたすばらしい言葉である、というにとどめた。

「ドムス」という言葉に託して雑誌『ドムス』でポンティが言いたかったことと、一九四六年一月に再刊（戦時中、五年の休刊）したこの雑誌の基本計画を頼まれたアーネスト・ロジャース（当時ミラノ在住）の意図したところとは、必ずしも同じではなかった。再刊された『ドムス』は戦前にパガーノとペルシコが編纂した建築雑誌『カサベラ』をモデルにしたのであるが、それに加えてロジャース自身の不幸で悲劇的な戦争体験[26]とが重なって、ポンティとは異なる姿勢が打ち出された。ロジャースにとって第一号となった一九四六年一月号には「Casa Dell'uomo（人のすまい）」[27]という副題がついていて、ロジャース自身の論説が載っている。「ドムス」という言葉それ自体が「建築素材」そのものでありうるというポンティの考えに触れたうえで、その言葉は、彼が適切に定義していることを付け加えた。ドムスの定義に関して、ロジャースはギリシア語のドムス（囲いとか小屋の意）から始まり、ローマ時代のドムス（都市的な意）、英語のhome、そしてドイツ語のhiem（家に住む人にとって物質的にも精神的にも必要なもの）に至るまでを歴史的に眺めて、最後には、houseとは「文化の問題である」と結論づけた。ロジャースにとってドムスとは「人間のすみか」であり、歴史や都市や、さらには学びの場や日常生活を感じさせるような「すみか」である、とした。このような意味において、荒廃した戦後のイタリアを再出発させるための道具として、たとえば緊急に必要であった住宅事情を改善するための手助けとして雑誌『ドムス』を使うと約束した。

しかし、こうした意見はポンティの受け入れられるものではなかった。わずか二年後に、ロジャースは編集長の地位から外されて、ポンティ自身が再び編集を担当することになった。[28]編集長に復帰したポンティは自分の夢を実現するためにドムス（幸せなすまい）をまたしても探し始めた。この大いなる仕事を遂行するにあたってポンティは、ロジャースや自分自身や、さらには戦後イタリアの建築運動さえも乗り超えて変遷していく建築について、すなわち「詩的」な建築について語っている。再刊の一九四六年、終戦後の第一巻号の論説を担当したポンティは「仕事始め」と題して、ロジャースの社会文化学的な見地から建築家にとって最も大切な「詩的」次元へと読者の興味をシフトさせた。

仕事とは、働いて生活費を稼ぎ出す苦痛の経験ではなく、ましてや、社会への借りを返したり、生産活動の問題を考えたり、人類の平等社会の象徴をつくり出したりするだけではない。人間のなすべき仕事とは、すばらしき創造的な活動を通して自分を表現する、そのための「条件」なのであって、目的では決してない。そして、仕事そのものがすばらしい勲章なのである。[29]

ポンティは、『ドムス』が提起している問題、それは戦後のイタリアが直面していた問題よりもっと大きくもっと高尚な問題を再び蒸し返してまで、仲間であるロジャースを不必要に刺激したくなかったのだ。ただロジャースの議論に対して、暗黙のうちに答えていただけなのだ。

「ドムス」は、ポンティにとって含蓄のある言葉であり、「詩的建築」に賞賛を惜しまず預言者的に振る舞う言葉であった。建築家のなすべき仕事とは、物質的であれ精神的であれ、あたかも無尽蔵のように見える源泉から、もっと「神秘的で純粋」な建築をデザインすることにある。言い換えれば、「忘我の境地にいるようなすばらしい人生」[30]において「完全な建築にはまだ到達していない状態」[31]なのであって、ポンティのいう「魅惑的」建築をデザインすることなのだ。「完全」な建築ドムスとは、疑う余地のない「真実」を住む人に提供することである。[32]ポンティの雑誌はこの意味において預言者的であり、ドムスが示唆するすべてが存在するような世界で、建築を実現していくための指針にもなり、すばらしい希望でさえあった。ポンティは印刷所へ送った『ドムス』の全ページに託して、「神秘的で純粋」なこの言葉がもたらすはずの奇跡的な建築の実現を期待してやまなかった。

一九三五年から一九五二年にかけて、ポンティの若き朋友カルロ・モリーノが『ドムス』に寄稿した記事は一〇本に及んだ。それらには建築の理論や計画案、さらには実際に建った作品なども含まれていた。そのなかでも建築作品は編集者や読者に深く考えさせる話題と機会を提供した。モリーノは、一九四〇年にポンティのもうひとつの雑誌『スティレ』に論文やグラフィックデザインや写真などを五回にわたって投稿していた。ポンティの雑誌にとって、明らかにモリーノは欠くことのできない寄稿者であり、さらにふたつの雑誌の間で交わされたこのふたりの会話は幸いにすべて記録されて残っている。

今でもなおいきいきとして意義深い内容の『ドムス』と短期間ではあるが出版された雑誌『スティレ』を見てもらえばわかるように、熱心に寄稿し続けたモリーノとその論説を書き続けたポンティとは、このダイナミックで終わることのない仕事、すなわち行方の定かでない「Home（すまい）」、すなわち「ドムス（幸せなすまい）」を定義するべく専念したのである。とくに新世紀になってからの建築界が個人の主張によって左右されがちなのと比べて、二〇世紀中盤においてこのふたりの建築家は、「建築家はいかにして真に自分でも満足のいく建築を設計するか」という建築の核心ついて模索し問い続けた。

ジオ・ポンティは、ドムスという概念に託した「建築はすべてを包括する」という信念を、多くの論説や文章を通して建築家に訴え続けた。ドムスという概念によって説明される「すべてを包括する」[33] 建築とは、単に「神秘で純粋」という概念上の話なのだろうか。もしそうであるならば、「すべてを包括する」建築とは、実は何も包括していないのと同じではないだろうか。確かにポンティがドムスに託した夢は、自分でも認めているように、おとぎ話以上の何ものでもなかった。要するに当時の状況がそうさせたのであり、よりよい世界を築くための悲愴的といってもよいような、創造的建築家としての訴えであった。イタロ・カルヴィーノもいっているように「圧政の下で描く寓話」であったといえる。[34] 危機にさらされたときにするような人間性救済への提案がジオ・ポンティのヴィラ・プランチャートであり、カルロ・モリーノのカサ・ミラーであった。しかし両作品ともドムスという概念が目指したものには到達できなかった。少なくとも当時においては人間の力で成しうるものではなかったのである。

Figure

1……計画、要約、または解決策
2……肖像、彫像
3……虚構、亡霊、または幻想

4……形容、比喩
5……建築の預言者

（訳者注……著者の考えた、ふたりの建築家が「ドムス」へ近づくために考え出した概念）

いうまでもないが、ポンティとモリーノにとってドムスを建築的に追求することは、不可能に近い大変なことであった。ふたりにとっては、建築作品を通してドムスの概念や意味を追求することは、それがどんなに些細なことであってもたいへん仕事になった。この困難を克服して、読者の理解を深めるためにふたりは比喩を駆使して「詩的に論理を追求」しようとした[35]。詩人がするように、たとえ内容に真実性があり論理的に理解しうるものでも、また未知や不可解で説明しえないものであっても、比喩を使って親しみのある内容に変えてしまおうと試みた[36]。たとえば、ポンティはアナラ＆アルマンド・プランチャート夫妻のための「幸せな家」を建てるにあたって、「ドムスは蝶である」[37]とした。未知であり表現しようのないドムスを親しみやすい「蝶」にたとえて理解させようとした。

ガストン・バッチェラードは、ジオ・ポンティを称して、自宅を建てるのに多くの比喩を使ってアイデアを練る詩人といっている[38]。ポンティはヴィラ・プランチャートを設計する前に、「私がこれからデザインする家は、美しい響きがあり蝶を意味するスペイン語〝マリポサ〟[39]と呼ばれるだろう」と述べている。この建築家にとっては、設計以前からヴィラ・プランチャートは「蝶」なのであった。しかし現実には「蝶」ではありえなかった。それは壁と床と屋根からなる、家族のための住宅であった。建築作品として建てられたヴィラ・プランチャートは「建築は蝶である」という設定を不可能にした。建築家には、自然のように生きている有機的な構造体はつくりえないのである。

しかし、ほかの建築家が「建築は蝶である」といったとしたらどうであろうか。ポンティがしたようにその建築家も、複雑で理解しがたいこの生き物の特質を表現しているような建物をデザインするしかないであろう。ポンティ自身も述べているように、ヴィラ・プランチャートには、「蝶の優雅さとそれが休んでいるときの軽やかさ」[40]が表現されていなければならなかった。蝶のように「優しく」しかも「すばらしく」[41]なければいけないし、カラカスの丘の上に休んでいる本当の蝶のように、それはあたかも重さや形[42]は関係なくただ優雅にしていてもらいたかったのである。建築家には、科学者や自然主義者、さらには作家や詩人たちが説明しているように蝶のあらゆる特質を表現している建築をデザインできる特権がある。蝶のような建築とは、

・軽さ（肉体的にも、社会文化的にも、政治的にも）
・変成（ダイナミックで決して終わることのない）
・精緻（機能的で細部まで精密）
・とらえどころのない（仮装）
・官能的（よく目立ち装飾的）
・短命（一時的な）

などを表現しているといえる。以上をひとつにまとめて建築を観察すると、奇跡的ともいえる「いきいきとした」建築の概念が見えてくる。たとえばドムスが示唆するように、大きくてゆとりのある部屋をもつ「幸せなすまい」が思い描けてくる。

しかし、ポンティにとっては、ヴィラ・プランチャートを蝶として思い描くだけでは十分ではなかった。たとえ奇跡的にドムスを実現できたとしても、その事実がさらに多くの「魔法」をこの建築家に要求する結果になるだけであっただろう。ポンティの豊かな想像力にとって、ヴィラ・プランチャートは蝶であるだけではなく、結晶や人体など自然界にあるさまざまな現象でもあった。詩人としてのポンティとモリーノは、

建築は結晶であり　建築は人体であり　建築は蝶でもある。

と言い表している。

このような表現は彼らの預言者的な夢を如実に代弁し

ている。もし仮に建築が自然現象としての結晶や人体や蝶に転身したなら、それは建築が自然と同質かそれ以上になった、ということだ。ポンティに言わせるなら、それは建築が「完全無比の状態に達した」と定義するだろう。そこに住む人が、どうしてそんなに完全なのかわからないというなら、それこそが自然の建築でありドムスそのものなのだ、と。

ポンティとモリーノは、自然界からの例を巧みに用いながら、「自然」という概念を拡大解釈して、外見だけが自然なのではなく、それが人工的につくられたとは思えないような構造体をも自然とみなそうとした。[43] ふたりにとって「自然」とは、「どのようにしてつくられたのかわからない」ものすべてなのだ。[44] 言い換えると、どのようにしてつくられたのかわからないこの世の中の事象すべてが、まさに神秘そのものなのである。ドムスの建築を追求することによって、彼らは建築だけではなしに人々の生活をも含めて、その解釈を限界まで拡大しようとしていたのだ。彼らは、建築家の可能性の限界を見定めながら、自然がなしうる限界にスポットライトをあてようとしていた。[45] 自分たちの作品を説明するために判例としてよく知られている自然界の事象を引用しつつ、人間ができる範囲を意識して神や未知の世界や、さらには宇宙にも挑戦していたのである。それを証明するものとして、ポンティはすばらしい施主としてのローマ法王に向かって、「建築家でも奇跡は起せるのです」と声を大にしたのである。[46] ポンティには有利な例証になるが、哲学者オルテガ・イ・ガセットの言葉を借りるなら、神は創造のための道具を自ら創造したもの（ほとんど魔術のようなもの）のなかに忘れてきてしまった、[47] といっている。ポンティは同様のことを、次のように記している。

> 建築家や芸術家の創造したものは、天国でもつくりえないし、奇跡としても不可能である。それは非常に特別な人間だけがなしうる性質のものである。それは悪魔のようなものであり、あまりにも生命感にあふれているので、生命の存在しない天国では成功しえないものである。[48]

ポンティにとって、比喩とは人々の日常の環境と建築家の置かれた特殊環境とに対して奇跡的に反応するという、「建築」の限界を超えた作品をつくり出すために、神が使う道具といってしまってもよいほどのものなのだった。

もちろん自然界から結晶、人体、蝶という三つの事例（比喩）を建築に使ったのは、ポンティとモリーノが初めてではない。史上初の建築に関する論文を書いたウィトルウィウスが、建築と人体構造との類似点を発表している。またブルーノ・タウトの「ガラスの鎖」の輪や、初期の表現主義は、結晶芸術の発展に貢献した。ジョン・ラスキンはこのときすでに、蝶を含む昆虫が建築の装飾に適していると主張していた。言葉による表現が説得力を失いつつあった当時、ポンティとモリーノはそのなかの比喩的表現を再認識して、ポンティが夢にまで見た理想的な「豊かなすまい」の感覚をそこに住む人たち（実は自分たち）に与えることによって、失われた説得力を取り戻そうとした。言い換えるなら、この三つの比喩的な事例を、建築作品の起死回生の道具としてできうる限り使うように努めたのである。文学評論家の言を借りて、もし「以前はいきいきとした感性を備えていた比喩というものが、今は化石になって意味を失ってしまった」とするなら、ふたりが再生させた同様の比喩は、さしずめ形而上学的な粘着剤か、または魔術的な化合物であり、[49]広くは人類のために、夢としてのドムスと物体としての建築を結合させたものである。

ヴィラ・プランチャートのダイニングルームにあるいく種類もの結晶としての要素こそが、以上述べたことの確かな証といえる。規則的な正多角形でもあり不規則でもあるこの特殊な多角形は、夢でしか見られないような「理想的」条件と毎日の生活のなかでの「欠陥の目立つ」状態との間で、「不思議ともいえる」平衡感覚をつくり出している。[50]ポンティは、建築は結晶であると繰り返し書いている一方で、建築作品は自然界のなかにある不規則さにおいて、結晶というよりは結晶に近い純粋さが建築にはある、[52]ともいっている。[51]「夢」と「現実」との狭間で矛盾を感じながら、結晶の比喩を使って「明白」と「たぶん」とを接着させようとしていた。ポンティの「結晶のような建築」という抽象的な表現は、現実にはつねにすばらしい世界をもたらすはずの「すまい」本来の目的、すなわち「ひとの住むところ」をつくり出すことにある。[53]

文学的にではなく建築的に追求する場合に、「比喩」という言葉は「形」という視覚言語に置き換えたほうがわかりやすい。「形」という言葉は、そもそもラテン語の「Figura」に由来している。[54] これはウィトルウィウスの著書『建築書』のなかで、地上階の平面図や「建物と人間の一般的な形」を示すためにはじめて建築的に紹介された言葉である。[55] それ以前にもすでにローマ時代のルクレティウスやキケロによって「幻想的な可能性」を表現する言葉として使われていたし、『建築書』が出版されたあとに、その可能性は詩人オヴィディウスによって、さらに推し進められて「話し方や形容の仕方、さらには比喩の仕方」として、または、「つくりごとや妖怪や空想ごと」として使われていた。[56]「Figura」については文献学者アウエルバッハも指摘しているように、ウィトルウィウスは、ルクレティウスやキケロやオヴィディウスが「Figura」という言葉で言わんとしていた意味とウィトルウィウスのそれとはまったく関係なく、単に「似たようなもの」という程度の意味で使っていた。たとえば、ウィトルウィウスの第一巻、第五巻、第七巻に出てくる言葉、「Figurata similitudine」は「模倣」を意味するのではなく「似たようなものをつくり出す」ことを意味している。[57] この建築史上はじめて書かれた論文に出てくる「Figura」は「似たようなもの」といった程度の意味で使われていたと思われる。

ポンティとモリーノはドムス的建築を執拗に追求しながら、建築の「形」を述べるにあたって、「Figura」についてのウィトルウィウスの定義をはっきりと否定して、一九三五年にトリノで行われたエドアルド・ペルシコ（雑誌『カサベラ』編集長）[58]の「建築の予言」[59]と題する講演の内容にほぼ忠実に従ったのである。ペルシコの「予言的」なビジョンは、時代の精神（多くの近代建築がそうしたように）を反映しようとしたというよりは、喪失した人間性と完全に近い状態の人間性との間の理想的な均衡の実現に向けて少しずつではあるが貢献していった。ペルシコが講演で主張したかったのは、次のようである。

近代建築とは単に建築の問題を工学的に解決しようとするアメリカ人の皮肉に満ちた信条を指すのでもなく、ル・コルビュジエの「モデュロール」やタウトの「社会に対する疑問」でもない。むしろ近代建築とは人間の精神に自由を与えるための予言なのである。[60]

ジオ・ポンティの思想はペルシコのそれに非常に近かったといえる。「建築とは生活を予知したり予言したりする」[61]が「建築のそのときはまだやってきていない」[62]し、「建築とは活気に満ちた芸術的可能性を準備するための秩序なのだ」[63]と。以上の三つの定義から推して、ポンティにとっての建築の「形」とは、まだ実現してはいないがいつか必ず実現するにちがいないものであるといえる。

ポンティの「建築の予言」が最も明確に表現されているのは、雑誌『ドムス』に載った記事で、一九五〇年代の終わりにミラノに建ったピレリ・タワーのデザインについて書いたものであろう。ピレリ・タワーでドムスの実現に失敗したことを回顧して、ドムスの「形」はまだ実現されていないとしている。

私が夢にまで描いたこの作品での目的達成は次の機会まで延期になってしまった。それも神が許してくれればのことであり、おそらくほかの建築家によって達成されることになるだろう。しかもそれは「視覚芸術」の記念碑として必ずや成し遂げられるだろう。[64]

ここで、ポンティがいわんとしていたことは、ドムスを実現するためには、建築を取り巻く種々の環境に劇的な変化が起こらなければならない、ということである。とくに第二次大戦後には、建築家が、世界中の失意に満ちた人々のために現代の理想郷を約束できる「マスター・ビルダー」の役目を担えなくなってしまっていた。確かに、ポンティとモリーノにとって建築家とは、決して「マスター」ではなく、人間そのものであり、ドムスの奇跡的な「予言」を察知できるような建築作品を創造することにひたすら努力する人々のことなのである。

このような建築の実現に向かって、カルロ・モリーノは建築の形ではなく雰囲気を定義することにエネルギーを集中させた。彼がStanzaと呼んでいる「部屋」[65]や、その雰囲気やそこの住人に、もしかしたら奇跡が起こってくれるかもしれないというわずかな期待をもって。モリーノによれば、散文や言葉がそうであるように、建築も生きた芸術作品として描かれなければならない。そこでは、形を連想させる音楽のように、生きているものすべてが論理的なつながりをもつものとして表現される。[66]モリーノは古典建築を機能的に分析して、われわれの心の中に詩的な悦楽の瞬間をつくり出すような、純粋にして表現豊かな「形」に変換してしまう才能が自分にはある、といっている。[67]

建築家であり、写真家でもあったモリーノの写真についての論文「暗室からのメッセージ（*Il messaggio della camera oscura*）」では、建築をつくり出す芸術家としての建築家の役目を徹底的に掘り下げて描写している。

視覚芸術の仕事を技術的に凝縮するなら、選択と変形と偶然とで表される。次の格言はこのことを端的に表現している：「数ある彫刻のなかで一番美しいものは大理石の塊だ」と。ここで言わんとしていることは、大理石という石材のなかにすべての可能性が秘められている、ということであり、この考え方は芸術一般についてもいえることだ。たとえば、光のなかにはすべての色があり、空間のなかにはすべての建築があり、言語のなかにはすべての詩がある、と。[68]

「建築家であり芸術家」であるモリーノは、この不完全であるがゆえにすばらしい世界で、建築作品の創造のあらゆる可能性を探し続けられなければならないといっている。

以上の考え方にしたがって、建築家の示唆に富んだ協力によって、「幸せなすまい」をつくり出せるのだと、そこに住む人たちが思い描ける作品をつくりたいと考えていた。そしてモリーノは「虹色に輝くような可能性を秘めた形を操作していると、無限の可能性からの選択と解釈が自ずと生まれてくる」[69]と主張している。比喩的建築がもつ魔法のような力とは、透視図に描かれたあの魅惑的な建築空間の質を、そこの住人に経験させることにあるのであって、何種類もの空間を視法図に描いて提供することではない。モリーノやポンティにとって、ドムスを達成するための「詩的な試み」はあらゆる意味で重要であり、それこそが自然との関係を築くために必要なのだ。結晶と人体と蝶、すなわち建築をつくり出す際に必要な自然からの事象（比喩）に忠実に従った[70]のが、詩人としてのポンティとモリーノであった。ふたりは、たったひとつの自然界の事象が愛の誕生をもたらす[71]、というミラン・クンデラの小説の意図したことをよく理解していた。

確かにポンティとモリーノの建築の「形」は不自然であり、むしろ逆説的に建築デザインへと導いていく、ふたりの建築家が欲している「自然との関係」とは、人と人工的なものとの予期せぬ出会い、といった建築的経験によってもたらされたもののようだ。モリーノはこうした不思議な人と建築との出会いを通して、人と物と、なんともつかまえ所のないドムスとを区別してしまう「限界」へと導き、ついには「言葉による振動でさえ観察できる」と主張している。[72]

彼らの創作活動が意図しているような人と物との不思議な出会いはピグマリオン（自作の女性の彫刻に恋したギリシアの彫刻家）の神話がよく説明してくれている。ピグマリオンにとっては奇跡的ともいえる生気にみちたものであった。[73]ポンティは自著『建築礼賛（*Amate l'Architettura*）』のなかで、ポンティ自身のピグマリオンのような経験談、すなわち彼自身と自分で考え出した作品の「形」との不安定な出会いについて述べている。

芸術家が絵画や肖像画や彫刻を通して、生命のないものに生命を吹き込んだときには（彫刻家マンズがつくり出す「形」のように）心の奥の秘密を求めてさまよい、マンズの昔の肖像画のように、その「形」が

図6　ジャン・コクトーの映画、『詩人の血（*Le sang d'un poete*）』（1930）の撮影セットの中のコクトー自身（アーサー・キング・ピーター著、『ジャン・コクトーの世界』より）

芸術的に「こちらを見てください」と表現しているように感じるときに、それは芸術の域を超えて、ついにはピグマリオンが再現されて「ピグマリオンよ永遠なれ」といっているようだ。[74]

ポンティとモリーノにとって、ピグマリオンの神話が何を意味するかは、詳しくは本書の後半で扱うことにする。芸術作品は、人と周辺環境との安定した関係をつくり出すための肉体と精神との理想的な調和である、という古典的なギリシア思想をいとも簡単に揺さぶり崩そうとする、芸術家とその作品との不思議で親密な関係、すなわちこの相互関係をポンティが承認したということが今は大切なのだ。二〇〇〇年もの間、台座にくくりつけられて化石のようになったギリシアの英雄の彫刻とは異なり、ポンティとモリーノの活力のある建築は、人間的環境を形づくるために周りの環境との調和を必ずしも無視したわけではなく、むしろ混沌として無秩序な現代社会のなかで、ただおとなしく謙虚に建っているのだ。[75]

モリーノは写真に関する論文のなかで、本来建築が示唆するべきことを、ひとつの情景を使って「形」というものがいかに動的であるかを説明している。

……この芸術写真家が使っているモデルの脚は、もちろんのこと体の一部であり、正真正銘な生身の脚である。しかし、照明の方法によっては、非現実的に見えたりもする。この写真の場合は、すばらしい照明によるまばゆいばかりの光と影とによって、モデルの脚の一部が見えている。背景の壁ですらこの光の魔術によって消えてしまいそうである。[76]

「秘密の影」の手法のよってモデルの二本の素足の「永遠の瞬間」がキャッチされた。それは壁面を「透明」に見えるようにする光（ソンブレロ）によって可能になった。このようにしてこの写真の情景の雰囲気は、写真家・観察者の心のなかの「形」が増殖していくかのように感じられる。モリーノも、自分のデザインが醸し出す雰囲気を盛り込むことができた。そのカメラはカサ・ミラー内にいるモデルの広げられた両足に焦点をあてられていた。

モリーノの説明のように、このような型にはまった建築では、肉眼では見えない無限の世界が存在するのだ。[77]

同じ論文のなかで、モリーノはインテリアデザインに関しても詳しく述べている。イメージの類似性や変化や遊びについてである。[78]

空間や時間の分割によって限定された無限の可能性のなかで、それぞれの芽が閉じられたり開かれたりする。そこから無限の創造性が芽生える宇宙や、新しい幻想的な道へと発展していく。[79]

ここでモリーノが言いたかったことは、この肉体がわれわれを、その世俗的な部屋から連れ出して無限の宇宙へと運ぶ役目をするはずだ、ということである。そうなれば、建築作品のなかに住んでいる人は、自分で無数の建築環境の「形」を想像し、そのうちのどのひとつでもよいから、ドムスの概念で呼べるような空間になってもらいたいと欲することなのだ。

モリーノと同様にポンティもまた、われわれの精神を

図7　カルロ・モリーノ。建築家モリーノ自身によって撮影された椅子「使用中」（展覧会カタログ『カルロ・モリーノ：1905−1973』98ページより）

魅了したり思想をサポートしたりする、抽象的でつかみ所のない「形」を建築のなかに見いだした。[80]ポンティは自著『建築を愛しなさい』の全編を通して、この世でわれわれが遭遇して「よし」とする抽象的な価値観について述べている。そのなかで、彼はこの世で人が知覚できる「フォーム」には「抽象的なフォーム」と「自然のフォーム」の二種類があるが、ポンティにとってのフォームとは抽象的なフォームだけである、と。[81]この世にある「本当」に存在するといわれているものよりも、むしろそういうものの「抽象的な質」のほうが、人にはありがたがられるといえる。この点をさらに詳しく説明するためにポンティは、オスカー・ワイルドの有名な言葉、「自然は芸術をまねる」を引用している。[82]

「形」をつくり出せるという人間の能力に期待してドムスを実現しようとしたのが、このふたりの詩人建築家、ポンティとモリーノなのである。そしてこれこそが第二次世界大戦後の困難な時代にあって、ドムス建築をつくり出すためにふたりが成し遂げようとした真摯な方法なのであった。当時の時空間に残された残骸から察するに、「詩的で、純粋で、原始的な職能としての建築」をドムスとするべく奇跡を期待しながら、ふたりはそれでもなお「形」のある建築作品を目指していた。

それゆえに、文字通りの「結晶」や「人体」や「蝶」を建築として考えたのであり、この三つのおとぎ話的なたとえは、現実の結果として建築に結実したのである。ドムス達成への念願とそれにまつわる現実との間の緊張感は、次の三つの文章でいい表されている。

・ポンティとモリーノは「結晶のような建築」を夢にまで見て、ついには建築の「形」にした「ピラミッドを不完全なる例」と想定した。

・ポンティとモリーノは「人体のような建築」を夢にまで見て、ついには建築の「形」としての「マネキン」を想定した。

・ポンティとモリーノは「蝶のような建築」を夢にまで見て、ついには建築の「形」としての「不安定なる均衡」を想定した。

以上で明らかなように、ふたりの建築家はおとぎ話を自然界の現象としてではなく、人工世界の現象（危険ではあるが、たとえばピラミッドのような）としての建築作品に理解し直そうとしていたのだ。建築の「形」とは、建築作品の外観が結晶のように見えるということではなく、結晶のような性質を帯びているということであって、実際これは人工世界の現象としてよく見かけることである（たとえば不安定なピラミッドのように）。ポンティは建築が結晶になることを夢見つつ「不安定なるピラミッド」としての建築を、結晶のいろいろな性質を提示しながら「形」にしていった。将来において、奇跡をもたらす人間か神の啓示によって、建築の「形」が「建築とは結晶のことなのだ」と住んでいる人の心に意識されるときがくるはずだ。

ではいったいどうして、ポンティとモリーノはこれら三種類の「形」（考え方）に魅せられたのだろうか。またどうして建築をデザインする道具としてこれらの「形」を選んだのであろうか。それは、これらの「形」が従来の伝統的な習わしからふたりを自由にしてくれたからなのだ。これらの「形」は人体（人間）と建物（建築）の自由な動き（飛揚、開放、自由、独立）を示唆し、ふたりの建築家に対して、人生の扉を開き、新しい環境の概念を構築する、すばらしい機会を与えてくれた。

それぞれの「形」に一例ずつ挙げるなら次のようになる。

・「危険で不完全なピラミッド」は、脆くなった角やすきまを埋めたり修理したり、さらにはその不完全さをめでたりするような、完全とはいえない結晶として理解される。

・「マネキン」は、肉体的には似ているように見えても、実は心も精神もなく異質で、不完全な人体として理解される。

・「奇跡の均衡」とは、部屋を飛び出してそこの住人やすみかを重力の影響下から解き放そうともせず、巣を破って外に飛び出して飛行という奇跡のような可能性を試そうともしない、無機質で不完全な蝶と理解されるべきである。

以上のような模索を通して、この三種類の「形」は、建築に対する伝統的な考え方や常識的な概念を進展させて、その結果、人間にとって本質的な構築物としての建築が、奇跡的なすみかとしてのドムスになるとするポンティとモリーノにとって、建築を創造するうえでの大きな支えとなった。

原注

1 ポンティは「相反する意味の言葉を重ね合わせる」のが、得意であった。自著『建築を愛しなさい』の序文では、ふたつの真実がつねに同居していると、述べている（p. x）。ポンティは同序文のなかで、このことをより詳しく述べている。「ひとつの事象について、ふたつの異なる見方があって、両方ともに正しく、一方が他方を説得したり変更させたりすることではない。われわれは、このアンビバレンス（ふたつの相いれない価値）を記憶に留めておく必要がある」（p. 16）。パトリック・ヒューズは、「相反する意味の言葉の重ね合わせ」が自己矛盾と自己推薦（self-reference）を同時に意味している、といっている。たとえば、建築家にとっては、すでに常識的になっているフィギュアグランド（前景と後景とが見る側の意識によって逆転する）は、このことを視覚表現と言語表現で同時に行っている（Patrick Hughes, *More on Oxymorn*［NY: Penguin Books, 1983］, p. 17）。ヒューズは結論として、「相反する意味の言葉の重ね合わせ」は「伝統的な言葉よりも、より正確で現実的な現実の性格評価」を行える、といっている。そこでは形容詞が名詞を説明し、前景が後景を後ろに控えてはっきりと見えてくる。偶然や想像の余地はまったくない、といってよい。建築的に理解しにくい「ドムス」を定義しようとするポンティの努力のための適切な道具として「相反する意味の言葉の重ね合わせ」は有効である。

2 Gio Ponti, *In Praise of Architecture*（建築を愛しなさい）, p. 59

3 Gio Ponti,（注2）, pp. 91-92

4 『Nonstraightforward Architectureからのロバート・ヴェンチューリのことば：Gentle Manifesto［1965］, Architecture Culture（NY: Rizzoli, 1993）, p. 390

5 Gio Ponti,（注2）, p. 127.『La Poetique de l'Espace』（ポンティの『建築を愛しなさい』が出版されてからわずか一年後に出版された）のなかで、著者のガストン・バッチェラードは、すまいについて同様のことを述べている。すなわち、「すまいとは、現実と夢との複雑な絡み合いで、結局は解決されていない」と（Gaston Bachelard, *The Poetics of Space*［1958］, transl. M. JolasBoston, Beacon, 1969, p. 48）。

6 Gio Ponti,（注2）, pp. 222–223

7 Gio Ponti,（注2）, p. 12

8 Gio Ponti,（注2）, p. 222

9 Gio Ponti,（注2）, p. 187

10 Milan Kundera, *The Unbearable Lightness of Being*（存在の耐えられない軽さ）M. H. Hein（London: Faber & Farber, 1984）, p. 139

11 「ひとつの世界としての部屋」（Gio Ponti,（注2）, p. 124）

12 「文明を意味するすまい」（Gio Ponti,（注2）, p. 19）

13 Gio Ponti,（注2）, p. 95

14 Giorgio Agamben, *Stanzas: Word and Phantasm in Western Culture*, transl. R. L. Martinez（Minneapolis, MN: University of Minnesota, 1993）, p. 20

15 De vulagari eloquentia, book II, chapter 9におけるダンテ

16 変わりやすい人間の意見や感情についてのポンティの態度は、当時流行していた実存主義的哲学の立場とそれほど異なってはいなかった、ということを先ず理解しなければならない。たとえば、ジャン・ポール・サルトルは、Being and Nothingness（日本語訳は『存在と無』）において、人間が「自分との関係、世界との関係、その他との関係」を強化するための衝撃について書いている。それは、サルトルが「根本的命題」と規定している「内的関係の統一」についてである。サルトルが宣言しているように「この衝撃はただ純粋に個人的でユニークでありうる」と（Jean-Paul Sartre, *Being and Nothingness in Existentialism and Human Emotions*, transl. H.E. Barnes［NY: Citadel, no date］, p. 61）。

17 Gio Ponti,（注2）, p. 109

18 Gio Ponti,（注2）, p. 182

19 ポンティは、『ドムス』創刊四五周年（一九二八－一九七三）を記念して、パリのルーヴル美術館にて表彰され、その際に「ドムスはすでにここまできている」と題する記念講演にて、ドムスを「すまい」として説明した（Gio Ponti, “Domus is Here: Honored in Paris”, 1928–1973, Domus: 45 ans d’architecture, design, art［catalogue of the Domus exhibition at the Musé e des Arts Decoratifs, Palais du Louvre, Paris, May-September 1973］. This essay is also reprinted in L. L. Ponti. *Gio Ponti; The Complete Works 1923–1978*［Cambridge: MIT, 1990］p. 269）。ドムスのこの部分は、私の論文にも引用している。ドムスを英語では通常「住宅」（House）または「すまい」（Home）と訳している。『住宅』と『すまい』」というふたつの類似した言葉を使って表現されているこの事実こそが、「住む」ということを定義することの難しさを如実に物語っ

ている。ドムスは「住宅」以上のものであり、「すまい」のほうがより的確にその奥行きの深さを表しているといえる。「住宅」も「すまい」も物理的には、木材やレンガや石材などを使って建てられているが、「すまい」は「住宅」の諸条件を満たしてなおかつ手に取って見ることのできない何かを内包している。それは、生活の質と状態についてである。

「住宅とすまい」についての概念的そして語源学考察をする場合には、以下のふたつの著作を参考にしていただきたい。ひとつは、Joseph Rykwertの『House and Home』、Home, A Place in the World, ed. A. Mack (New York: New York University Press: 1993), pp. 47-58であり、もうひとつは、『One Way of Thinking about a House』、*The Necessity of Artifice*, ed. J. Rykwer (New York: Rizzoli, 1982), pp. 85–87

20 ポンティとモリーノにとって建築は、ただ純粋に愛してやまない行為なのであり、成功するしないの問題ではなかった（Gio Ponti, (注2), p. 96)。

21 Gio Ponti, (注2), p. ix

22 『建築を愛しなさい』、の「Il incanto dell'architettura」（The enchantment of architecture）を参照

23 Gio Ponti, (注2), p. 109

24 ジオ・ポンティ、再版『ドムスはすでにここまで来ている：パリでの受賞記念講演』、L. L. Ponti, *Gio Ponti: The Complete Works 1923-1978*, p. 269

25 人間性のすばらしい可能性を信じてやまないポンティだが、同時に、人間性の残酷さ、とくに第二次世界大戦の悲惨さが引き起こしている痛みをも十分に理解していた（Gio Ponti, (注2), p. 140)。

26 ユダヤ人でもあるロジャースは、六年間のスイスでの亡命生活から最近帰国した。帰国後は、マウトハウゼン強制収容所でのバンフィの死後にミラノでベルジオーソとペルスッティとパートナーシップを組んでの建築設計に没頭した。

27 ロジャースの新刊書に関しては、いくつかの前例があったといえる（Manfredo Tafuri, History of Italian Architecture, 1944-1985, transl. J. Levine（Cambridge: MIT, 1989), p. 14を参照)。

28 ロジャースは、一九四七年一〇月一一月号の『ドムス』誌で「決別の論説」として最後の機会を与えられた。ここでロジャースは『ドムス』誌が高価すぎて、「有産の特権階級」相手の雑誌になり、「これでは社会を変革できない」と嘆いている。同決別の辞でロジャースは、自分の論説が「社会的、政治的」な観点から必要以上に「人道的」になったこと

についての批判は甘受したいと述べている。ポンティとロジャースの違いは、大戦後の「すまい」についての見解の違いによるものであったことが、ふたりの論説からも明らかである。ロジャースの意思表示は、一九五三年から六四年まで主席編集者を務めたミラノの有力雑誌『カサベラ』を通して行われた。（参照：fn. 76 ドムスとカサベラに関して）。一方ポンティは彼の死の一九七八年まで『ドムス』を通して「幸せなすまい」の夢を追い続けた。『ドムス』誌上でポンティとロジャースが堅持したそれぞれの考え方の相違は、一九五〇年代後半にミラノのスカイラインに追加されて浮彫りにされたふたつの建築で視覚化された。ポンティの技術の粋とインターナショナルスタイルを組み合わせたピレリ・タワーであり、戦後の思想と歴史・文化とを組み合わせたBPPR（BはベルジオーソでRはロジャース）のヴェラスカ・タワー（Torre Velasca）とであった。

29 この引用と以下のものは、第二次大戦後の『ドムス』再刊の第一巻に載ったポンティのエッセイ、「Sul piano del lavoro」Domus "volume primo"（1948）, p. ix

30 Gio Ponti,（注2）, p. 34

31 Gio Ponti,（注2）, p. 34

32 ルーヴル美術館での授賞式で、ポンティがドムスの明確な定義をするのを拒んだのと同様に、「疑問の余地のないほど確かな真実」を定義することを、理由のいかんにかかわらず拒み続けた、というそのことは、予期したとおりであった。ポンティは、人間の能力が宇宙の「絶対の真理」を解明できないことを知っていた。われわれが住んでいる物質世界において発見できるのは、「絶対の真理」ではなく個人的な真実だけである。おとぎ話と現実との間の格差について、ポンティは「建築とは、つねに抽象的はアイデアと、そのアイデアが究極的にもたらす現実との間に存在する賭け（関係）なのである、と述べている（Gio Ponti,（注2）, p. 67）。

33 Gio Ponti,（注2）, p. 10

34 カルヴィーノの意見は、彼の著書『Numbers in the Dark』の書評であるローレンス・ヴェヌティ著による『Comicom-munist』から引用したものである。The New York Times Book Review（November 26, 1995, p. 16）

35 プラトンはかつて、以下のような定義を行った。無から有を生むきっかけをなしたものを「詩」と呼ぶ。すべての手製のものの制作過程は「詩」のようなものであり、それに参加している人は、「詩人」といえる（Plato, *The Symposium*, transl. W. Hamilton [NY:Penguin, 1951, p. 85]）。プラトンの定義に従えば、ポンティとモリーノは、ふたりとも「詩的な論理」に沿って建築活動をした「詩人」であった。または、ポンティ自身の言葉を借りるなら、論理は非理論的であり、その道は困難を極めた（Gio Ponti,（注2）, p. 42）。比喩は詩人が意思表示のために使う道具である。「比喩」という言葉は、文字通りに、物理的にそして形式的に「継続」を意味している。比喩では、言葉はその「限界にまで広げられる」か、新しい内容にまで「持ち越される」である。

36 私はここでは、「比喩」をいくつかの異なる定義を使って表現したつもりである。実際に一二五種類以上の定義があるとはいえ、ナイジェル・ルイスに言わせれば、「比喩」とは「平凡で当たり前のことの抽象化や、その意味の発展」として性格づけられる。「言葉」とは語源学的範疇から抜け出して、広い意味での感覚的分野へと変化していく（Nigel Lewis, *The Book of Babel: Words And The Way We See Things* [London: Penguin, 1994], p. 4）。

37 「死の鞭が愛人の危機」として考えられるなら、「ドムスは蝶である」（Shakespeare, *Antony and Cleopatra*, Act V, scene ii）。

38 Gaston Bachelard, *The Poetics of Space* [1958], p. 64

39 Gio Ponti,（注2）, p. 182

40 同上

41 ジオ・ポンティ、プランチャートへの手紙（一九五三年八月二一日）、Fulvio Irace, "Corrispondenze: La villa Planchart di Gio Ponti a Caracas",（*Lotus* 60, 1988, p. 88）

42 Gio Ponti, "Il modello della villa Planchart in costruzione a Caracas", *Domus* 303（February 1955）, p. 10

43 柄谷行人著、『隠喩としての建築（*Architecture as Metaphor*）』transl.S. Kohso（Cambridge: MIT, 1995, p. 24）。このページは同書の「建築と詩情」（Architecture and Poetry）の章から引用したもので、本書のこの段落の主張を補佐している。

44 柄谷行人、（注43）、p. 24

45 柄谷行人、（注43）、p. 24

46 ポンティの言葉はリサ・リチトラ・ポンティの著書より引用。"Gio Ponti: A-Z", *Neos* Vol. 3, no.1（Denver Art Museum, 1994）, p. 7

47 José Ortega y Gasset, "La Deshumanización del arte e Ideas sobre la Novella" [1925] from *The Dehumanization of Art and Other Essays on Art, Culture and Literture*, transl. H. Weyl（Princeton,

48 1972）, p. 33

49 Gio Ponti,（注2）, p. 77

50 Nigel Lewis, *The Book of Babel*, p. 10

「奇跡の均衡」というポンティの概念は、アンドレ・ブリトンの「意思の疎通と船（Communicating vessels）」と題する一九三二年の著作のテーマと同種類の思想である。「意思の疎通と船」はチューブで連結されている二隻の船のための科学的な機器で、ある種類の気体か液体がその機器に注入されると、両船の間にチューブを通して気体（または液体）が流れて両船のレベルが同等になると、均衡が保たれる仕掛けになっている。超現実主的な詩人であるブリトンにとって「意思の疎通と船」は夢と現実の間の均衡についての比喩であり、屋内外のふたつの世界が遭遇するための空間をつくり出すことなのである。ブリトンによれば、建築は夢と現実を効率よく結びつける一番目の媒体であり、船の役目をしている。「欲望と理想」を表現するために、ユニークで、唐突にしかもまったく期待もしていないような激しさでこれを実現するのが建築空間なのだ。偶然であるかどうかは別として、ブリトンの「意思の疎通と船」の見開きページで、この詩人（ブリトン）はユイスマンスの『さかしま』と、カルロ・モリーノとジオ・ポンティの心をしっかりととらえていた「ピグマリオン」の神話とに言及している（André Breton, "The Surrealist Situation of the Object"（1935）, *Manifestoes of Surrealism*, transl. R Seaver and H. R. Lane [Ann Arbor, MI: University of Michigan, 1972], p. 261）。

51 著書『建築を愛しなさい』のなかで、「建築は結晶である "L'Architettura è un cristallo"」とは、ポンティが繰り返し述べている言葉であるが、実は、初期（Milan: Editrice Italiana, 1945）に『ドムス』と『スティレ』に発表した同じ題名の記事であり、のちに単行本となったものである。以下の章で私は、「建築は結晶である」をいろいろな角度から引用していく。

52 Gio Ponti,（注2）, p. 142

53 アンスト・ブロック（Enrst Bloch）は、自然界に存在する理想的な構造体である結晶をデザインする建築家の「宇宙的」な規模の大望は、じつに全人類の望みである「理想的なすまいを建設する」ことなのである、と（Ernst Bloch, "Building in Empty Spaces" [1959], *The Utopian Function of Art and Literature* transl. J. Zipes and F. Mecklenburg [Cambridge, MIT, 1988], p. 198）。

54 現代イタリア語の「figura」は「形」「見かけ」「様子」など

を意味する「figure」として使われている。人間の姿を意味することもある。「La bella figura」は、イタリア人の性向として外観的なベストを意味する。動詞の「figurare」は「偽る」「上品に振る舞う」「見せかける」「自分に思いこます」などを意味する。「Figurino」はファッションモデル、モデルのデッサン、服飾のスケッチなどを意味し、「figurista」はファッションデザイナーのことである（*The Concise Cambridge Italian Dictionary* [Cambridge: Cambridge, 1975], p. 112）。

55 エーリッヒ・アウエルバッハは彼の語源学的研究の著『Figura』のなかで、数多くの著作について言及しているが、そのなかで、ウィトルウィウスの著作に使われている「Figura」について次のように述べている。「figura」は地上階平面図を意味し、「universae figurae species or summa figuratio」は建物または人間の一般的な形を示唆している（Erich Auerbach, "Figura" in *From the Drama of European Literature* [NY: Meridian, 1959], pp. 23–24）。

56 Erich Auerbach,（注55）, pp. 16–23

57 Erich Auerbach,（注55）, pp. 23–24

58 『ドムス』と『カサベラ』は、時（一九二八年）と場所（ミラノ）を一にして誕生した二大雑誌であった。これらの類似性にもかかわらず、両誌はそれぞれの編集者の異なる視点を反映していた。ポンティは、生涯の仕事とした『ドムス』の編集長時代を通して、「すまい」についての神話を繰り返し主張し続けていたが、一方で、アーネスト・ロジャースは、一九四六年から四七年の短い間に編集主幹を務めた『ドムス』誌上で、そして一九五三年から六四年の『カサベラ』の編集長時代に、ペルシコとパガーノが『カサベラ』で取り上げていた論争の趣旨を、再び蒸し返していた。

59 エドアルド・ペルシコは、一九三五年一月二一日に、「建築の予言（Profezia dell'architettura）」と題する講演を行った。その原稿は一度出版されたが、のちに建築の手記（Scritti d'architettura（1927–1935）（Florence: Vallecchi, 1968）としてほかのペルシコの著作と一緒にまとめて出版された。

60 Edardo Persico, "Profezia dell'architettura", Scritti d'architettura（1927–1935）, p.125

61 Gio Ponti,（注2）, p. 18

62 Gio Ponti,（注2）, p. 6

63 Gio Ponti,（注2）, p. 193

64 Gio Ponti, "Si fa coi pensieri"（One does things with

one's thoghts）*Domus* 379（June, 1961）, p.6. ここでポンティはピレリ・タワーのデザインについて考察している。表題の"Si fa coi pensieri"は、同建築の構造設計を担当したネルビの言葉からの引用である。

65 モリーノにとってのカサ・ミラーは、簡潔に表現するなら「ambiènte」であったといえる。このイタリア語はインテリアが単なる入れ物以上の「雰囲気」を提供するものとして定義される。それは、屋内（インテリア）の諸要素と屋外との間の緊張感を与える空間である。Ambiente は各種の壁面によって醸し出される空間のなかにある家具やそのほかの室内の調度品も加味し、感覚的体験や記憶やさらにこの空間のなかで行われるさまざまな催し物や訪れる人々をも含んでいる。モリーノの言葉を借りるなら、ambienteは「以前は超現実的でさえあったが、現実に当時を呼び起こすものであり」「実際には離れていても、皮肉な方法でこの世とあの世を結びつけられるのだ」（Mollino, "Tutto è permesso sempre salva la fantasia", p. 21）。

66 Carlo Mollino with F. Vadacchino, *Archtettura: arte e tecnica*, p. 69

67 Carlo Mollino, "Rhetoriche e poetiche della proporzione（Rhetoric and Poetics of Proportion）" *Domus* 269（April 1952, p.67）

68 Carlo Mollino, "Il messaggio della camera oscura（The message from the dark room）"（Turin: Chiantore, 1949）, p. 76

69 Carlo Mollino,（注68）, p. 77

70 Carlo Mollino,（注68）, p. 80

71 Milan Kundera, *The Unbearable Lightness of Being*, p. 11

72 Carlo Mollino with F. Vadacchino,（注66）, p. 34

73 オーヴィッドの著書『変態』では、ピグマリオンは「自然の芸術」の力と同じか、それ以上としての芸術家として描かれている。「完璧な女性」が存在しないので、このキプロスの彫刻家（ピグマリオン）は自分のために女を彫刻するのだ。想像力や欲望そして当然石材を使ってこの芸術家は、芸術作品として、自身の欲望を「理想的世界」に昇華させるのであり、それは芸術家の理想的ビジョンであり、自然界には存在しない完璧な世界なのである。

74 Carlo Mollino with F. Vadacchino,（注66）, p. 226

75 ピグマリオン神話に関するポンティの姿勢は、普通、身近で遭遇するものに焦点がおかれていたようだ。たとえば、そこで生活している人（芸術家、芸術の鑑賞者、住人）と、その生活環境のなかに置かれているもの（芸術作品、建築、家具）との間の出会いである。

76 Carlo Mollino,（注68）, p. 48

77 Carlo Mollino,（注68）, p. 75

78 Carlo Mollino,（注68）, p. 75

79 Carlo Mollino,（注68）, p. 75

80 Gio Ponti,（注2）, p. 1

81 Gio Ponti,（注2）, p. 69

82 Gio Ponti,（注2）, p. 18

第二章　建築家の作品には終わりがない

ジオ・ポンティがヴィラ・プランチャートを、そしてカルロ・モリーノがカサ・ミラーの実現に向かって打ち込んでいたまさにその時期に、当のポンティは「このすまいは決して完成することがない」[1]と言っていたのだ。「この住まいは決して完成することがない」と言った理由は、建築の内容が真に充実したものになる時がまだきていないという意味であった。[2]ポンティは、建築家がドムスを実現するための条件はいまだ整ってはいない、と言いたかったのだ。ポンティとモリーノというふたりの楽観主義者にとって「未完成のすまい」は決して失敗ではなかった。というより、彼らにとってはむしろ「未完成のすまい」にこそ人間性豊かなすばらしい可能性が内在していたのだ。バジェラールはこの夢見るふたりの建築家の「未完成の住まい」の可能性を次のように書いている。

> われわれが将来住むことになるかもしれない家、しかしたぶん実現することはないと思われるこの家のために、夢を残しておくことは、たぶんよいことだと思う。もしも最終的に住む家が、生まれ育った家と瓜二つの家だとすると、夢も見られなくなり、それはいつしか深刻な事態になり、そして悲しい物思いにふけってしまうようになるだろう。だから完成した家に住むよりもむしろ未完成の状態の家に住むほうがよいとさえいえる。[3]

ポンティとモリーノにとってのすまいの設計は、ドムスの建築が実現する日までは、決して終わることはないのだ。もし仮に終わることがあるとしたら、その建築概念は、どの建築家の作品とも異なるものになるだろう。

ポンティとモリーノはバジェラールと声を合わせて「未完成のすまい」はすばらしいと主張しているが、「すまい」がドムスになることは恐らくないだろう。しかし、自分たちの作品が現実世界でドムスの空間を生み出せずに、いまだに夢の世界をさまよっている、という苛立《いらだ》たしさを感じていたことも確かだ。ふたりが精魂を込めた設計にもかかわらず、夢の実現との距離は必ずしも縮まらなかった。ポンティとモリーノは哲学者のＦ・Ｗ・

J・V・シェリングの言葉を借りて、「神が永遠のすみかを探すかのように、ポンティとモリーノの思考の世界では、真の人間のすみかは天国にある」[4]とも言っていた。思考の世界の中だけでドムスを追求していたポンティとモリーノは、たとえ自信や確証がなくても、燃えつきることのない信念をもって、人間に生まれつき備わっているにちがいない建築を設計するための驚くべき能力を駆使し続けた。彼らが最終的に、後援者施主に提供したものは、「理想郷」でもなく「ユートピア」でもなく、ただ小さな約束事をしただけだった。その約束事とは、毎日の生活空間の中で、ただの一瞬かもしれないが魔法のような不思議な瞬間があるはずだ、というものである。

ポンティとモリーノの相違点

ポンティとモリーノはドムスという夢を実現するために、蝶に備わっている驚くべき力を基礎として、ヴィラ・プランチャートとカサ・ミラーを「形」づくっていった。「仮装」の技法もこのときに生まれたのである。しかし、ふたりは別々の方法を使ってその解決案をそれぞれの作品のなかに実現していった。はじめに述べたようにモリーノはカサ・ミラーに住む人たちのために、家具と建物の外壁との間に「仮装」をつくり上げたし、ポンティは各種の幾何学的パターンと建築材料との間で「仮装」を試みた。「仮装」に関してさらに言及するなら、モリーノは非常に個人的な観点から、カサ・ミラーに住む人たちのために、言い換えれば自分自身のために「仮装」をデザインして、自分もその一部になりきっていたのだった。モリーノと彼の来客たちは、自分たちとその場の雰囲気とがある種のバランス状態に達していると感じていた。それはちょうどユイスマンスが『さかしま』のなかで主人公のデゼッサントにしたのと同じような方法で行われた。

一方、ポンティは幾何学的な左右対称の規則に従って、より抽象的なレベルで、たとえば、それはヴィラの中にいる人たちとそれを取り巻く環境との間の関係としてではなく、むしろ純粋に形や色彩や空間といった建物の構成要素間の関係を使って「仮装」を表現したのであった。

したがって、モリーノが自分の作品、カサ・ミラーの室内に友人や自分自身がいるのを想定していたのに対し、ポンティは自分自身を施主であるプランチャート家から、かなり距離をおいて対処していた。たとえば、ポンティにとってヴィラ・プランチャートの「住人」は自分で考え出したすばらしい想像上の人たちであった。すなわち、ヴィラのためにスケッチブックに描かれたマネキンたちなのだ。マネキンたちは、ヴィラの装飾デザインを構成する幾何学模様や色彩計画にマッチするように描かれていた。

ふたりの「仮装」の扱い方には微妙ではあるが確かに違いがある。その違いは、ふたりの作品へのアプローチの仕方、とくにふたりを取り巻く世界との対処の仕方にはっきりと現れている。ポンティの表現は「距離を置いた抽象性」であり、モリーノの表現は「個人的にのめり込んだ超現実主義」といえる。この違いはふたりを取り巻く歴史的、文化的な条件の違いや、ふたりの住んでいた都市の違いにも起因していた、といえる。

ミラノの歴史や文化的環境は、ポンティ独特の表現と方法を生み出すのに役立った。[5] ポンティの言葉を借りるなら、歴史的にミラノは「過去をつくり、未来を考える」[6] イタリア前衛芸術[7]の中心地であった。ミラノは常に破壊と再生を繰り返してきた[8]ので、あるのは現在[9]だけであった。さらに「イタリアのなかでも最もイタリアらしいものがある」[10] 現代のミラノは、産業と商業の中心地であり続け、ハイファッションでも世界の中心地であり、ポンティにとっては、自分の「スタイル」を確立するには理想的な場所であった。[11] イタリアのなかで最もヨーロッパ的な都市ミラノに見る建築の伝統は「南部」と「北部」の建築的感覚の不思議なバランスであり、それはポンティにとってはウィーン分離派の精緻さと、地中海の自然から生まれた幻想との間にある「矛盾のなかのバランス」とでもいうようなものであった。[12]

ポンティは、世代や場所を超えた芸術家や建築家の作品に影響されている同世代の建築家を代弁していたのだ。このようにして過去の影響を受けた現代芸術は、すばらしい人間の歴史の魅惑的な部分を現代人にもたらした。ポンティにいわせると、現代の建築家は、「過去のスタイルの模倣でなく、過去の作品の最も純粋で魅惑的でしかも品格のある部分を永遠のものとさせなければならない」[13]となる。ポンティ自身の作品についていうなら、ヴィラ・プランチャートに見られるように、新しくてオリジナルな建築としてではなくて、それは昔から繰り返し続けられている変遷を通して古いイタリアの力を感じさせるものを受け継いでいるといえる。[14]イタリアの特徴を伝承するために、ポンティはヴィラ・プランチャートの設計を、過去の遺産を学ぶことから始めた。たとえば、幻惑的な色と形の大理石からなる「結晶」のような床（図1参照）は、彼がとくに興味をもった歴史的過去の一定の場所や時代のスタイルや作品からの影響ではなく、その時代から生まれた姿勢や綿密にデザインされた幾何学模様の影響であった。このようにして、ポンティはヴィラ・プランチャートの設計で、すばらしい魔法のような過去の遺産だけではなしに、輝かしき将来をも表現したのだ。[15]

このようなポンティの努力にもかかわらず、過去の栄光と輝かしき未来を結びつけるための適切なる表現は、そう簡単には実現しなかった。都市としてのミラノは、ポンティの「すまい」と同じように、決して完成することはなかった。戦争によって繰り返し破壊された都市、常に生れ変わる驚異の再生力のある都市、ファッションの流行や絶え間なく変化する中産階級の趣味のように政治や文化の盛衰が激しい都市、それがミラノなのだ。このダイナミックで同時に不安定な時空間の最中にあったポンティが、批評家の予測に対抗して「中立」の立場を維持するのは容易ではなかった。リサ・リチトラ・ポンティは父について、次のようにいっている。

彼のことを「仲裁者」と呼んでいる人たちはまったく見当違いのことを言っていることになります。彼は、「仲裁」にはまったく興味がなかったといってもよいと思います。仲裁とは、相対立するグループが引き起こす劇的な闘争に巻き込まれて困っているおとなしい「中立者」がすることですが、ジオ・

ポンティは「幸せな中立者」の代弁者ではありませんでした。[16]

過剰なまでの正確さを期待するポンティは「不可能と思われる均衡状態を可能ならしめよう」[17]として、一見無理と思われるような方法でもって、不可能と思える均衡状態を可能にしていた。ドムスは彼のどの作品にも内在しているはずだし、とらえどころのない異なった方法でこれらの作品は設計されている。たとえばドムスはミラノにある彼自身のすまいや事務所建築などに存在しているはずであり、これらの建築において、ポンティは人と物との接触でつくり出される「奇跡の均衡」状態を執拗に追い求めていた。ポンティが考えるに、遠い昔から「詩的で純粋で原始的な建築という職業」に新しい空気を吹き込んで刷新を図り、さらに「本質をついた永続性のある基本的な規則」[18]を抽象化して一般化すれば、多くの建築家が質の高い建築を設計できるようになるかもしれないのだ、と。このようにすれば、ミラノの人たちの「いつかどこかで」という期待に応えようとするポンティの「抽象的で少し距離をおいたような」表現が、「今ここで」という活気のある作品として生まれ変わるかもしれないのだった。

ミラノの環境が、均衡を保とうとするポンティの努力に適していたとするなら、トリノは独特な感受性をもつモリーノに適していたといえる。[19]トリノが魔術と神秘主義の世界的中心地であり、ヨーロッパにおける産業の中心地（とくに一九一〇年以後のフィアットの工場が産業界に大きく影響した）であったことは、モリーノの「精緻さへの執着」と「幻想的感覚」との間に均衡をもたらすための大きな助けとなった。モリーノ以前でいえば、ニーチェとキリコの関係が挙げられるが、トリノの不思議な精緻さを考えるとき、モリーノの「夢見るトリノの人々」[20]と題する絵に見られるように、トリノは彼にとって重大な意味をもっていた。地理的に見れば、トリノはモリーノの文化的焦点をフランス志向にさせたといえる（たとえば、超現実主義的実験や過剰なロココ文学とその衰退など）。[21]さらに詳しく見れば、モリーノの直角と波打つ形を重ね合わせる傾向は、いくつかの装飾過剰な教会建築や理想的で直角を基本とした都市計画、そして丸みをおびた自然の地形と曲がりくねった河川などの影響を強く受けている。[22]

ふたつの都市とふたりの個人的生活環境の相違は、ふたりの建築表現の違いとしてはっきりと現れている。モリーノより一四歳年上だったポンティは第一次世界大戦で召集されたため、彼の建築の勉学は中断され、学位は終戦後まで待たねばならなかった。戦後の動乱期は母国イタリアにとってだけではなしに、ポンティ個人にとっても影響は大きく、ポンティの建築表現は新古典主義的傾向を帯びて、第一次世界大戦以前のイルノヴェチェントグループの芸術家や建築家が好んだような表現を多く使った。戦前のミラノの貴族階級が好んだような貴族趣味の意匠を復活させようとしたのだ。これは、のちにヴィラ・プランチャートで見せたような、左右非対称と幾何学的形態や色彩を用いた抽象的表現へと発展する以前のポンティであった。一方、モリーノはといえば、年齢的には第一次世界大戦と第二次世界大戦の中間に位置したため、直接には軍隊経験をせずにすんだ。技術者として成功を収めた父親の経済的援助もあって、マンフレッド・タフーリの言を借りるなら、「建築界の駄々っ子」[23]としての役目を担った。

モリーノにはポンティのような普通の家族生活（ポンティは妻と四人の子供と八人の孫に恵まれた）の経験はなく、しかもポンティのように長期間にわたる国際的名声にも恵まれなかった。ポンティが建築以上に愛したのは、五〇年連れ添った妻のジュリアだけであった。[24]一方モリーノが建築をどの程度愛したかは定かでない。モリーノの人生には際立って長続きのするようなものは何もなかったし、モリーノの建築設計は断続的にしか行われなかったが、実現したものは自分の意志にかなったものばかりであった。結婚はせず一生独身を楽しんだようであった。彼の女性関係は長続きのしないことで有名であった。そのなかでも長続きした愛人アダ・ミノラは、モリーノの女性関係について次のようにいっている。

彼は女性を崇拝するが決して結婚しようとはしません。それは自由を失いたくないためなのか、または自分を何かに閉じ込めたくないからだと思います。彼にとって女性とは、官能の対象でしかなかったともいえるし、女性の一目瞭然の部分より、詩的な側面に興味があったようでした。[25]

モリーノが結婚を申し込んだことのあるカメリーナ・ピコリスの逸話は、それとは少し異なっていた。

すばらしいスケッチつきの手紙やメモが後から後から自宅や学校に送られてきました。結局のところ、私はこの詩人に誘惑され続けていたのでした。これらの手紙は、当時私がいちばん避けたいと思っていた結婚について語り始めました。私はここから抜け出てどこか遠くへ逃げ出したいと思い、ブラジルへ行きました。でも彼の手紙は、まるで時計か何かのように正確に私の後を追いかけてきました。それはへその緒のように私をヨーロッパにつなぎ止めようとしたのです。しかしこのへその緒は栄養を補給する代わりに恐怖を送り続ける役目をしました。私は二度ほどイタリアに帰りましたが、二度ともイタリアを去ってきました。彼がジェノヴァの波止場で待っていて、この状態は何も変わらなかったし、変わりようがなかったのです。[26]

モリーノがカメリーナ・ピコリスと結婚したいという熱望は、自由奔放すぎて悪名を馳せたこの「独身者」も、ひとつのことに固執することもあるという証拠だったのかもしれない。自由奔放に情事を楽しんできたモリーノにも、ついにそれに伴うつけが回ってきたといえる。カメリーナ・ピコリスがイタリアへ戻ってくるのを待っている間に、モリーノが派手な活動に身をやつしていたことは想像にかたくない。たとえば、レーシングカーをデザインして自らレースに参加したり、飛行機を操縦したり、発明に熱中したり、また暇さえあれば旅行をしていたのだ。たとえばカサ・ミラーでモリーノがしていたことといえば、のぞき見趣味的な遊びや額縁の余白を埋めたりしていたのだが、カサ・ミラー内に住むことはまずなかった。逆説的にいえば、カサ・ミラーはモリーノを外に出すための効果的な場所であったとさえいえる。

このようなモリーノの奇妙で特殊な事情は、彼の作品にそのまま表れている。モリーノの多枝にわたる芸術制作のなかで、もし彼の社会的地位そのものを彼の芸術作品として認めるとしたなら、彼の作品は長続きしたことになる。モリーノが撮った数えきれないほどの写真は、今では美術愛好家たちによって認められ、このとらえどころのない演技者を理解する資料として収集されている。

さらに付け加えるならモリーノの写真は、公の場における彼の性格の二面性を如実に物語っている。ある写真では、周りの雰囲気に溶け込もうとしているし、他の写真では意識的に目立とうとしている。周囲に溶け込もうとしている場合について、友達のキャロル・ラマはこう説明している。

あまり好ましくないナイトクラブで撮った写真では、自分を目立たないようにするため、周りと同じような服装をして、自分をカモフラージュしたりした。たとえば、豪華な賭博場で玉突きをして遊ぶときは、夜の略奪者のような格好をして自分を周囲の雰囲気に溶け込ませてたりした。[27]

モリーノはこの仮装を芸術的に仕上げた。モリーノのやり方は前にも示した（図5参照）自画像のように仮装することだ。ラマはそれを次のように説明している。

モリーノは黒のタートルネックのセーターを着て登場するかもしれない、なぜなら、実存主義者のふりをしているから。そのうえに派手なシャツをはおるにちがいない、それはジャン・ギャバンになったつもりだから。彼は皆がまさかと思ってまったく期待されていないときに驚かすのが好きなの。[28]

モリーノ独特の二面性的性格は彼のデザインにもよく表れている。カサ・ミラーのサロンの内装がそうだ。自然の素材と人工的材料をわざと交ぜたり、ごく平凡な飾り物と特別な高級品とそうでないもの、などを意識して一緒に使っている。キャロル・ラマも言っているように、

「モリーノは、レーシングカーをデザインしているときはローマ法王のベッドを想像し、住宅を設計しているときは、デトロイトやカサブランカの売春宿を考えたりする人です」。[29] カサ・ミラーの中の、このような思いも寄らない代用品の使い方やスーパーインポジションの仕方は、確かに自分でもいっているように、超現実派的傾向のある彼のインテリアデザインにはっきりと読み取れる。[30]

ポンティとモリーノは、ドムスの夢を追求しながら、自分たちの異なった生活環境から生まれた希望をそれぞれの建築作品で表現していた。モリーノのカサ・ミラーは自由奔放と自己反映の場であり、ポンティのヴィラ・プランチャートは自分とはかけ離れた他人のための「おとぎ話」であった。ポンティはヴィラを魅惑的なおとぎ話の舞台として設計し、そこでは主人公が宝物とお姫さまを手に入れるという筋書きになるが、モリーノのカサ・ミラーには宝物もお姫さまもなく、ただモリーノ自身と客が芸術の誘惑に任せて、刹那的満足に浸っているだけである。[31]

生活スタイルや建築表現においては明らかな相違があるにもかかわらず、ポンティとモリーノというふたりの建築家は、その共通するものによって結ばれていた。それは、ふたりの間で長い期間にわたって交わされた建築についての会話であり友情であった。ジオ・ポンティとカルロ・モリーノは建築作品を決して完結させたりはしなかった。ドムスへの夢はふたりを鼓舞し続けたが、それでもまだふたりの作品がこの夢を実現していないという現実に変わりはなかった。しかしモリーノとは違ってポンティは、自分のしたいことを見極めて実行に移していった。そしてまさにこのことが、最終的にはふたりの建築の表現の違いを際立たせたのである。ポンティは、おとぎ話が現実のものとなるかもしれない、という希望に満ちた想像をヴィラ・プランチャートのデザインに託したのに比べて、負けず嫌いで休みもとらずに作品と取り組んだモリーノは、その作品が誰のものということとは無関係に、自己の反映としての作品のなかに自分自身を発見するべく没頭したのだ。

ポンティとモリーノの比較

ヴィラ・プランチャートとカサ・ミラーの第一印象は、現代の建築に共通するある種の表現によく似ているといえる。たとえば、不規則な形やいくつもの平面をずらした形に劇的な効果を与えるために、長い間使われてきた伝統的な形を壊して、結局は全部取り去ってしまったり（ピーター・アイゼンマンやザハ・ハディドの作品）、異常で驚くべき空間の出現を期待して透視方的手法を破棄したり（スティーヴン・ホールの作品）、人工的なエロティシズムを感じさせる雰囲気をつくり出すために、特殊な材料やデザインの要素を選んで配列したり（ロナルド・クレクの作品に見られるように）、過去より時間と場所を超越して装飾と主題を自由に選び、作品の文化的要素は建築の物質的限界を超えて存在する、と主張したり[32]（ロバート・ヴェンチューリとスコット・ブラウンの作品）した作品である。少なくとも表面的には現代の建築家の作品が、ポンティとモリーノの作品に似ているといえるかもしれないが、いったん、建築のコンセプトのレベルの話になるとこの比較は不可能になる。多くの現代建築家が建築を「破片」や「破壊」として取り組むことに夢中になっているが、ポンティとモリーノは建築を「まず全体的なものとしてとらえて、それから部分につい考えよう」[33]としていた。

ポンティとモリーノは建築を、部分的なものとも空虚なものとも考えなかった代わりに、全体的雰囲気と奇跡的で完成間近かのいきいきとした活気のあるものととらえていた。

ルイス・カーンとアルヴァー・アールトは、比喩的な建築ということに関して、ポンティとモリーノよりも優れた作品をつくっているといえる。ポンティは必ずしも彼の思想を常に実践していたとはいえないし、モリーノはその落ち着きのない風変わりな性格から作品数は少なかったが、その異常ともいえるビジョンを余すところなく実現している。いずれにしても、カーンとアールトの個々の作品と、ポンティとモリーノの作品をまとめて比較するならば、ポンティとモリーノはより多くの何かを、より違ったものを、より変わったものを提供してくれている。戦後の困難な状態やイタリア建築の型をつくり出すという伝統とのかかわり合いなど、非常に複雑な状況であったにもかかわらず、このふたりの建築家とその友人たちの間で交わされた意義深い会話や議論の場を生み出す源泉となったのが、ふたりの作品であった。ポンティとモリーノの場合でいうなら、文化的環境（たとえば、古典建築の形式やキャンベルスープの缶詰め）ではなく、むしろ自然環境（たとえば、蝶）にある日常見慣れたものを参考にして型をつくり出していく方式をとった。即ち、文化的違いを飛び越えて、誰にでも共通の人間性の獲得に向かって突き進んだのである。[34] ポンティとモリーノが成し遂げたことは、文化的障壁（利用者、施主、一般）を超えて多くの人々に語りかけ、現代の建築家にとっても「型づくり」の有効な手段として再発見されるだろう。ふたりの建築家にとって、イタリア建築界の危機的状況が一見地域的な問題として映ったのだが、実は、人間が必要とし熱望しているものを満たす建築作品をつくり出せるだけの才能そのものが危険状態にある、という根本的な問題だったのだ。

ポンティとモリーノの建築の型に対するコンセプトは、自分たちにとっても、また同世代の建築家にとっても別に新しいものではなかった。ふたりの建築の「型（figura）」はジョヴァンニ・ブリーノがいうように[35]紀元一世紀の教会の牧師によって始められ、今日二〇世紀のイタリア未来派の人々によって受け継がれた遺産からきている。教会の牧師にとっての「型」は「現実であり精神的世界」として理解された肉体を意味する。そのなかには未来も真実もともに隠されている。[36]「型」の示唆するものにさらに加えるなら、エーリッヒ・アウエルバッハは『型』（一九九四）のなかで、ポンティとモリーノだけではなしにペルシコも恩恵をこうむっているこの伝統的文化遺産に脚光を与えて、「型の預言者」としてのコンセプトについて説明している。アウエルバッハは次のように定義している。

型の予言とは、ひとつの世界的な出来事を通して見たほかの出来事の解釈を指している。最初の出来事が次の出来事を導き、それが最初の出来事を完結させる。両方とも歴史的出来事として残るが、ともに予備段階であり未完成のままである。両方とも相互補完的に作用し合い、未来志向ではあるが、つねにまだ何かが生まれてくると感じ、それは実際に現実的で確かな出来事なのである。[37]

アウエルバッハのコンセプトによると、型（figura）とは歴史的（人間的）に見て完結しているが、形而上学的に見るといつも開かれていてしかもつねに疑問が残る、という出来事なのである。[38] この歴史的で人間的な出来事はその次に起こる出来事を引き起こすので、間違いなく「真実」になりうる。

宗教的な示唆として見れば、キリストは再来の「型」といえる。なぜなら、地上に再来したキリストは全人格をもち、神の意思によって必ずこの世に奇跡をもたらす存在であるからだ。アウエルバッハにとっては、「型」は少し奇妙に見えても「実際の歴史的出来事」と「疑いのない真実」[39]との中間に位置する確かな出来事なのだ。よって、ポンティとモリーノにとって建築の「型」とは、建築における現実のすまいとドムスという夢との中間に位置するものなのである。

宗教的なたとえを引用しなくても、このコンセプト「型の預言者」は、人類の欲望と熱望に答える人間的プロジェクトなのだ。この「型」こそは、ポンティがまだ建築学科を卒業する以前に「イタリア人は未来の創造者」であると定義した、ミラノの詩人でイタリア未来派の指導者F・T・マリネッティの考え出したことなのであった。[40] ファシズムが終わりを告げた後、自由を勝ち得たこの夢の追求者ポンティはマリネッティと同様にイタリアの建築界に訴えかけようとしていた。ポンティはマリネッティの次のような宣言文から「未完成のすまい」のすばらしさについて教わるところが多かった。

建設中の住宅の骨組みというものは、完成したらこうなるであろう、という住む人の情熱ともいえるものの象徴である。すでに建設完了したものは、卑怯者が休むための野営地なのだ。笑止千万だ。いつでも好きなときに、また、風のように変化する自分の気分次第で変えられる骨組みは、まったくすばらしく、変化があり、情熱を宿している。[41]

マリネッティの宣言文は、ポンティのいう完全な未来を構築する夢と明らかに同じ趣旨のものだが、ポンティの芸術的な作品は芸術家の詩的なものに左右されるのであって、芸術運動の政治的配慮とは関係がない。

ポンティとモリーノの「型」とは、（ポンティの言葉を借りれば）「神が終焉を迎えて、神話に終わりを告げ、そして当時は芸術であり宗教でもあった異教徒時代の言語が崩壊した」にもかかわらず、「建築家兼芸術家」がいつまでも夢を追求することを許すような、そういう「型」であった。スーザン・ソンタグもいっているように「どの時代でも〝精神性〟を再発明しなければならなかった」[42]ので、建築家ポンティとモリーノはドムスに向かって突き進んだのであり、それはまさに歴史的に見てほかのあらゆる見通しがつかなくなったそのときであった。

こうした広義の未来派の思想は、のちにレナート・ポッジオーリの著書、『前衛の思想』によって考察されている。これは割合と最近の著作で、広い意味での文化の流れに対して、確かなポンティとモリーノの建築的貢献を要約したものである。ポッジオーリはこのなかでポンティとモリーノがとった「未来派的」姿勢について次のように書いている。

非常事態をはっきりと感じてもまだなすすべもなくただ待っているのではなく、むしろ逆に非常事態を奇跡に転換しようと努力した。失敗を乗り越えた行動力によって結果を正当化し、難問を超えようとした。[43]

確かに、ジオ・ポンティとカルロ・モリーノはドムスの実現に向かって建築作品を執拗につくり続けた。たとえ自分たちの努力だけではその願望を満足させえないとわかっていてもであった。ポッジオーリの著『未来派』はさらに、ポンティとモリーノが行った評価についての努力や、すなわち芸術作品の両端の間に存在する摩擦を評価しようとする試みだけではなく、危機状態においてこそ創造的行動がとれるという前提に立って、芸術作品と作品制作のための環境との対比を評価しようとした努力について語っている。[44]

「理想的」で「完全」な建築としてのドムスは決して実現しないとわかっているにもかかわらず、ポンティとモリーノの作品がすばらしいのは、ポッジオーリの言葉を借りるなら「昔から存在する永遠の価値に新しい意味を見つけ、とどまることのない歴史の変遷のなかに充足感を得るための錯覚の信念」を維持できたことにある。[45] ポッジオーリのいう「未来派」を広義に解釈するなら、ポンティとモリーノの建築作品は「完全な感情と精神の自由に対する擬似宗教的な願望、すなわち、現代人が永遠に失ってしまった純粋で純真なビジョンを再び獲得したいという願望、さらにいうなら理想的で完全な形に到達するための永遠の法則を発見したいという欲求」なのだ。[46] 現代は、たぶん、建築家が再度このようなビジョンの自由や純真さを獲得し、実現しないとわかっている夢と願望を追い続ける時代であるといえる。

可能性を秘めた作品

哲学や芸術のジャンルと違って、建築は「未完成」とか不完全とか「可能性を秘めた」という考え方には伝統的に抵抗してきた。このような抵抗の姿勢はおもに建築に課せられた機能的・経済的な要求によるものであり、結果的には施主の心や、建築家の心をも閉ざしてしまうだけではなしに、遊びの心、幻想や夢による人間の可能性を探る機会をも同時に閉ざしてしまうことになる。施主の機能的・経済的要求を満足させるような建築作品がほとんどで、人間性を謳歌するための魅惑的な可能性を追求するような建築は無視されてきた。

美学的な見地から見た場合でも、建築は未完成品であることを拒否し続けてきた。アルベルティの定義によると、それ以上追加も除去も必要とはせず、全体と部分がよく調和したルネサンスの理想的建築美でさえも、抵抗の対象となった。[47] たぶんアルベルティは、静的な物体としての建築について語っていたのであろう。しかし一度、人がその建築を使いはじめると建築のあらゆる空間は住人の住み方の解釈に反応しはじめる。住人が新しくなると住み方も変わる。建築作品がそれぞれ異なる住人の異なる住み方に対して反応するとき、その建築は永遠に「未完成」であり「歓喜」に浸ることだろう。

すばらしいことに、ジオ・ポンティは一九四九年、雑誌『ドムス』に「住宅は決して完成することがない」という記事を載せている。同じような意味から、ポンティ自身の問題解決の手段として主宰している雑誌、『ドムス』と『スティレ』に「可能性に対しては常に開いていた（未完成）」と記した。[48] しかし、ウンベルト・エーコによる『未完成の（開かれた）作品の詩情』[49]を知るには一九六二年まで待たなければならなかった。ポンティやモリーノと同様にエーコにとっても、芸術作品とは文字通りの「未完成」品なのであった。あたかも模型のキットの構成部材のような出演者に、その作者から作品が手渡されるかようだ。[50] 芸術における「開いた作品（未完成）」は不安定で、変化に応じ、動的で、演奏可能ですらあり、モリーノの言葉を借りるなら、「結論のない継続」なのであった。[51]

では、芸術家はどのようにして「開かれた作品（未完成品）」を制作するのだろうか。ポンティやモリーノと同様にエーコにとっても、「開かれた作品」を創作するための主要な道具とは、「それぞれ隠された異なる意味をひとつに結びつけることのできる言葉であり、隠された意味はそれぞれほかの日常的な意味と結びつけたり、関係づけたりして、それ自身、新しい可能性や解釈に対して、「開かれた」姿勢をとっている。[52] ポンティやモリーノにとっては、その言葉がドムスであった。このとらえどころのない概念はエーコの言葉を借りるなら、ふたりの建築家の「型」をつくり出すプロセスから導かれた建築空間や、「一連の解釈のとくにプロセスのはじめの部分」によく表現されている。[53] ポンティも「静的にではなく、むしろ興奮するような」建築の体験を語っているが、エーコも指摘しているように、「空間の理解と解釈については、静的にただ見つめているだけではだめで、動きのなかに空間を再発見することによってのみ達成できる」[54]と。

この典型的なイタリア人的気質のポンティとモリーノ

は、人類史の初期より建築が存在し続けているということの建築の本質に関する事実について、関心を抱いていた。建築文化や「すまい」に関する概念がすでに使い古されていたり、その意味が変化しはじめたりしてはいたが、それでも彼らは自分たちが設計した建築を使っている人たちには「くつろいだ」雰囲気を味わってもらいたかったのだ。建築における文化的価値が使い古されたり、建築の価値が侵食されたりしていることはわかっていても、ポンティとモリーノは建築の歴史的価値を取り戻そうとしていた。この世の中で自分たちが感知したものが、いつまでも空間的な価値、概念的な価値、歴史的な価値、文化的な価値をもっている、と固く信じていた。このイタリア的傾向について、ジョヴァンナ・ボラドーリの要約に従えば、ポンティとモリーノのデザインは、明らかに歴史的で文化的でしかも不明確な事象についてのプロジェクトである一方で、デリダの「デコンストラクシオン」によれば、これは「純粋」にして自由で新しい意味論を展開したいという願望のための方向づけなのであった。[55] このようにして、ドムスに近づこうとしているポンティとモリーノの作品は、建築が「死んでいるわけでもなく」かといって「生きているわけでもなく」、一時的にでもいきいきとした状態で、建築家の、そして住んでいる人の身も心もつかんだまま永遠に再生し続けようとする存在なのだ。それゆえに、ドムスの将来は、建築作品のなかで「開かれた状態」のままである。

雑誌『ドムス』の一九五六年の論説で、ポンティは歴史とは「建築家にとってのみ意味をもつ親しみのあるものであり、活力あふれるプロセスそのものなのである」と定義している。[56] ポンティにとって建築家は、建築作品をこじあけて、「芸術が表面に浮かび上がっては沈み、また現れ、ついには変形したりする」ように、歴史を通じて集められた、すべての建築に関する意味を探す、という難しい仕事を託されている。[57]

しかし、この仕事には、逆説的な見方もできる。ドムスを実現しようとする正にそのプロセスにおいて、ポンティとモリーノは、奇跡的な輝きを持ちかつ活力にあふれる建築を思い描いたが、その結果、逆にドムスの概念そのものを霧の向こうに押しやる結果を招いてしまった。[58]

ポンティとモリーノの活力あふれる建築はドムスに到達するという偉大なる夢とは別に、というよりも、もしかしたらすでにドムスを通り越しているのではないかとさえ思える。このように理解することは、ふたりがドムスを表現するための唯一の「真摯」なる手段として、建築と取り組み続けていたのだ、と結論づけたくなる。それは、ふたりの夢である奇跡に近づいてはいるが、いまだに十分な現実との間の緊張感を表現するにはいたっていなかった。[59] しかし、たとえ建築が完成されなくても、その作品は傑作でありうるのだ。

原注

1 Gio Ponti, “Una casa non finisce mai” [The house is never finished], *Domus* 328（September 1949）, pp. 13–17. ポンティはドムスとスティレを「開かれた場」として自賛した（Licitra Ponti, “Portrait”, Gio Ponti, *The Complete Works 1923–78*, p. 18）。ほとんど四半世紀たってから「ドムスはいまだに準備段階である」と語っている（Gio Ponti, “Domus is Here: Honored in Paris”, 1928/1973, Domus: 45 ans d’architecture, design, art を参照）。

2 Gio Ponti, *In Praise of Architecture*, p. 6

3 Gaston Bachelard. *The Poetics of Space*（1958）, p. 61

4 F. W. Schelling, *Einleitung in die Philosophie der Mythologie*, 21st lecture, manuscript outline; quoted in Hans Blumenberg, The Genesis of the Copernican World tlansl. R. M. Wallace（Cambridge: MIT, 1987）, p. 74

5 「平面の中心点」という意味の言葉、「Mediolanum」を短くしたのが「Milano（ミラノ）」であり、ポンティの均衡を維持する活動、すなわち、夢と現実の狭間にあって、「奇跡の均衡」を保つための場所として、最適であった。ミラノの歴史的確証を取るため、ユージーニオ・ジェンティリ・テデスキはミラノの歴史と形態学との考察と調査をした（Milano: I segni storia [firenza: Alinea, 1988], pp. 15, 16, 18, 70 and 104）。

6 二〇世紀と合理主義に関する種々の未来志向の前衛芸術運動はすべてミラノで始まったといって差し支えない。ポンティ以前の未来派の指導者マリネッティはミラノの動的な潜在力を感じ取っていた。「詩的雰囲気のなかで、私が今、賞賛しようとしている感覚やアイデアや思考をつかさどる機械を内在している都市、偉大なる伝統と未来とを有する都市、それがミラノなのだ。このミラノはイタリアの力と楽観主義的態度の中央発電所のような役目を果たすだろう」（F. T. Marinetti, “An Italian Egypt in Lombard”, *Let’s Murder the Moonshine*: Selected Writings, ed. R. W. Flint [Los Angeles: Sun and Moon, 1991], p. 174）。

7 Gio Ponti,（注2）, p. 79

8 ミラノの歴史を簡略に列記すると、イタリア半島北部の共和国として誕生、ルネサンス期の最初の玉座を与え、サクソンの皇帝とのちにナポレオン・ボナパルトが戴冠式を挙げ、イタリア統一運動とその後ファシスト党の本部が置かれた。

9 Gio Ponti,（注2）, p. 79

10 「イタリアにおいて最もイタリア的なもの」は、著書『建築を愛しなさい』でミラノについて書いている章の表題である。

11 ここでは、「Style」に関してはウンベルト・エーコの定義を使っている（Umberto Eco, The Open Work［1962］, transl. A. Cancogni［Cambridge: Harvard, 1989］, p. 165）。

12 一般に「ミラノ・スタイル」と呼称されているものは、またの名を「ロンバルドスタイル」ともいい、作家のひとりによると、「北部の奇妙で野性味のある発明が、南部の太陽と豊饒な環境によりはぐくまれたのが、ミラノスタイルなのだ、と。それが建築となったときには、奇怪で全体として美しくもなく、不完全な統一を示唆している」（Cecil Headlam. Venetia and Northern Italy.［London: J. M. Dent, MCMVIII］, pp. 40–41）。一五世紀の彫刻家であり建築家でもあったイル・フィラレッテは、ミラノに「折衷様式」という概念に沿った前例を残している。それは、中世式、ロンバルディア式、ゴシック様式などと呼ばれる不安定で未解決の均衡（不安定な均衡）をした様式であった（Il Filarete, *Treatise on Architectutre*（*Being the treatise by Antonio di Piero Alverino, Known as Filarete*）［1464］, trans. J. R. Spencer（New Haven: Yale U. Press, 1965）, book XXIV, 183r: p. 313）。

13 Gio Ponti,（注2）, p. 4

14 Gio Ponti,（注2）, p. 86

15 ポンティはイタリア語で「橋」を意味し、ジオ・ポンティはイタリア語で、異なる時代や文化や産業や分野の間の架け橋を意味する。

16 Lisa Licitra Ponti, "Portrait", Gio Ponti: The Complete Works 1923–78, p. 18

17 Gio Ponti,（注2）, p. 110

18 Gio Ponti,（注2）, p. 51

19 迷信深いが不屈の精神の持ち主であったカルロ・モリーノは牡牛座（Taurus）の星の下でトリノ（Torino＝イタリア語で牡牛）に生まれた。

20 病気で衰弱していたニーチェは彼の最後の九か月のうちの六か月をトリノで過ごした。デ・キリコは一九一一年にパリへ行く途中トリノに立ち寄った。短期の滞在であったが、トリノがデ・キリコに及ぼした影響は、彼自身のニーチェに対する幻想も手伝ってか、計り知れないものがあった。「トリノでの経験は、一九一二年から一九一五年にかけて描いた絵のすべてに影響を及ぼしている。とくにフリードリヒ・ウィルヘルム・ニーチェに負うところは大きい。当時私はニーチェをむさぼり読んでいたのだ」(Giorgio de Chirico, "Some Perspectives On My Art" [1935], Giorgio de Chirico, *Hebdomeros* [with other writings], trans. Into English [Camridge, MA: Exact Change Books, 1992], p. 252)。デ・キリコ自身もいっているように、彼に影響を及ぼしたトリノの精神的な魅力は、「街路にあふれている実践的な活力」であった。さらに尽きることのないアーケードによってつくり出される、ごくありきたりの都市計画によるところも大きかった。デ・キリコも説明しているが、建築的景観によることも確かだ。トリノではすべてが予期せずに突然に現れてくる。広場に入ると自分をじーっと見つめている石造と向き合ってしまう。あるときは、街のスカイラインが突如、壁の後ろで汽車が発する汽笛によって遮られてしまう(同右 p. 253)。デ・キリコが示唆するように、トリノの公共の空間は、すばらしく幻想的で不可思議なる感覚を呼び起こす。そこでは人も物もすべてが神秘的に見えるのだ(同右 p. 87–87)。

21 確かにトリノという都市は山麓を越えて征服したナポレオンを称える王宮が中央にどっかりと構えており、ヨーロッパ的性格を前面に見せている。

22 「トリノはすべてが九〇度でできている都市だ。このすべてが直角の市街地をあざけ笑うかのような周囲の曲がりくねった自然環境の、そのただなかに収まっているのがトリノである。このユークリッド幾何学のようなヨーロッパの都市は、北は丸みのある丘陵地帯に囲まれ、東を曲がりくねった川で遮られている」(William M. Johnston. In Search of Italy, pp. 15–16)。トリノの建築に先鞭をつけたのがグアリーノ・グアリーニであった。彼のサンロレンツォ教会のキューポラや聖衣教会の礼拝堂は、力強く複雑な形体と、人を驚かすような活気にあふれた豪華さとの対比という、トリノの特有の共存の美学を見ることができる。

23 Manfredo Tafuri, *History of Italian Architecture*, 1944–1985, transl. J. Levine (Cmabridge: MIT, 1989, fn. 34, p. 210)

24 Lisa Licitra Ponti, "Gio Ponti: A-Z", p. 6

25 Ada Minola, letter of homage to Carlo Mollino, from Fulvio Irace, ed., "Carlo Mollino", p. 254

26 Carmelina Piccolis, letter of homage to Carlo Mokkino, from Fulvio Irace, ed., "Carlo Mollino", p. 255

27 Carol Rama,(注26), p. 252

28 Carol Rama,(注26), p. 252

29 Carol Rama,(注26), p. 253

30 モリーノは、ジョセフ・リクウェルト（Joseph Rykwert）との対話のなかで、「超現実派の建築家は自分だけである」と宣言している。超現実派の影響の有無はさておいて、モリーノの複雑なる表現はトリノにある教会建築の過剰すぎる装飾とどこかで結びついているようだ。たとえば、貴族的な客室のロココ様式のインテリアや、礼拝堂の女性のための装飾された私室などである（William M. Johnston, In Search of Italy, p. 13）。

31 モリーノは「芸術による誘惑」を試みたと「対比に関する誇張と詩情」（Rhetoriche e poetiche della proporzione, P.33）のなかで述べている。ほかの機会では「芸術による説得」として自分の作品を説明している。

32 現代の優秀な建築家のひとりザハ・ハディドは、モリーノの作品に大いに触発されたと明言している。参照：Jonathan Turner, Art News 88（October 1989）, p. 117

33 ここに、サミュエル・ベケット（Samuel Beckett）のスケッチを使って、ポンティの主張である「未完成の作品（yet-to-be-completed）」を説明した。ベケットは作品の一部ではなく、欠如している部分をも含めた全体として自分の文学作品を説明している（スーザン・ソンタグはその著『Styles of Radical Will』で「沈黙の美学」としてベケットを引用しているNew York: Anchor Books, 1969, p. 30）

34 このような意味において、ポンティとモリーノはゴシック建築の支持者でないとはいえなかった。自然からとった建築の形を提唱したヴィオレルデュクやラスキンのように。

35 ジョヴァンニ・ブリノ（Giovanni Brino）は、モリーノが「理想的な意味での後期未来派」を支持していたと確信していた（Giovanni Brino, Corlo Mollino: Architecture as Autobiography, p. 8）。

36 Erich Auerbach "Figura", p. 45より。雑誌『The New Science』で、ヴィコは根本的には形而上学を再構築したのであった。それは、divinariによって触発された「詩的活動によって未来を予言する」という人間の事象に関する哲学であった（The New Science of Giambattista Vico（1725）, transl. T. G. Bergin and M. H. Fisch［Ithaca New York: Cornell, 1988］, p. 6）。

38 私は、アウエルバッハの同随筆からの言葉をスケッチしている。

39 私は、「Figura」からアウエルバッハの主張を併記している。

40 F. T. Marinetti, "Multiplied Man and the Reign of the Machine", p. 99

41 F. T. Marinetti, "The Birth of A Futurist Aesthetic"

from *War, the World's Only Heygience* [1911–1915] in *Let's Murder the Moonshine: Selected Writings*, p. 90

42 Susan Sontag, "The Aesthetics of Silence", *Style of Radical Will*, p. 9

43 Renato Poggioli, *The Theory of the Avant-Garde*, transl. G. Fitzgerald (Cambridge, MA: Harvard, 1968) pp. 65–66

44 Renato Poggioli,（注43）, p. 66

45 Renato Poggioli,（注43）, p. 72–73

46 Renato Poggioli,（注43）, p. 181

47 Leon Battista Alberti, *On the Art of Building in Ten Books*, book VI, c.2, p. 156

48 ジオ・ポンティは彼の『ドムス』と『スティレ』の概念を「雑誌の仕事」といっていたが、彼の娘リサは「開かれた分野」と呼んでいた（Licitra Ponti, "Portrait", *Gio Ponti, The Complete Works 1923–78* [Cambridge MA: MIT, 1990], p. 18）。

49 Umberto Eco,（注11）。エーコは自身の記号論についての著書にまでさかのぼって、トリノ大学での師であり、かつ有名な理想主義哲学者であったルイジ・パレイソンの教えに従って著述したのがエーコの『The Open Work』であった。モリーノは一九五四年以来、同大学の建築学教授を務めていた。

50 Umberto Eco,（注11）, p. 4

51 Carlo Mollinpo, *Architettura: arte e tecnica*, p. 7

52 Umberto Eco,（注11）, p. 10. エーコは当時、ジェームズ・ジョイスの『フィネガンズ・ウェイク』について考察している。

53 Umberto Eco,（注11）, p. 163

54 Umberto Eco,（注11）, p. 163

55 Giovanni Borradori, "Recording Metaphysics: Strategies of the Italian Comtemporary Thought", *Recording Metaphysics*, ed. G. Borradori (Evanston, IL: Northwestern, 1988), p. 5

56 Gio Ponti, "Le Corbusier's Youthfulness of Today – A Splendid Age" *Domus* 320 (July, 1956) editorial page

57 Gio Ponti, "Le Corbusier's Youthfulness of today – Splendid Age", editorial page

58 エーリッヒ・アウエルバッハはダンテのディバインコメディを以下のように説明している。人間のイメージは神のイメージより勝っている。つきない繰り返しのパターンは、圧倒的なイメージの力によって、分断されたのだ（Erich Auerbach, *Mimesis: The Presentation of Reality in Western Literature*, transl. W. R. Trask［Princeton: Princeton University Press, 1953］, p. 202）。

59 著作『Idea of Prose』にてジョルジオ・アガンベンは以下のように述べている（唯一の真実なる表現とは、それが真実から離されてできた溝を表現することだ）（Giorgio Agamben, Idea of Prose, transl. M. Sullivan and S. Whitsitt［Albany: State University of New York Press, 1995］, p. 107）。

第三章　建築は「結晶」である

イタリアのすまいは結晶のように明快かと思えば、洞窟のように深くもあり、しかも日用品でいっぱいである。
——ジオ・ポンティ『建築を愛しなさい（*Amate l'Architettura*）』[1]

ジオ・ポンティは、彼の建築人生において、「建築は結晶である（*L'architettura è un cristallo*）」との主張を堅持し、繰り返し発表していた。ポンティはまず一九四五年にこの言葉を表題としたパンフレットを作り、また同じ表題が著書『建築を愛しなさい』[2]にも使われた。この表題はポンティが『ドムス』に書いたピレリ・タワーのデザインに関する記事にも、そして、そのほか多くの機会に自分の建築作品を説明する際には必ず使われた。[3]

本書でもすでに考察したように、「建築は結晶である」とは、ポンティが「理想」とする建築への夢をひと言で表現した思想といえるものだが、一方のモリーノも理想的な建築とは無限の可能性と解決策を持つものである、と考えていた。[4]ポンティもモリーノもともに、ドムスへたどり着く道程での建築行為のひとつとして「建築は結晶である」という夢を追い続けたのだ。もしふたりのどちらかが「結晶」といえるような建築作品を生み出せたとしたら、それはまさに奇跡的と呼んでもよいほどの出来事なのであった。

ダイヤモンドという結晶には、重要な文化的要素がぎっしりと詰まっている。とはいってもそれは、結婚によって結ばれる人々の伝統的な愛を表すシンボルとしての話なのだが。ポンティのおとぎ話では、ダイヤモンド[5]は単なる結晶ではなく、人間の愛の感情を祝福するものとしての「ダイヤモンド」なのであった。言い換えれば、それはまさに「*Amate l'Architettura*——建築を愛しなさい」といえる。ポンティの感傷は「結晶の幸福の手紙（Crystal Chain Correspondence）」に見るように、短期間ではあったが世界第一次大戦後に建築家仲間の間ではやった、過度なまでの手紙のやり取りのなかで、たとえば、「プロメテ（Prometh）」というペンネームでのみ知られているヘルマン・フィンステルリンも書いている。「もし愛とは何かを教えていただけるなら、私は建物の意味をお教えいたしましょう」[6]という具合に。

「結晶の幸福の手紙」交換への参加者は、建築に対する愛情を言葉だけではなしにビジョンを表明するスケッチや各種のグラフィックを使って参加した。これらのイメージは、建築の領域にとどまらず、自然の法則にしたがう結晶のようにして成長していった。建築の結晶としての表現は、「今あるものは、実は少し前にできたものであり、それはまたそれ以前にできたもの、というようにして遂には人類の曙《あけぼの》まで遡《さかのぼ》れる」[7]という状態を示唆している。自然界でもっとも理想的な構造をもつ結晶にたとえて、建築はすべて、時代を超えて互いに関係し合っている結晶である、とポンティはいっているのだ。ポンティの夢では、ある晴れたすばらしい日に、そこに住んでいるひとりぼっちの孤独な人の心のなかにある建築が一瞬でもよいから、完璧な自然の結晶に変わってほしいのだ。

「結晶の幸福の手紙」のやり取りのなかで提案された理想像を皆が追求しているときに、ポンティとモリーノは自分たちの手紙の交換から、ドムスへ少しでも近づこうとしている自分たちの作品が意図したものと、自然界にある結晶との距離とが、実はまだ縮まっていないという事実を互いに認めていた。確かに「結晶」(il cristallo)とは単に自然界の理想的な構造体につけた名前というだけではなく、クリスタルガラスのように、あまり結晶の本質とは関係のない使われ方をしていたりする。モリーノは自分でつくり出したあまり科学的とはいえない概念に、無限の多面体という意味の「ポリヘドロン」という名前をつけている。[8]それは全体としてのまとまりを保ちながら、必要に応じていつでも部分的に変化が可能な多面体であるといっている。もし結晶建築が増えて、新しい安定した感覚や型の誕生をもたらすなら、この安定性というものは、すべての人工的複製がそうであるように本物とは微妙に違っていたりして完全とはいえず、見方を変えれば単なる多様性といってしまえるかもしれないのだった。[9]

建築家の手の届かないところで「何か」が、建築を理想的な結晶状態に近づけようとしていた。ポンティとモリーノにとって、この「何か」とは、すなわち「建築は結晶」なのであり、自分たちの建築作品のなかに住んでいる人たちの活気ある存在感なのであった。それは、結晶「crystal（cristallo）」のなかにいるキリスト「Christ（Cristo）」の人間的投影と考えてもよい。ポンティの娘リサも書いているように、父ジオ・ポンティはよくひとり言で、「結晶のなかの小さな人間はどこにいるのだろうか」[10]といっていた、という。ポンティが「建築は結晶なり」という理想論を主張しながらも一方では、謙虚に「イタリアのすまいは結晶のように明快で、洞窟のように深く、日用の必需品で埋められている」ともいっていた。ポンティにとっては、「日用の必需品でいっぱい」な日常生活で、「建築は結晶なり」が実現してほしかったのだ。

　結晶とは、ここでは純粋、信用、傑作、すまい、エロスなどを含む多面的な建築の「型」としてとらえられているので、ポンティとモリーノの「進歩」についての論点がより明確になっている。建築の「完全さ」と機械の「進歩」を比較すればわかるように、機械は決して完全ではありえず常に追い越される運命にあるが、建築は言葉で表せないような永遠性を有している。ポンティとモリーノはこの結晶を、「ガラスの幸福の手紙」を始めたブルーノ・タウトと同じような意味でとらえていた。どのような形にも変身でき、開いた構造、「つかの間の調和」、要するに「同時にすべてであり皆無である」というタウトの定義による「Nichts」、すなわち「プロテアン」（変幻自在）のような結晶のことなのである。

結晶1
純粋で超自然的建築

　若きジョン・ラスキンは、一八四〇年のあるすばらしく晴れわたった日に両親に連れられてミラノを訪れ、そこで大聖堂を見たときの印象をこう語っている。それは、あたかも「霜の結晶」であるかのような大理石であり、地平線の彼方に見えるアルプスのごとき尖塔のついた屋根の「レース飾りのようなトレサリー」として記憶された、と。[11]『建築を愛しなさい』のなかで、ジオ・ポンティは自分が結晶建築について初めて思いをはせたときのことについて次のように記している。

最初に「建築は結晶である」という考えに至ったとき、それが単にミース・ファン・デル・ローエの建物のような、と直感的に感じたにすぎなかった。純粋、規則的、不動と衝動、「永遠」、静寂と魅惑、などの考えを同時に追求してみたが、それは閉じた形としてのイメージであった……。[12]

ポンティが初めに考えた「建築は結晶である」とは主に形につての考察であった。完全な結晶としてのダイヤモンドは「閉じた形」であった。ポンティにとって、第二次世界大戦後に建てられた多くのガラスに覆われた建物は、閉じた形ではなく、むしろ「開いて」はいたが無次元のものであったので、これらを「本物」の建築とは認めなかった。これらは、縦と横に規則的に繰り返された部分からできていて、最終的な形というものがなく、従って、芸術としての建築とはいいがたかった。[13]同じ観点から、ポンティは自分がデザインした二つの建物さえも批判の対象とした。それは一九三六年と一九五一年に建てられたモンテカティーニ・ビルである。それはダイヤモンドとは異なり、規則を破ることなく無限に追加、削減のできるものであった。

ミース・ファン・デル・ローエがデザインした個々の建物についても同様のことがいえるが、ポンティは素早く指摘し、ミースは個別の建物よりはむしろ複数の建物によるグループ造形を多くデザインしており、全体を集合体としてとらえて「最終的な形」を形づくっていたといえる。たとえば、それはレーク・ショア・ドライブやシカゴのフェデラル・センター、イリノイ工科大学キャンパスなどである。『建築を愛しなさい』のなかでポンティは、彼独特のシンプルな線によるスケッチでこれらの問題を説明している。これらのスケッチでは、動きを示唆する矢印をいっぱい使って、直線の入っていない形が描かれている。それらは閉じた形ではあるが、必ずしも静的な状態を示しているわけではなく、むしろ逆に、結晶のような「型」の建築が動的な生活を期待しているかのように描かれている。

一九五五年に建てられたポンティのヴィラ・プランチャートは、基本的にはどう見ても完全な長方形の「閉じた」形であった。しかし実はその長方形は決して完璧なものでも、またダイヤモンドでもなく、どちらかと言えば、安定感を欠いたピラミッドのようなものであって、ポンティによれば長方形のなかに無理に押し込まれたようなものであり、その平面的な部分はヴィラの各連結点で剥けているようにさえ見える。ヴィラ・プランチャートと同時期の作品で、ミラノの中心部にあるピレリ社のために建てられた、ポンティによる三三階建てのピレリ・タワーは、「閉じた」形であり「最終的」な形としてデザインされた。ピレリ・タワーは、建築構造設計家のネルヴィの協力をえて「最新の建築構造技術」を使い、その結果が「最終的」な形となった。即ちこの最終的な形には、それ以上つけ足すことは許されないのであった。ヴィラ・プランチャートと同じように、ピレリ・タワーは決して理想的な状態ではなく、ダイアモンドのように最終的な形でもなく、どちらかといえば、安定感を欠いたピラミッドが理想の状態に近づこうとしている過程なのだ。ピレリの屋根は、今にも流れ去ってしまいそうだし、長細いファサードは何かに侵食されているようであり、多面体的で太ったファサードから受ける印象は、建っているのが「奇跡」であるかのようにさえ見えてくる(図8参照)。

ポンティは、一九五六年三月号の『ドムス』に、「ミラノに建設中のピレリ・タワーの表現について」という記事を載せた。それには、「普通の工学技術がつくり出す最終的な形のイメージのない建築から、最終的イメージのはっきりしている建築と芸術への推移」についてのポンティの説明が書かれている。[14] そこでポンティは「優秀な建築は普遍的な形と変化する性質とを同時に備えている」という結論を出している[15](図9参照)。

ピレリに関する右の記事のなかでポンティは、建築の「不朽性」を推し進めるために「建築は結晶である」という主張を再び繰り返している。[16] ポンティの「建築は結晶である」という主張はまるで夢のような課題であった

図8　ジオ・ポンティ。ピレリ・タワーの幅広側の立面図と幅狭側の立面図を同時に示して先細りの構造的と「奇跡の均衡」を表現している

といっても過言ではないのだが、それでも彼は、建築家には「純金でできたすまい」を設計できるすばらしい才能があり、このすまいが重い金でできているのに、そこに住んでいる人をして「でもなんと軽いんだろう」[17]と叫ばせることができる、と信じてやまなかった。この叫びは、ポンティのデザイン宣言とともに現れて、「夢や幻想が描かれると、直ちにそこから芸術が生まれて詩作が始まる」といっているかのようであった。[18]

ポンティの夢では、「建築は結晶であると同時に、魔術的、閉鎖的、特別であり、独立、潔癖、純粋、完全でしかも決定的であり、要するにまるで結晶のようなのだ。ポンティはさらにつけ加えて、立方体、平行棒、ピラミッド、オベリスク、堅牢だが入り口のない塔のようだ、ともいっている」。[19]より正式にいうなら、ポンティは「建築は結晶である」という定義を拡大して、正立方体やピラミッドのように「結晶体」として定義してもよいような、そういう奇跡のような建築をも定義のなかに含ませたかったにちがいない。ポンティは、『建築を愛しなさい』のなかで理想的建築を表す「結晶」というコ

図9　ジオ・ポンティ。「自動照明でライトアップされた建築の夜景」よりピレリ・タワーとヴィラ・プランチャートの夜景（リサ・リチトラ・ポンティ著『ジオ・ポンティ：全作品1922–1978』の186ページより）

ンセプトを、イラストを使って説明している。あるページには結晶のごとき作品を創造するためのインスピレーションとしての「結晶体」を描き、ほかのページでは「理想的」な形としての建築を表現（図10参照）しようとしている。それらのスケッチはヴィラ・プランチャートの、各辺がそれぞれ違った長さの奇妙な六角形で構成された大理石の床を思い起こさせる。ポンティが描いた奇妙な結晶は、極端に細長い長方形の角の部分によって、不安定にではあるが支えられている。この奇妙な「結晶」を描いた理由を、ポンティは次のようにいっている。

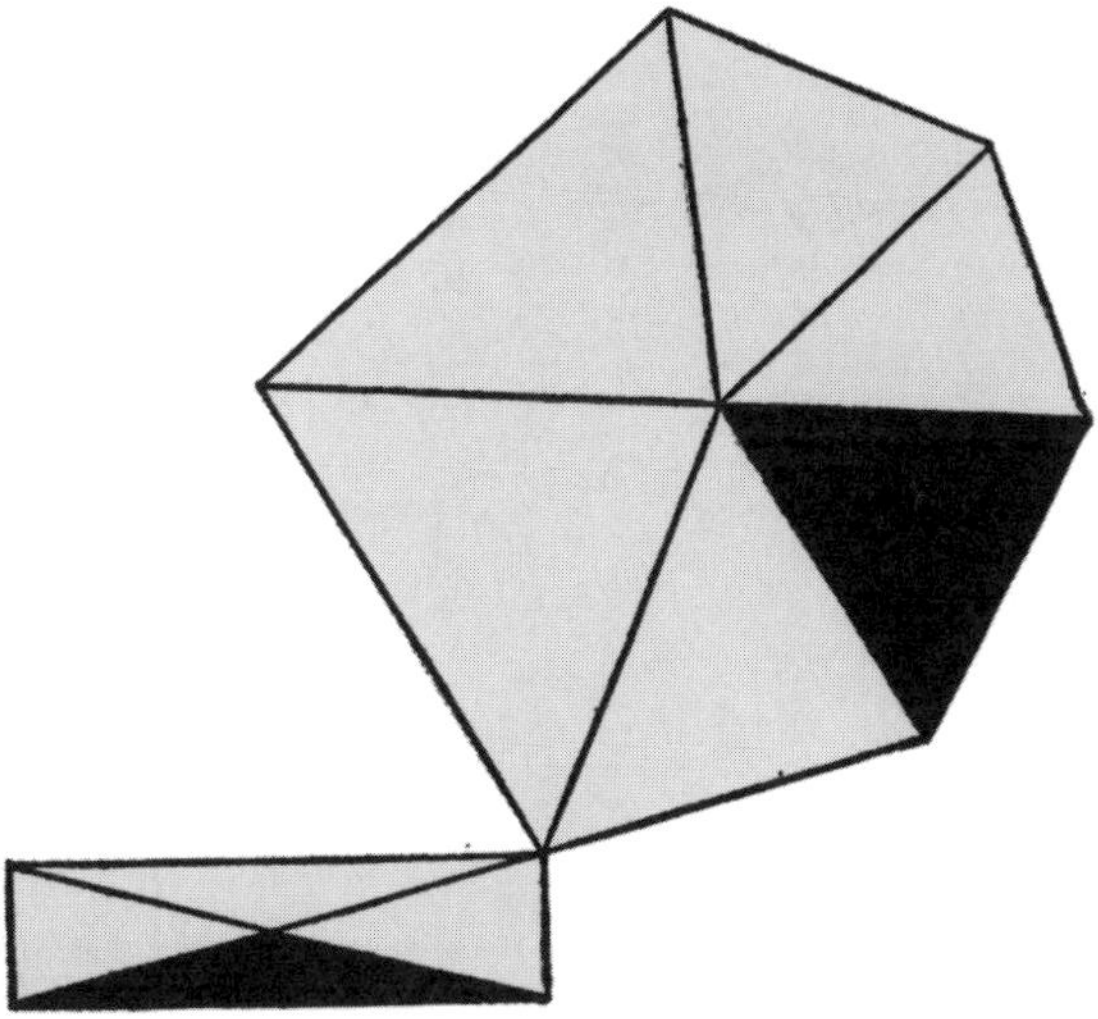

図10　ジオ・ポンティ。著書『建築を愛しなさい』のなかの「奇跡の均衡」を示す図

ここに表現されている妥協を許さない形の厳格さとは、「秩序と厳格さとは非常に人間的である」[20]という意味なのだ。さらにポンティは説明を一歩進めて、「自然であり、人間的である、ということは、厳しくかつ無秩序でもあるということだ。文明の賜物であり人工的でもある建築は、厳格さと無秩序とから距離をおくべきだ。建築とは人工的であり幾何学的でもあるし、また無垢で純粋なものでもある。[21]

結晶についてこのように述べているのは決してポンティひとりだけではない。初期の表現主義がそうであったように、アンドレ・ブリトンの『狂気の愛（*L'Amour fou*）』には、確かに全体として感傷的になりがちではあるが、「賞賛から結晶」に関して次のように書いている。

私は「賞賛から結晶」について書くはめになった。芸術教育についていえば、結晶がいちばん芸術的であるといえる。もしも人生の最深部に触れるはずの芸術作品が、結晶のもつ堅牢さや頑固さ、規則正しさや外見や内部に輝きを与えないような芸術作品には、価値があるとは思えない。創造行為や自発的な行動を奨励し続けてきた私ではあるが、結晶ほど完全な例をほかに知らない。ここにある生命のない明らかに鉱物であるはずのものが、想像力を働かせると、あたかも生命が吹き込まれたように見えてくる。[22]

ブリトンは結晶を「偉大なる師」として賞賛したのだが、その「結晶でつくった芸術」はブリトンが賞賛したような物質的レベルにまで引き上げられないのだった。ブリトンはこうもいっている。「結晶が理想的に全能としての現実を見失う場所が珊瑚礁であり、そこでは人生の再統合が繰り返されている。[23]おそらくは「結晶」が、ブリトンとポンティとに芸術は思いつくままに創作しなさい、と教えたのにちがいない。『狂気の愛』とミノタウロスで出版された『美は発作的に創られる（*La beaute sera convulsive*）』のなかでブリトンはブラッサイによる結晶のような写真を掲載している。そのタイトルはこの詩人が自らつけたもので、「生活し、執筆する私のすまい」とした。[24]その結晶は「思いつくままに創作する芸術」が制作されるブリトンのための「思いつくままのすまい」であった。

ブリトンとポンティとは明らかに、結晶から同じ「教訓」を得たようだ。それは、ポンティの「よい建築は思いつくままに、徹頭徹尾思いつくままにデザインされている」という主張でもわかる。[25]ポンティは、一九四七年にサンレモの海岸沿いに建つはずだったが実現しなかった、カルロ・モリーノのアパート建築を説明するために、「思いつくままに」という言葉を使った。この作品は『ドムス』の一九五〇年二月号に掲載された。モリーノはこの建物を階段状に敷地の地形に沿って、あたかも結晶がそうであるように設計した。ポンティはこの記事のタイトルを次のようにした。「既成の形にはめ込められるのに抵抗しながら最終的な形を探し続けている住宅」。[26] ポンティはこの海岸に建つモリーノの住宅の傾向について熟考を重ねた末、こう語っている。

この作品は、現代の住宅が最終的にそれ自身の形を探し当てるための変遷を伝える挿話なのだ。多くの建築家が「本物の住宅」や「本物の建築」を探してきたが、その本質は過去のものであり現在のものではない。今ここでは、建築が海の子供であり、本質から立ち上がったのだ（建築は内部から考察を始める）。これは思いつくままにデザインされていて、自然であり、ほとんど自然発生的に形づくられている。[27]

ポンティは、この「思いつくまま」の創造力あふれるデザインの源泉を、建築家としてのモリーノはもちろんのこと、この作品を取り巻いている海と敷地とにも求めた。ポンティにとって、モリーノとは海の家をデザインするために、海とパートナーを組んでいたのだ。それはまさに『ドムス』の評論で「海の家は海に支えられているプラットフォーム」[28]というタイトルが示唆しているとおりであった。実際、モリーノ自身もこの実現することのなかった作品を「結晶のようなアパート」と名づけていた。モリーノは典型的なダイヤモンドの断面をそのまま平面図として使った。

ポンティは、ピレリ・タワーのロビーの床のデザインに、もうひとつの「思いつくまま」をやってのけた。それは色のついたゴムの液体を気の向くままにコンクリートの床の上に流して、偶然の模様ができるようにした。ポンティが「気の向くまま」にデザインしたにもかかわらず、ピレリ・タワーは残念ながら期待したような「結晶」にはならなかったと一九五六年の『ドムス』に書いている。しかしながら、ヴィラ・プランチャートでは十分に将来を予測していたように見える。

ピレリ・タワーにおいては、私自身にも言い聞かせ、世界中の建築家にも示唆してきたような可能性は必ずしも実現するにはいたらなかった。しかし、ヴィラ・プランチャートでは、私の中心的課題であり、私のすべての思想と結びついたこの秘められた可能性を、初めて表現しえたと思っている、この予言ともいえるものが間もなく実現するかもしれないのだ。[29]

たとえポンティが多少自信を喪失してといたとしても、将来、建築を理想の域まで到達させるという信念だけは確かに持ち続けることができたのだ。ポンティはこの奇跡の到来を待つ間、「建築が結晶」になるその瞬間を期待するかのような、「不安定なピラミッド」としての建物を探し続けたのだ。

ピレリ・タワーが実現する何年も前にポンティは、「建築工学的に見た未来の建築の〃スタイル〃はどうなるか（*Come Sara lo Stile architettonico future?*）」という記事を雑誌『スティレ』に書いて、結晶建築の「予言的性格」について述べている。ポンティはこの雑誌『スティレ』に載せた記事で、質問へ対する答えとして、「重量から軽量へ、不透明から透明へ、との変化が明らかになるだろう」と書いている。軽量と透明、即ち簡素なスタイルなど、簡素化された社会習慣へとつながっていくだろう。[30] ポンティの夢では、建築のためばかりではなくそこを使っている人たちのためにも、「思いの向くまま」運動を自然の結晶状態へ向けて進めていった。

イターロ・カルビーノの短編小説『結晶たち』[31]の主人公は、われわれの日常生活や建物を結晶であふれさせようとしているうちに、マンハッタンのガラスで囲まれた摩天楼のなかに閉じ込められている自分を発見する。彼は、マンハッタンの摩天楼が、「道路に沿って建っているのは結晶ではなく、単なるガラスの固体にすぎない」と理解する。さらに、カルビーノの主人公は、世界が結晶の状態（それ以上シンプルにはなりえない状態）などにはならず、むしろ、無秩序状態（ガラスの凝結した塊）になりつつある、ということを認識するにいたる。カルビーノの主人公、その名は「Qfwfq」（訳者注……左右対称で結晶と同じ）は、実は彼自身の生き写しであり、人間の「結晶のような（訳者注……透明で、整然としていて、シンプル）」動機についての理論を提案している。人間は人間であるための条件、すなわち無秩序への解決策として、

「摩天楼的プリズム」で結晶状の配列をつくろうとしている。しかし人間に直接関係しないところでの結晶たちの「形」、要するに自然界の極端にコンパクトでしかも非常に堅い結晶たちは、「透明すぎて空気のようでもあり、空っぽのようでもある」と。

人間がつくるガラスのプリズムとは反対に、Qfwfqにとって自然の結晶は「完全に整然とした世界で、自然界の最初の衝動であり発芽」なのだ。どの観点から見ても固体であることは、自然界では常に繰り返されている「理想的な結晶」なのであり、それはあらゆるものと連携しながら完璧に調和のとれた世界を構築する、そのための鍵でもあるのだ。Qfwfqは決して「結晶の世界」に住んでいるわけではないことを、十分に認識しており、彼が住んでいる世界と、人間であるがゆえにもつ欠点を反映している世界とが両立しないことはよく承知していた。「私は、形もなく、崩れかけていて、しかもどろどろとしてはっきりとしない世界にいつまでも住んでいる自分をどうすることもできない、そういう結晶の世界に住んでいるとことを自覚している」。

カルビーノの主人公のようにジオ・ポンティもまた「形もなく、崩れかけている」世界から抜け出せないでいた。今この時点で、完全な結晶状態をつくり出せないがゆえに、ポンティは整然とした統一のなかに多様性を求めて「建築は結晶である」と主張し続けることになる。ポンティは一九四五年作の小冊子『建築は結晶である』で次のように書いている。

> われわれ「建築家」が「できる限りのことをしているうちはまだ十分とはいえない」。単に建築空間を均等に分断していくつもの部屋をつくるのではなく、空間をグループごとに分けたり、変化をつけたり、いくつもの梁間を設けたりするとよい。建築固有の資質、たとえば異なる次元の空間や三次元の形、色彩、自然と人工的透視法のフーガ（主題と対位法）、材料やその連続性、上下の動き、異なる視点などを有効に使うべきなのだ。[32]

ポンティの建築はさまようかのように、人間的で、活気にあふれた、しかもたぶんに奇跡的な種類の結晶なのだ。ポンティは、建築の可能性を追求したのであって、自然現象の可能性を追求したのではない。人意的側面に関する人間の資質に限っていうなら、ポンティは、ダイヤモンドのような建築家の磨かれたカットを、いまだに形にできないでいたのであり、まさにそういう「建築家兼芸術家」の役割を買って出ていたのだ。このダイヤモンドのような建築家のカットは、無限に存在する透視法的視点や幾種類もの観点を表している。ポンティにとって「建築はダイヤモンドであり、永遠であり、自然の時の移ろいに刻んだ永遠の存在」[33]なのだった。しかし、ポンティは、整然と規則正しく繰り返す完璧な作品を期待したのではなかった。彼の考えた作品は、彼の若き友人モリーノやそのほかすべての建築家がそうであるように、人間の本質を反映して、常に移り変わる次元そのものであった。いずれにしても、建築や人間社会の不完全な状態そのものは、ポンティの言によれば、歓迎されるべきものであり、われわれの作品に反映されて祝福されるべきなのである。

> 建築とは、時とともに移りいく林や雲や水のなかにある結晶のように、完成品として堅牢であり、抽象的で、すばらしく、希有ですらある。[34]

結晶２
反射する多面体のような建築

雑誌『ドムス』で、「思いつくまま」と題する記事のなかで[35]、ポンティは、完成したピレリ・タワーが、自分でも予想しなかったほどにアイデンティティを失わず、周囲の環境ともよく調和しているとして祝福さえしている。このポンティの認識はピレリ・タワーの初期のスケッチに見ることができる（図11、図12、図13を参照）。そこでは変化し続けるミラノを反映して、菱形の平面に整然と整列した無数のガラスが並んでいる。そしてさらに、ほとんど隣り合わせのガリバルディ駅（ミラノ中央駅）の周りを自動車や歩行者が行ったり来たりしている様子

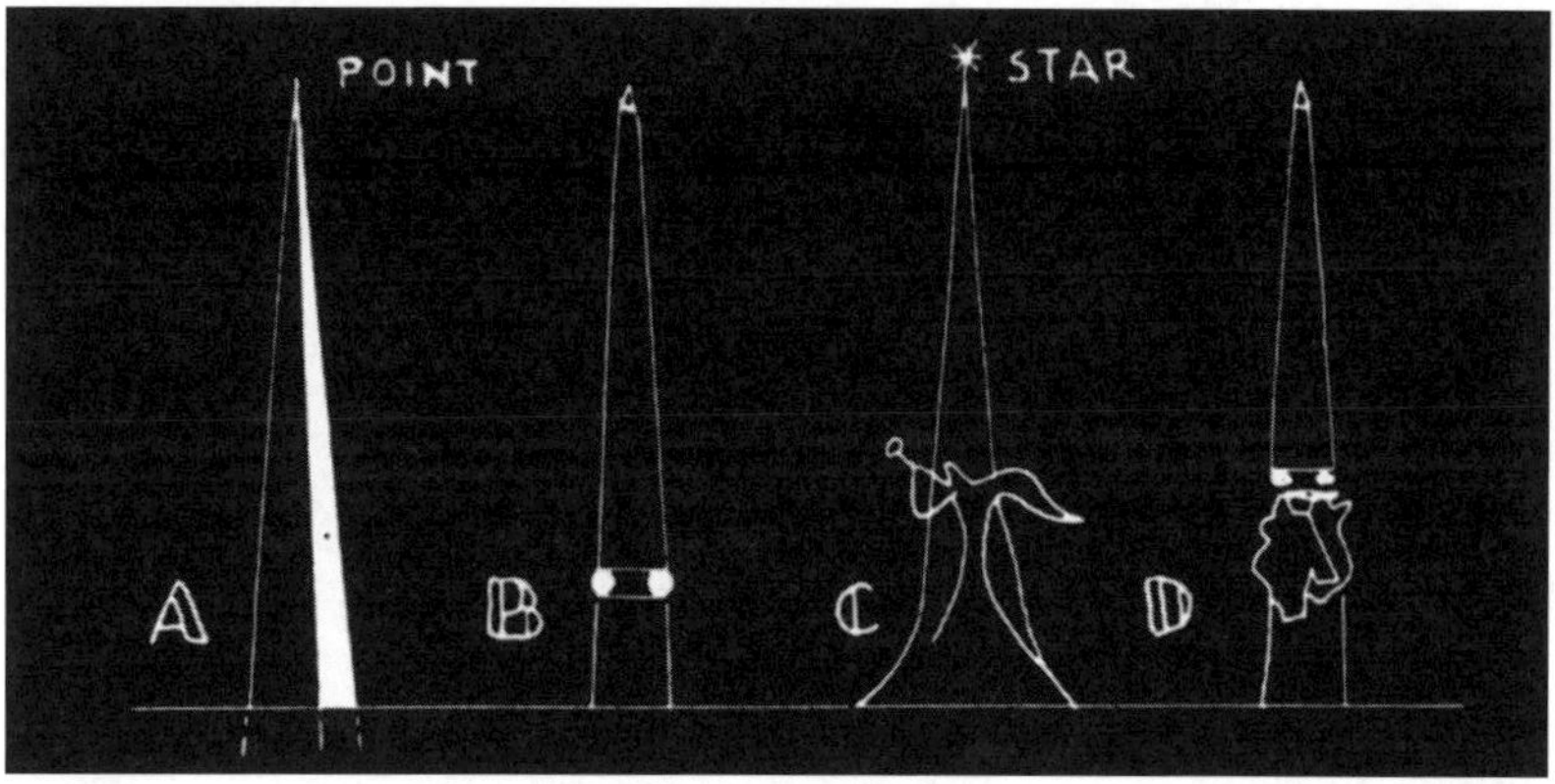

図11　ジオ・ポンティ。著書『建築を愛しなさい』よりオベリスクのスケッチ（1957年）。ポンティが支持するダイナミックなふたつのスケッチ（BとD）、と支持しない静的なふたつのスケッチ（AとC）

が見て取れる。モリーノもカメラで、カサ・オレンゴ（一九四九年）の外部の世界を内面の世界に取り入れようとしていた。そこでは、彼の写真のひとこまとして、トリノの歴史的建築が彼の読書室のテーブルの上に置かれたガラスに反射して見えている。

同様に、ジオ・ポンティは、ピレリ・タワーとヴィラ・プランチャートがともに、昼夜を通して屋外の状況を反映するようなデザインにするべきである、と考えていた（図2を参照）。ピレリ・タワーとヴィラ・プランチャートとは、ポンティが「自動照明に輝く夜の建築」と説明している建物で、各種の「夜間照明」のデザインをしている。[36]ポンティはこのようにいっている。「夜には静寂と孤独が広がり、閉じられた窓や空虚な窓が、美と幻想的根源を建築に呼び戻してくれる。[37]建築とはそれ自身のことなのだから」。ヴィラ・プランチャートの住人が夜、横たわって眠りにつくとき、建築は「それ自身」になり静寂と神秘に包まれる。しかしその同じ住人が日昼目を覚ましているときには、ヴィラには日常生活が鳴り響いているのだ。

図 12　ジオ・ポンティ。ジョヴァンニ・ムジオのカブルッタ（ミラノ、1919–1922）を前景にしてピレリ・タワーを望む

図 13　ジオ・ポンティ。都市環境における「結晶」としてのピレリ・タワー（リサ・リチトラ・ポンティ著『ジオ・ポンティ：全作品 1922−1978』の186ページより）

「自動照明に輝く夜の建築」というポンティのコンセプトはヴィラ・プランチャートの外壁の詳細によく現れている。ポンティはこの外壁デザインで、夜のヴィラが「それ自身」になるときに、より輝きを増して「自然（趣くまま）」な進化の過程をひもとくかのように見せようとしている。ポンティはヴィラ・プランチャートが閉じた多面体であり、建てられてから常に洗練され続けている、と主張している。ポンティは施主であるプランチャート家に宛てた手紙で、この新しいすまいについて次のようにいっている。

　このすまいの壁は、空間を囲うというよりは空間同士の関係を規定するでしょう。夜の外観は、外壁が少し本体から離れて見え、夜のすばらしい照明を可能にします。屋内の照明は見えませんし、そこには建築自体とごくわずかな光に照らされた家具があるだけです。[38]

同じ手紙のなかでポンティは「私はヴィラを閉じた形としてデザインしたのです」と言いきっている。

　ドムスのための記事として書いたヴィラのデザイン経過について、ポンティはこの作品のビジョンを「巨大で抽象的な彫刻であり、外から見るのではなく、内部からわき出てくるものとして受け取ってほしい」と表現している。[39] さらに、「視線を休ませることなくさまよわせられるようにデザインしてある」ともいっている。[40] ポンティがヴィラのために描いたスケッチはこのことを如実に物語っている。ただ雑然と家具が置かれているのではなく、椅子やベッドサイドのランプやほかの家具が、奇妙に空虚な屋外の景観を構成しているキリコの描いた『谷間の家具』（一九二七年）と題する絵のように、そのスケッチは家具でいっぱいの、限界のない室内としてのヴィラ・プランチャートを表現している。同じ『ドムス』の記事で、ポンティは親友のル・コルビュジエの前例にならって、「住宅設計のコンセプトとデザインをつくり出した眼、その建築家の真の眼」[41] こそが住人の眼そのものである、と。しかし、プランチャート家の人たちに、「永遠に続くにちがいない」視覚による冒険の機会を与えたポンティではあったが、さらに次のようにもいっている。すまいのコンセプトやデザインを創造するのは眼だけではなく、そこに住んでいる人たちの生活も大きくかかわっているのだ[42]、と。ポンティは、ヴィラ・プランチャートの一階平面図のスケッチを人でいっぱいにしている。そこでは、住人たちが相互に交錯し、彼らの視線の延長線を交錯させて建築と一体化させている（図18を参照、この後すぐに詳細に検討する[43]）。

ポンティとモリーノの建築の多くの特殊な観点の理解をいっそう深めようとするなら、ポンティの友人画家キリコの空間の把握のしかたを考察するのも無駄ではないだろう。デ・キリコの『預言者』（*The Seer*）と題する一九一五年作品もそのひとつで、この画家はいつもそうするように「形而上学的」な画面を構築していて、そこには建物の透視図や手紙の走り書き、また化け物のような人間などが線だけで描かれている黒板を描いている。黒板に描かれているものは、定規とコンパスによる幾何学的なもので、それはあたかも「学校」で教わった一五世紀の透視法を忠実に使ったようにも見える。それは建築家か技師の描いたものといってもおかしくないものである。しかし、よく見ると、黒板上の図形は以下に述べるようにその意味を喪失してしまう。

・この絵の右端に描かれているふたつの焦点は壁ともアーチともその焦点と結ぶことなく、まったく意味をなしていない。

・ここに描かれているベックリン（Böcklin）の『オデュッセイア』からとった人間の形をした断片を、そのすぐ下にある壁面にあいたアーチと比べるなら、そのスケールがただならぬ大きさであり、黒板上に描かれているあらゆるもののスケールとプロポーションを無意味にしてしまっている。

・スケールはとてつもなく大きいが、この人間の形は無重力で浮いているようにも見え、しかも二次元的に線で描かれている。キリコの描き方は「個体の塊を遂にはのっぺりとした表面の装飾的な形に変えてしまっている。その効果はといえば、石を無重力にしたり、分解したり、幽霊にみせかけたりしている。[44]

・透視図法の理論を説明するための注意書きは、無意味な書きつけであり、そのことを謎のような碑文「トリノ」（TORINO）が示唆している。トリノはニーチェが最後に過ごした都市であり、それが黒板に描かれている人間の断片の下にみてとれる。

このように見てくると、一見、デ・キリコは、特権階級の視点から見た一五世紀の理論的透視図法を実践する際の論拠を揺さぶってくずそうとしているかに見える。デ・キリコの『預言者』には、フィリッポ・ブルネレスキがルネサンス期にフィレンツェの中心部で維持し続けたような自負のかけらもない。『預言者』には、それとは反対に、傷つきやすい芸術家がイーゼルに向かって絵筆を動かしている様子さえうかがえる。デ・キリコの『預言者』が表しているビジョンには、人間の置かれている立場を嘆いたりする片鱗もなく、われわれの希望に対してなんの約束もしてくれていない。人間でもなく形而上学者でもないこの「芸術家」とは、生命のないマネキンのようなものなので、スケッチで自分の世界を表現するしかないのだ。その世界とは、この芸術家であり建築家でもあるマネキンがすでに捨ててしまっている、普通でしかも難しい論理や、判断の基準や安全性などはもう期待できなくなった世界だが、その世界にも以前はすばらしく豊かな未来へと向かっていた時があった。この視点に立っての見方がデ・キリコの絵『預言者』が言わんとする真の予見なのだ（図14参照）。

トリノ生まれで自分自身も『預言者』ともいえるカルロ・モリーノが思い描いた建築空間と、デ・キリコの黒板に描かれているものとの間には不思議といえるほどの偶然性が存在する。デ・キリコとモリーノに共通するのは、まず技術的な緻密性であり、ずば抜けた幻想であり、双方ともにトリノにいるエンジニアの父の影響を受けていたという誠に興味深い事実である。モリーノの飛行術への興味の深さを知るなら、彼の空間に対する感覚が、街中をただブラリと歩いていたのではできない経験、

図14　ジョルジオ・デ・キリコ。『預言者』、1915年作。不思議な透視図法による黒板とトリノを描いている（©SIAE, Roma & SPDA, Tokyo, 2011）

図15　カルロ・モリーノ。モンタージュ写真によるセルフポートレート（1945年）

つまり自分でデザインした飛行機で曲乗りをした経験からきている、ということがわかる（図15参照）。モリーノは子供のときに飛行ショーで見た曲芸飛行を大人になってから演出して実際にそのとおりにパイロットになって飛んだのだ。八の字曲芸飛行のスケッチが残っているが、まさにそのとおりをトリノの飛行場で行った。モリーノの飛行への傾倒ぶりを示す例として、違うスケッチには建築家のドリームハウス（たぶん彼自身の住宅だと思う）とスタジオが描かれており、飛行機の操縦席から見下ろした光景を透視図法で描く「パースペクトグラフ」（perspectograph）という、特許まで取った特別の透視図作成機のスケッチも描かれている。もうひとつの飛行機から見たスケッチでは、ふたつ目の特許となったモリーノが発明した作成機で、「トレーシングプラニグラフ」（tracing planigrph）と命名し、飛行経路、道順、地図をどの縮尺にでも即座に製図できる器具が描かれている。モリーノにとってこれらの器具は建築家の新しい道具であった。今までのような一消点法や二消点法による透視図法では表せない新しい空間の現実を可能にする道具であった。
実際に建てられたモリーノの建築にも、飛行の感覚を再現しようとしたものがうかがえる。モリーノの作品には、時として飛行の軌跡をそのまま写したようなものがある。アルベルト・ボルドーニャとの共同設計によるー九五九年の作品で、トリノにある「ルトラリオ」というの名のディスコでは、たとえば曲芸飛行でくねくねと曲がったパターンをそのまま形にしている（図16参照）。「ルトラリオ」の照明で、モリーノはパイロットのマニュアルからとった飛行軌道のパターンに沿って、入り口のホールの天井に色とりどりのネオン照明を施した。ダンスをするフロアにも同じアイデアを採用した。くねくねしたり渦を巻いたりする飛行軌道をなぞったモザイクのパターンで、踊り手たちの飛行を意図した。中二階の鉄の手すりも同様にデザインされている。踊り手たちが中二階への階段を上がるとき目にする手すりには、上る動きとは違った飛行軌道がデザインされていて、ひとつのフロアから次のフロアに移るときの踊り手たちの雰囲気を変える意図がうかがえる。

ほかの例では飛行機の操縦席が思い起こさせる。そこは、きれいに整理されていて身動きがしやすく計器や座席、ハッチがついているようにさえ見える。このような建物の例としては、一九四三年にデザインされた住宅と格納庫が一緒になったような「グラッファー」（Graffer）がそれにあたる。この住宅兼格納庫の設計図には、個人所有の滑走路の端にこの建物が建っていて外側には飛行機が止まっている。格納庫の上に生活空間があり、住宅は操縦席のように二義的に付帯しているように見える。ふたつの部分に分かれていて、寝るための二段式のベッドが置かれている就寝空間と、もうひとつは大きな長方形のテーブルとスツールとが置かれているリビング空間からなっている。この「グラッファー」は実現しなかったが、その後、モリーノが建築家として設計に携わった期間にデザインされて実現したいくつもの田園に建つ別荘建築を予知させるものがある。たとえば、綿密に設計されて施工された丸太と石材からなるシャンポルックに建つ「カサ・ガレリ」、プレファブ建築を住宅兼格納庫に変貌させてモリーノ自身の隠居後のすまい

図16　カルロ・モリーノ。ルトラリオ・ディスコのダンスフロア

にするつもりでいた、ポレンツルイに建つ「シャレー・モリーノ」などである。

　モリーノは、建築作品において「航空の詩情」を表現しようと試みている[45]一方で、写真を使ってより正確にしかも幻想的な新しい空間の可能性をも追求していた。モリーノは、カサ・ミラーやほかの作品の奇妙な室内でカメラを手に中途半端な角度から、鏡やドアや家具の写真を撮って、その写真を見ている人がどこから見ているのかわからないようにした。これらの写真にはマン・レイの影響が見て取れる。とくにマン・レイの「229ブルバード・ラスパイユ」と題する、パリのその住所に実際に建っている建物の写真を思い起こさせる。とくにこの写真については、ジェーン・リヴィングストンが、超現実的な雰囲気を醸し出しているのを見定めて次のようにいっている。

　あたかもがっちりとしたパリの建物の写真を撮るということは、未完成に見えたり部分的に崩れかけた建物に見せかけたりすることであり、さらにはほとんど密室恐怖症的にゆがんだような感覚を引き出して、現実にはありえないような眩暈《めまい》のする感覚をつくり出すことである。そして、毎日の現実の経験を観察し、その世界のイメージを継続させること、それが超現実のイメージをつくるということなのだ。[46]

　このイメージのなかでリヴィングストンが賞賛しているのは、マン・レイがあいまいさを表現しているそのやり方なのだ。すなわち、極端なコラージュやエアブラシを使ったり、そのほかの撮影後の写真に技術を施したりする、いわゆるトリックに頼らない写真撮影なのだ。モリーノもマン・レイがしたようにこうした細工を極端に抑えて、どうしても必要な場合はごく補助的な部分にのみ使用した。
『カメラからのメッセージ（*Il messaggio dalla camera oscuna*）』のなかでモリーノはいかに写真技術や材料がドムスへの道程を補佐してくれたかを語っている。

　写真技術を使うことによって可能になった認識の

新しい世界は、客観的真実をつくったり、現実の視覚世界からの逃避であるはずの未知を読み取ったりするだけではなく、より重要な真実についてのネジを回してこの世の中にある新自然主義を現実のものとすることができる。写真は芸術の永遠の限界を超えた世界を導き出す。写真には常に知覚可能な現実の驚くような変化がつきものだ。[47]

モリーノは、精緻なカメラのレンズを通して「違った世界」を見せてくれた。建築家であり、写真家でもあったモリーノは、「思いつくまま」に仕事をして、彼自信が考え出した「新自然主義」という芸術家にとってもうひとつの現実を、この写真の力を借りて見事につくり出した。

モリーノは、カサ・ミラーの小さくとも十分といえる空間にこの「もうひとつの世界」を、写真の力を駆使して展開して見せた。

写真は明かりの位置を交換し、場所の相互関係をも逆転してくれる。写真は、「気まぐれ」が意図的に見えたり自然に見えたりするように調整してくれる。顔が真っ白になり、目は音と光の反射とに突然変わる。床は移動し、表面は剝離して突然に新しい場所を形成する。際限のない女性や新しい景観、すべてが連続的な時間の推移として見える。そして、前には陰の部分として見えたものが今は、写真に写った景観であり、女性であり、彼女の目の表情であり、幼虫の最終段階であり、なんともいえず私たちに適している「何か」なのだ。[48]

モリーノはここで、本来的に芸術の課題であったものを提供している。すなわち、詩的な作業と技術的な方法とで、ドムスを解き明かせると期待をもたせるような状況をつくり出したのだ。この意味においてモリーノはキリコと同じ芸術家であり、トリノの陰に隠れた部分を見えるようにしたいと願い、誰にとっても、どこにいても、いつでも現れるこの神秘的な現象を示唆している。モリーノに言わせるなら、まさに幼虫から蝶になる変態の過程がそうであるように、この奇跡的な状況は到来するはずなのだ。建築においてのみ、線的ではなく円的で、「私たちにとって最も適している」「究極の状態」に到達するまで、執拗に続けるのだ。

モリーノの「大人のおとぎ話」(図17参照)では、一九三六年にカサ・ミラーで写した「舞台装置の整った」ポートレートは、モリーノが「新自然主義」をどのようにして表現したかを示している。モリーノの「おとぎ話」の写真には、肩からつま先まで贅沢な絹のドレスで身を包んだ魅力的な女性が、ものであふれた戸棚からまさに出てこようとしているさまが写されている。ふたつおそろいのクリスタルでできた取っ手のついた極薄いドアをまさにあけて出てこようとしているが、まだ密室恐怖症的感覚から抜けきらずに何かを探している。彼女の石のような表情の裏には戸棚の暗さがあり、まるで怪物に両方のかかとをつかまえられているかのように見える。彼女がどんな世界から来たのかはよくわからない。ひとつはっきりと読み取れるのは、彼女の誘惑しているような見つめる目、それは戸棚から抜け出てはるか彼方を見つめるような目である。静止した瞬間を写したこの写真では、この神秘的な女性は暗黒の世界から出てたが、外界も同じように謎めいた雰囲気であり、その入り口でしばしの小休止をしているところか。

このように、モリーノの「おとぎ話」は、未知の将来へ向けて緊張とエロスへの期待という点で、マン・レイの写真と共通するところがある。この写真はわれわれに質問をしろと迫っている。彼女は誰なんだ。彼女は何を待っているのだ。レンズのこちら側にいるカメラマンか、それともほかの誰かを待っているのか。

最後に誰でもが、いったいこれがモリーノの建築とどう関係しているのかを知りたがるだろう。「大人のおとぎ話」が示すように、モリーノの元気あふれるカサ・ミラーの舞台は、モリーノの「思いつくまま」の作品の一部として建築家(モリーノ自身)と生身の人間とを一緒にした特別な場面を用意したのだ。モリーノは写真を使って、伝統的な建築デザインの表現(図面や模型)から抜け出して建築作品を解放し、予期に反した新しい透視法、すなわち、ここに来て再び、われわれはすばらしくも新

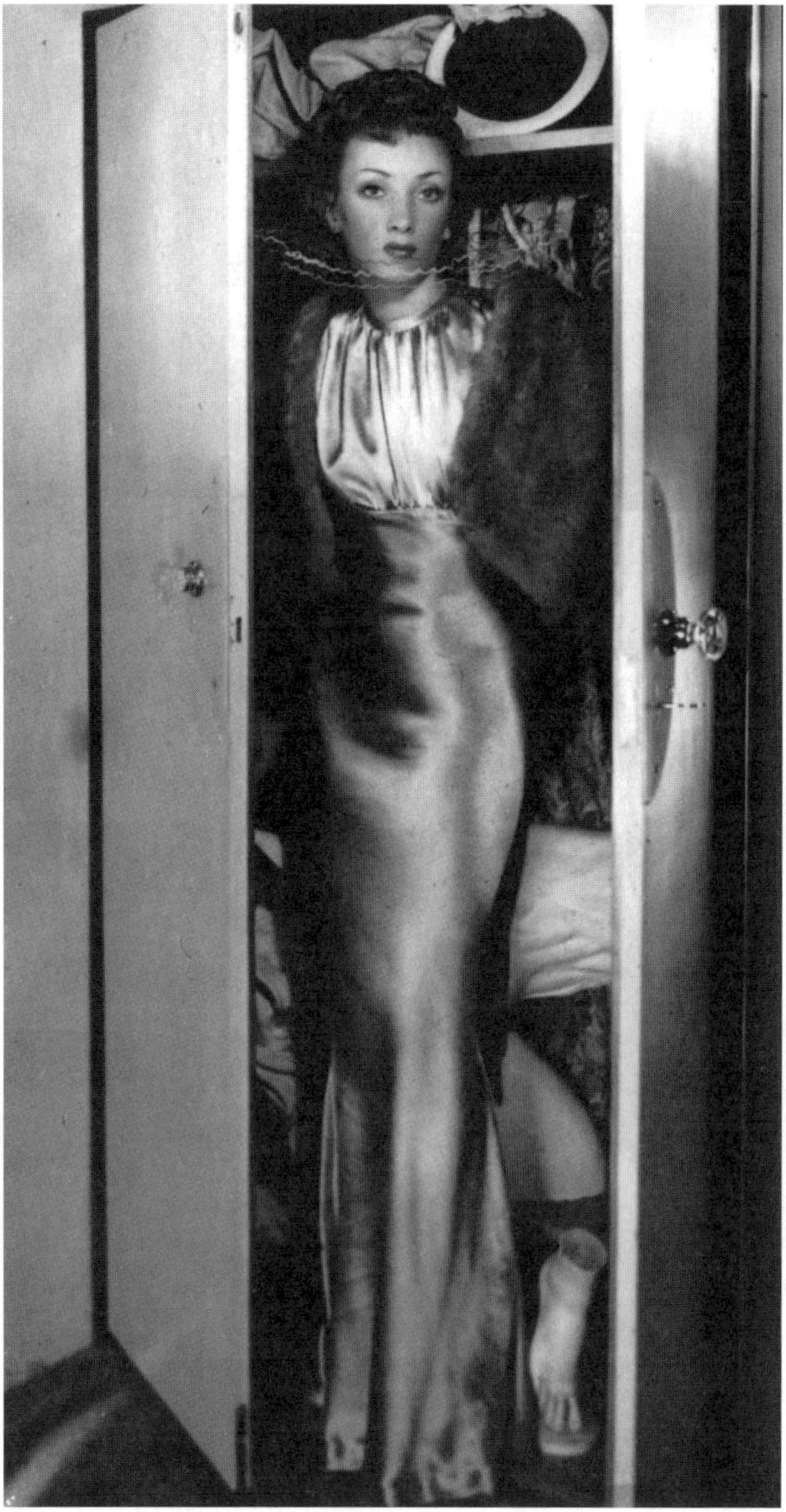

図 17　カルロ・モリーノ。大人のための妖精

しい「形」の建築に還っていくのだ。

前にも考察したように、ポンティはヴィラ・プランチャート(一九五〇年以降の作品から)の表面にさまざまな形を使って、「新自然主義」を求めて「可能性を追求」し、いきいきとしたパターン、壁や床や天井や家具にまでも結晶のような多面体を広げていった。ポンティは変化に富んだ多面体の組み合わせによる幾何学的な形を「万華鏡」[49]と名づけた。このパターンはポンティが想定した「服装」とも近いもので、それは一人置きに「commodore tropical」と「arlecchino」(南国の提督と道化師)と名づけたヴィラの「おとぎ話」の住人にぴったりであった。ポンティの「おとぎ話」に出てくる住人は、彼が好んで何度も引用したオスカー・ワイルドの「自然が芸術のまねをする」ことの視覚化であった。しかし、「ウィトルウィウスの人」と比べるなら、ポンティの「道化師」は、木杭のようにカチカチで同時に自然や芸術だけの純粋な思想のようにゆったりしすぎていた。道化師のお面の後ろには彼自身が隠れていたのだ。[50]ポンティにとっては、「自然が芸術のまねをする」というよりは「自然は芸術を反映する」といったほうが近かった。

ポンティは、自分の建築空間を「視点の連続性」として定義した。複数の視点は相互に関係し合っているが、同時に観点も変わっていく、[51]と。ここでは透視法が有効ではない[52]ので、ポンティは、劇的ではあるが不可能なポーズをとっているピレリ・タワーの一般によく知られている写真を決して受け入れようとはしなかった。もしこの建物が印刷されるなら、ポンティとしてはむしろ写真の上に簡単な二次元の図面を上乗せしたものを好んで使った(図20を参照)。同様に、ポンティは「正確に投影されていない図面はすべてどこかが間違っている」[53]ことを確信している。ピレリの結晶のようなダイヤグラム的平面図を見ていると、静的でもあり、動的であるともいえる。それはあたかも当時流行した車「Carozzeria」によく似た形をしている。ポンティの描いた車と建物は両方とも静的に見えるが(平面図は大体そうであるが)、同時にある方向に向かって突進するか推進力を今にも見せてくれそうな気がする。

最終的には、車と建物はわれわれを動かすように意図されている。複数の透視図法が使われている「現代の建物は、建物の周囲を行き来する人のために複数の外観を用意しなければならない」[54]。ポンティにとって建物は、建物を活気づけてくれる人たちによってなされる「一大スペクタクル」なのだ。

透視図法は絶対にやめてはならない。できる限り多くの目による観察の機会を与えるべきだ。空間を画一的で均等な部屋に勝手に分けてはならないし、よい建築空間を利用して多様な次元、とくに三次元の形態やその開口部、多彩色の光、自然でしかも人為的な透図法、材料の対比、そして思いもかけない新鮮な視点、要するに身近かにある建築のスペクタクルなのだ（さらにわれわれはこのスペクタクルをからのいれ物としてではなく、人でいっぱいのいきいきとした建築としてデザインしなければならない）。[55]

ポンティはヴィラ・プランチャートを生活の色彩からとったすばらしいスペクタクルとして考えた。ヴィラ・プランチャートでの空間の体験を特別の質の問題として、ポンティは自分の論点をさらに展開している。

それぞれに空間は何か所かで相互にとけ合い、連続的に変化する建築のスペクタクルを演出し、相互に相乗効果を上げて、視覚的に交差したり通過したりしている。上から見下ろしたり、下から見上げたり、レベルや透明性の違いなど、平面と空間が組み合わされて、訪問者が移動するごとに、連続して新しい透視図的景観が現れるのだ。[56]

この説明のようにヴィラの空間は流動的なので、ポンティは、そのデザインの広がり方を説明するのに、建っているヴィラだけではなく平面図をも使っている。ポンティの図面やスケッチに見て取れる特殊な空間体験を説明する前に、ヴィラのデザインの構成の根底にあるものを理解するのも無駄ではないだろう。

ヴィラは、外壁で包まれた大きな二層から構成されている。その外壁同士は決して九〇度で交わることはないので、当然の帰結としてヴィラでは相反する形が隣り合わせになっている。要するに長方形でもなければ多角形でもない。ヴィラの中央にある中庭に面して、二階吹き抜けのリビングルームが置かれている。二階にはバスルームやクロゼットが付随したマスターベッドルームがあり、そのほかにゆったりした使用人のセクションが一階に、客間が二階にゆったりと配置されている。地階には、吹き抜けのリビングルームとゲームルームとがある。

ポンティが腐心してデザインした広がりをもつ空間の質を説明するのに、一度にこれほど人が入ることはありえないほどの数の人を一階の平面図（図18参照）に描き込んでいる。この公共的性格のあるフロアの向かい側にあるダイニングやキッチン、さらにミーティングやラウンジやストローリングの空間にも多くの人が集まっているように描かれている。生活を賞賛しているのであり、これがポンティの平面図である。ヴィラの二階（図19参照）に関しては、目だけが描かれていて人の代わりをしている。体の重みから開放された視線は、思索したり夢を描いたりする私的な空間を動き回っている。ヴィラ・プランチャートの一、二階の平面図にはともに細長い楕円形が描かれていて、住んでいる人たちの視線を表している。これらの視線は、この建築家の思考において、住人が体験するにちがいないあるすばらしき瞬間、空間の連続性、流動性を表している。これらのスケッチや図面で、また実際に建ったヴィラ・プランチャートで、ポンティが表現したかったことは、「空間のスペクタクル」だったのであり、日常生活でひもとかれたすばらしき局面であった。[57]

結晶3
「問題を抱えたピラミッド」としての建築

ポンティの言によれば、結晶状のピレリ・タワーは「問題を抱えたピラミッド」なのである。それは自らも「オベリスク」と呼んでいるもので、その壁面は自分の

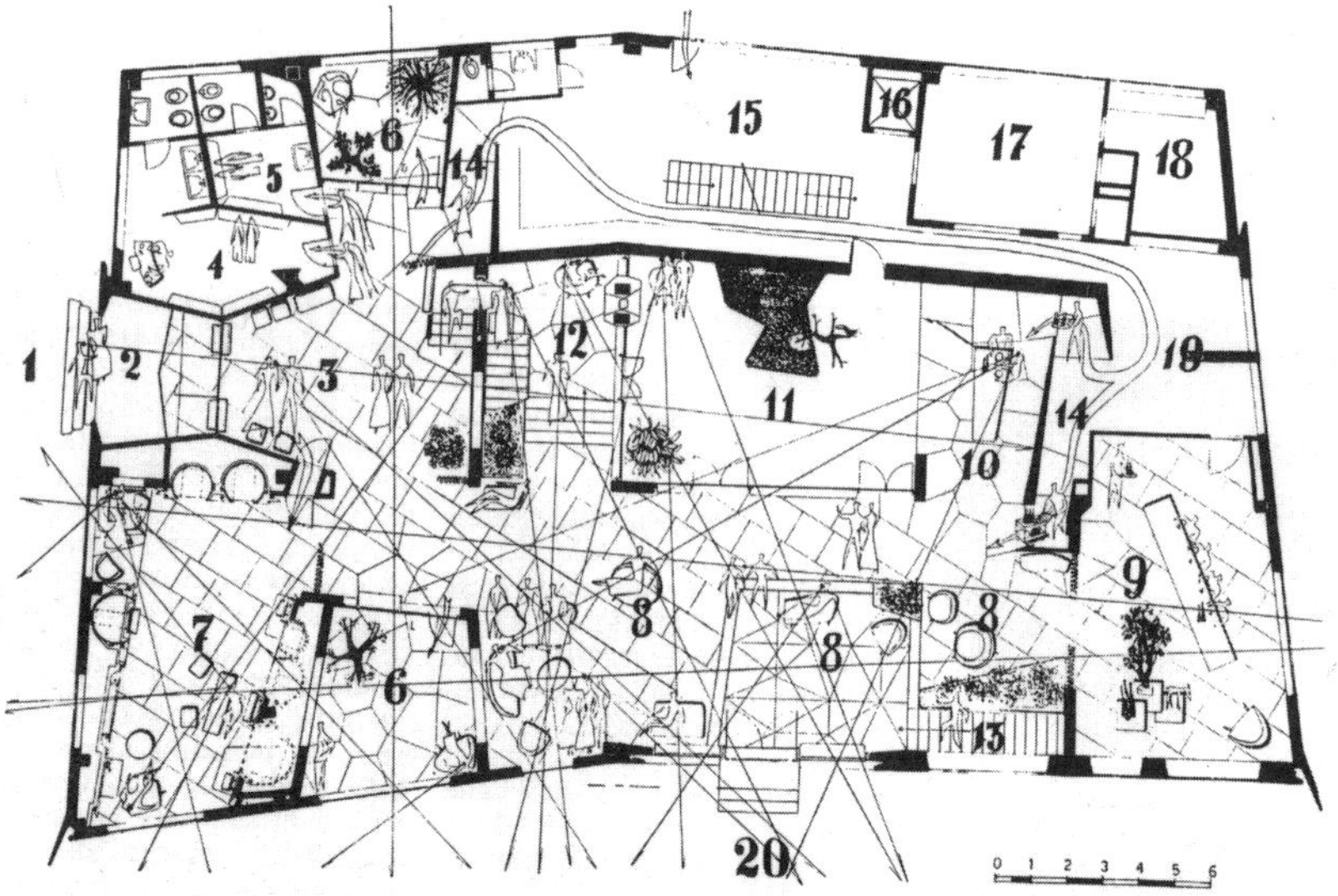

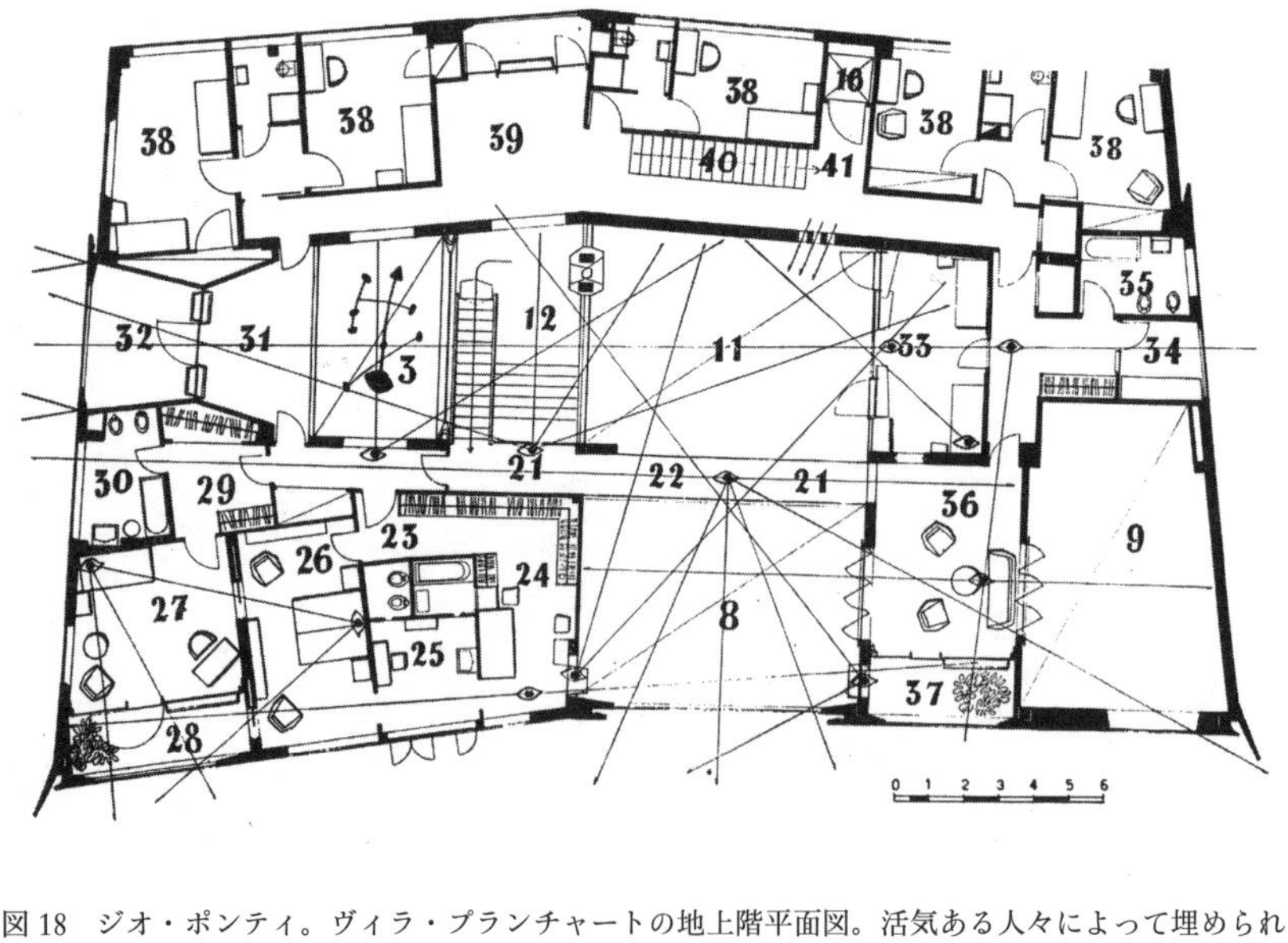

図 18　ジオ・ポンティ。ヴィラ・プランチャートの地上階平面図。活気ある人々によって埋められている

図 19　ジオ・ポンティ。ヴィラ・プランチャートの二階平面図。活気ある人々の視線によって埋められている

椅子や机の脚のようなものなのだが、それにしては「少し細すぎ、少し長すぎ、少し緊張しすぎ」ているのだ。ポンティは、非常に尊敬している建築家、アドルフ・ロースのデザインに対する姿勢から多くを学んだことを認めている。[58]一九四九年に発行された『ドムス』の表紙には「少し細すぎる」脚のついたテーブルを載せた。このルースの姿勢、ポンティも同様だが、英国の家具に対する繊細さからきている。それは細い脚と回転パネルとポンティ自身がデザインしたのとそっくりな家具の引き出しとからなっている。

同様な気配りのきいた処理はピレリ・タワーの断面図に見られるコンセプト図でも明らかだ。外壁が頂上の「浮いている屋根」(図20参照)に近づくと、不可能と思えるくらい薄くなっている。ピレリの薄くなるコンクリートの構造は、現在の三三階の上にさらに数階をのせることは明らかに不可能であると示唆している。ポンティの建築構造においては(ダンテの詩的構造のように)「三三階」は神からの数であり、結晶状の形を崩さずには三三階を超えることはできない。経済的な理由から、ポンティが描いた、自らは「思想」とか「グラフィックサイン」[59]と呼んでいるピレリのための図形は、「奇跡的」にもこの建物の「抱えている問題」を表している。それは物理的には極端に軽いが、「抱えている問題」を表しているので「奇跡的」なのである。

『建築を愛しなさい（*Amate L'Aechitettura*）』のなかでポンティはスケッチを使って、オベリスクの細長い形を踏襲したこの作品のふたつの特徴を説明しようとしとしている、後のふたつのあまり満足とはいえないものと比べれば、明らかに利点なのだが(図11参照)。有利な条件で綱渡りが一時的にバランスを保っている中継ぎのあるオベリスク（Ｂ＆Ｄ）であり、不利な条件のオベリスクはしっかりと地面深くに基礎を置いている。ポンティは「オベリスク」と題する論文で、次のように説明している。

オベリスクはバランスを保っている瞬間においてのみ、不安定な均衡状態のもとで建っている。私たちはそれがいつ倒れるかと心配しているので、建っ

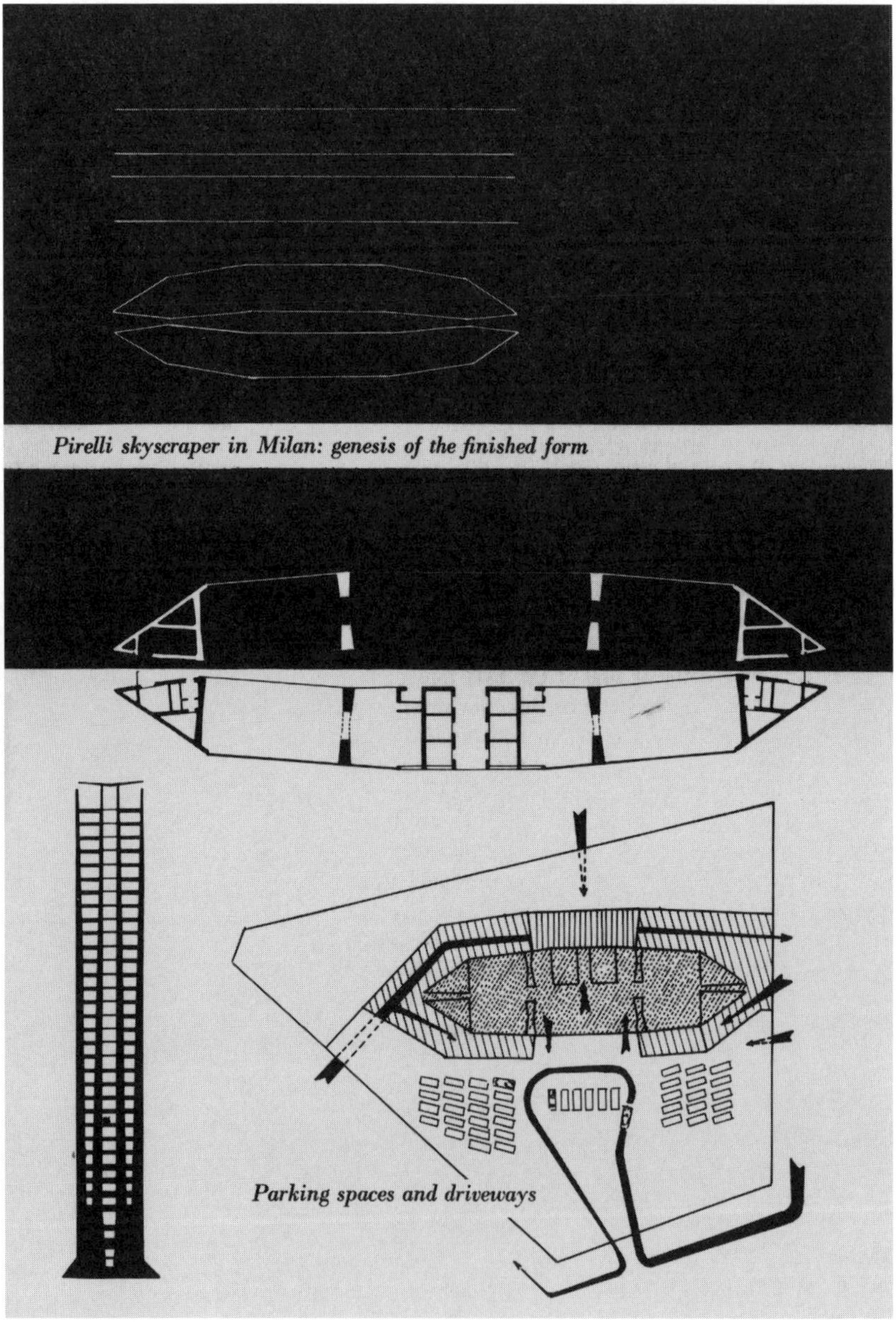

図20　ジオ・ポンティ。奇跡の均衡を保って建っているピレリ・タワーを説明するための標語図

ているのが奇跡に見える。基礎は小さければ小さいほどよく、高さは高いほどよい。連続のための解決策、分断点や連結点などは、基礎と不安定なシャフトとの間に存在するはずだ。建築のきらめきは否定と肯定の狭間からわき出てくる。[60]

ミラノのスカイラインでは、ピレリがあたかもナイフが逆さまに立っているように不安そうに建っている（図8参照）。ポンティのデザインによる一九六三年作のランプは、円錐形の台座の先端に、光り輝くシリンダーがあたかも浮いているように極細のワイヤーで吊られている。ポンティの主張によれば「オベリスクは謎であり、予言的であり、形而上学的でもある」。そこには、判読しがたい模様が彫りつけられており、機能がなくても神秘的であり、「冷淡」でもあり、塑性力もあり、立派なアクセントにもなる。[61]

ポンティは、ピレリ・タワーや一九六二年作のこのランプと同様に「不安定」な方法で、ヴィラ・プランチャートをカラカスのチェリット・ヒルの頂上に軽々としかもバランスよく置いている。重たいヴィラを軽く「不安定」でバランスのとれた構造物に変貌させるために、ポンティは、ヴィラを包んでいる外壁を地表から上に引っ張りあげて、多くの壁面を捻って離れさせている。このようにヴィラは地中深く根を張っているのではなく、ポンティのオベリスクのスケッチが示すように、いちばん「得意」な方法で「不安定」に設置されている。

もしもヴィラ・プランチャートが結晶だとしたら、それは正に自然のすさまじい変化の最中なのだ。壁面（外壁）は崩れ、再結合し、波をうったり、浮上したりしている。ポンティにとって、ピレリ・タワーやヴィラ・プランチャートや、そのほかの作品のもつ「不安定な均衡」とは次のようなことである。

本質的には建築のダイナミックな表現なのだ。そうすることによって、幅広く気持ちのよい、しかも許容誤差の許せる世界の夢から、安易な左右対称の夢を覚まさそうとして、その建築はしゃべり出すのだ。芸術とは誤差のない正確さなのだ。芸術は深刻で勝つことだけを期待しているが、同時に不可能な均衡が成功するともいえる。[62]

人間が理想的ではなくむしろ不完全といったほうがよいのと同じように、彼は建築が結晶というよりは「不安定なピラミッド」である、と信じている。彼の不思議なくらい活力のある作品は、これまた人がそうであるように、いきいきとしているということだ。[63]

しかし、ポンティとは違ってモリーノは、建築の「不安定な均衡」はむしろスペクタクルに参加する人間へ直接に影響しているといっている。一時的に獲得できる建築のバランスは、物理的にも精神的にも、モリーノにとっては住人がもたらすものであり、その住人もジャコメッティの細長く引き伸ばされた人間の脆《もろ》さを表現した彫刻のように、ようやく平静を保っているにすぎない。

モリーノのこのような姿勢はたぶん、超現実主義派の雑誌『ミノトール』からきたものであろう。この雑誌は彼の多面的な建築のインスピレーションの源泉なのだ。一九三七年の『ミノトール10』にマン・レイのオベリスクの足もとに女の首が置かれている写真が掲載された。マン・レイのオベリスクはポンティが好んだオベリスクと比べるのは難しいが、ある意味では、これも「不安定」に見えるといえる。そこにこそモリーノが魅惑されたのだ。恐らくこのはオベリスクは若い女性の殺人を意味しているのだろう。彼女の首は公表された出来事としてオベリスクと関連して記憶される。ご存じのように『ミノトール』は超現実主義者ブリトン（Breton）ではなく超現実主義者ジョージ・バタイユ（George Bataille）が好んで使った雑誌なのだ。「オベリスク」という記事を載せて、このオベリスクはギロチン（断頭台）の場所を意味していると書いている。[64]そこは何もない空間で、そのわきにはせわしく車が走っている。バタイユはすでに一般には忘れ去られてはいるが、過去に断首が行われたコンコルド広場（Place de la Conncorde）のことを考えていたのだ。バタイユが求めたこの特殊な場所に漂う神秘こそが、このオベリスクが醸し出している陰の部分なのだ。この陰は、キリコとモリーノが考えを馳せたトリノの陰に似ていなくもない。トリノのアーケードをブラブラ歩いていて人生の「謎」につまずいたキリコのように、バタイユは、人生の不思議とは人生にとって見ず知らずのものではなく、日常の経験と常に接しているものである、と考えた。

「神秘」とは、精神の空白には存在しえない。「神秘」の不透明さは、人ごみの中から借りてきたある種の透明な夢のなかから見つけたものであり、時には、罪の意識によって影の中に押し込められていた光を取り戻すことであり、またある時には、いつもは無視している形にスポットライトをあてることでもある。ルイ一六世の断頭台の時代から現代のオベリスクに至る広場の空間は、「公共広場」をテーマにして構成されている。[65]

バタイユの言によれば、広場の中央は、ほとんど無視されたか完全に忘れられたこの神秘的な「形」が現れる場所なのである。バタイユの暗いスペクタクルに関する叙述には、一度は血塗られた広場ではあったが、今は特筆された記念広場になっていて、そこには頭のないオベリスクが鎮座している。

オベリスクとは、疑いもなく、最も純粋に頭と天国をイメージさせる。エジプト人はそれを軍隊の力と栄光として考えた。ピラミッドがファラオの干からびた死体を象徴するように、オベリスクはファラオの軍事主権を意味した。オベリスクは確実に、しかも恒久性のある無視できない存在なのだ。[66]

バタイユの「オベリスク」はほとんど忘れられていたスペクタクルを再現している。歴史上の出来事をそのままひとつひとつ表しているのではなく、むしろこのオベリスクは「不思議な神秘性」を発散しているおり、「それは人ごみの中から借りてきた輝くように明るい夢のイメージなのだ」。[67]

バタイユのオベリスクと同様に、カルロ・モリーノの「スペクタキュラー」（とてつもなくすばらしい）な建築作品も「オベリスク」であることを忘れないでいただきたい。彼のオベリスクは、「古典的」な意味の終焉を示唆するが人生の永遠なる神秘には開放的な「不安定なピラミッド」なのだ。真の基盤の上に横たわる首の主である女神の奇跡的な再生を期待して、モリーノの「おとぎ話」のように、あの世から現れた女神はカサ・ミラーの入り口で凍って動けなくなるのだ。

結晶4
極端に精緻で、真にすばらしい建築

ポンティの定義に従えば、「不安定なピラミッド」にはその中に、この世の中にあるすべてのものと、ドムスの夢との間の緊張感を醸し出すのに十分な厳密にして詳細なアイデアを内包していなければならない。ポンティはこのことを次にように説明している。

私は、数学的な精度、サイズの厳密さ、正確な繰り返し、数学的リズムを要求している。今日においてはそれに加えて、空間の厳格さ、質量の正確さ、表面線や、端や角や動きの厳密さをも要求している。さらに材料の厳選、技術の精密度、リズムの正確さ、完全な部品、精度の高い施工、そして厳粛な思想をも含んである。大雑把は許されず、緊張していなかったり、正確でなかったり、しかも極端でないものはないといえる。[68]

ポンティの「正確さ」に対する包括的定義は、自分の建築作品に抱いていた楽観的な期待という形で影響を落としていた。「正確さ」だけがポンティの建築作品を「幻想、魅惑、過剰」的であらしめた。有名なウィトルウィウスやアルベルティの宣言に従い、ポンティはこういっている。

「理想的」な建築とは、「それ以上つけ加えることができず、それ以上取り去ることができず、それ以上変えることのできないものである」。言い換えると「最大限の正確さ」を内在するものである。[69]

ポンティにとって建築の「奇跡的」な概念は、最も適した材料の選択から始まるのであって、最も高価な材料の選択からではない。たとえば、「美しい材料は存在しない。正しい材料が存在するだけなのだ。粗く仕上げた漆喰は、その場所の材料として美しいのだ。これは真に洗練されているが、これを〃高貴〃な材料に取り替えるとしたら、それは俗悪だ」[70]とポンティは主張する。材料の選択や破棄について、ポンティは「飾るためではなく、示唆するためだ」といっている。[71]

『建築を愛しなさい』のなかの、デ・シーカの自転車泥棒を礼賛した文に続いて、ポンティは、芸術は気まぐれには反対しなければならない、といっている。[72]ポンティにとってデ・シーカの映画作品が教えてくれたものは、芸術は贅沢でもなく流行にも左右されず、高価である必要もなく、ましてやハッピーエンドで終わる必要などないのだ。むしろ、芸術は「奇跡の均衡」つまり技術的正確さと「洗練さ」に向かって美に関する質の獲得に邁進するべきなのだ。[73]ポンティは、「幻想の正確さ」は必ずしも「正確なる幻想」から抜け出せないことを知っている。[74]ポンティの建築に関する両極（Oxymoronic）をひとつに対象させるコンセプトは、バランスを取りながら、彼の個人的は夢と世の中全体との間にかかる橋、それは洗練されて正確極まりない橋であるが、その橋の役目をしている。ポンティはコンセプトをさらに展開させている。

幻想は甘い狂気であり幻覚でもあるが、同時に夢のように輝いていて正確でもある。本物の夢見る人たちは正確な夢を見るものだ。夢が痛みを伴うと目を覚まして大声を上げる。正確にマネキンの絵を描く。キリコが夢の見方を知っている場合は、正確にマネキンの絵を描く。クレーやモンドリアンは本物の夢を見れる人たちだ。クレーは人生の経験をテーマにした現代的で知的な悪夢を見る。[75]

この世でドムスを実現させるためにポンティは、数式に関する能力を結集して精度を高め、幻想的な建築のコンセプトづくりに全力を傾倒した。

しかし、幻想も残酷でありうることをポンティは知っていた。そのなかでも最も残酷な幻想は「神もわれわれに興味をなくした」[76]というものであった。ポンティは、自分を鼓舞するに詩作に頼らず、最終的には施主に渡すことになる建築のデザインを創造するため、この終わることのないドムスの夢の解釈を変え続け、それを紙に書き連ねていった。リサ・リチトラ・ポンティの語るところによれば、彼女の父の施主は「ひと晩でデザインががらりと変わってしまい、新しいデザインが八つか九つのバリエーションとともに提示され、そのどれもが私の注目を促すものである」[77]といっている。一日二四時間という限界のなかで、ポンティは人間としてできうる最大数のデザインアイデアを創造した。「神に頼らずに、われわれは創作すべきものとして神が残してくれた芸術をつくらなければならない」とポンティはいっている。[78]

すばらしい明快さと賞賛の気持ちをもって、ポンティはヴァチカン宮殿の階段のために奇跡的といえるアイデアを思いついた。のちにポンティは、この短いが本当の話、すなわち、彼の施主であるローマ教皇に偶然会った話をしてくれた（この話についてはすでに前に少し触れたが……）。

ヴァチカン宮殿では、階段の垂直の部分を色とりどりの大理石で、水平部分を白いカラーラの大理石で仕上げた階段をデザインした。下からは垂直部分だけが見えて、豪華な色彩のカーペットが上にのびていくかのように見え、上からは水平部分だけが見えるので階段が真っ白に見える。私の階段デザインの依頼主ローマ教皇ピウス一一世は、まず下から上を見てそのカーペットを賞賛した。そして階段を上っていき、最後のステップにたどり着く前に振り向きながら下を見て、そこに真っ白な階段を認め、突然私に向かって「聖なるかな」といって私に返答を求めました。私は、「建築家も奇跡を起こします」と答えた。[79]

ポンティはローマ教皇に小さな啓示を行い、この奇跡の階段はここを通過する人に新たな経験を与えた。この「珍しいカトリック信者」であるポンティは、ヴィラ・プランチャートに住んでいる家族や客をリビングルームから地下の「ゲームルーム」に導くのに適している方法として、ヴァチカン宮殿と同じような階段を思いついた。ヴァチカンの場合は、二階から階段を見下ろすと、連続した白い大理石が見え、一階から見上げた場合は、虹を示唆する色とりどりの大理石を眺めていることになる。『建築を愛しなさい』のなかで、ポンティは再び材料選択に正確極まりない方法をとった。石材の倉庫に何度も足を運び、大理石の見本のなかから「すばらしい模様と切断面」のあるものを丁寧に選んで、その厳選した大理石の切り方を指図した経緯を書いている。ほかとは「異なる」「個性」のある効果を出すため、普通に切る角度に対して九〇度の角度で切るように指示した。[80]これほど、ポンティの建築は「遊び心と正確さ」との共存であった。[81]

同様なデザインの質は、ピレリ・タワーで、頂上の屋根のすぐ下まで薄くなり続けるネルヴィのコンクリート構造に従って、上に向かうほど幅の広くなるカーテンウォールの窓に見ることができる（図8参照）。ポンティがピレリをデザインしはじめたときは長方形であったのがのちにレンズのような形になり、最後に軸線がふたつある細長い菱形になった（再び図20を参照）。ネルヴィの見事な構造的解決は、二柱一組で四組を大きく重ね合わせたコンクリートの袖柱を使ったものであり、それは躯体を包んでいるカーテンウォールの外壁に対して九〇度で接して垂直に立っている。建物の外観について見ると、外壁が両端の折れるところでコンクリートの袖柱の輪郭が見えてくる。高度の精密度で上にのびているコンクリートの柱はまるで消えてしまうかのように薄くなっていき、その間をつないでいる窓は逆に少しずつ広くなっていく。コンクリートの構造は、頂上で階段室とサービス機械室を収めている菱形の平面になり、その両端を三角形の断面のチューブで安定させている。

ピレリ・タワーのガラスの外壁は、凸レンズ状の平面を三二層積み上げた「結晶」のような多面体を覆っている。ピレリの、上層にいくに従い薄くなるコンクリートの構造は、一九世紀末から二〇世紀初頭にかけてシカゴやニューヨークで数多く建てられた、同質量の部材による鉄骨構造の高層建築とははっきりと異なる方向をとった。ポンティも書いているように、「鉄筋コンクリートは地面からわき上がり、結晶のように純粋であり、葉のついていない、むなしい木のような鉄骨とは大いに違っている」[83]と。

ポンティはピレリ・タワーを「結晶」として理解するために、駐車場の構造を広い台座または柱脚として考え、その上にこの摩天楼をのせたのだ。その意図は、この建物を都市構造から切り離して建てることで達成されている。ポンティはより広い意味でのピレリ・タワーを思い描いていた。アルプスの峰とは違うミラノ、永遠に結晶のようなミラノに。すでに出版されているこの塔の写真の多くは、山脈を背景にしたミラノのスカイラインから切り離されて、ただ細長く、優雅に建っている塔の性格をよく表現している。[84]ポンティにいわせると、「空を背景にこの塔を見ると、あたかも結晶がそうするような魅惑の瞬間を与えてくれる」。[85]この摩天楼はその頂上を機能的にはあまり意味のない〝浮いている〟屋根で上から押さえている。これは、ポンティがミラノで追求している俊敏さを示唆しているのだ。

ポンティの焦点は建物の建設に向けられてきたが、これはそのままモリーノにもあてはめることができる。「厳正なる幻想」でのモリーノ自身の反省文の中で、ヴォルテールの金言、「余分なるもの、すなわち最も必要なるもの（Le siperflu, chosetres necessarie）」から引用している。[86]ヴォルテールの金言に沿って、このトリノの建築家は最も建築を連想させるものを選んで使った。たとえば、彼の家具のデザインと製作に際して、モリーノは自分の幻想を正確無比に実現するために、トリノにあるアペリ&ヴェレシオという家具工房と緊密に連携をとりながら仕事をした。同時に、モリーノはポンティのコンセプト「厳正なる幻想」のなかにあるものを固持し続け、『建築：芸術と技術（*Architettura: Arte e tecnica*）』にも書いている、「どのような技術の発明も、新しい形の表現の口実（説明）にはならない」[87]と。モリーノにとって、「正確さそれ自体は、質的にくだらないものであり、無限の近似値にすぎないのだ」。[88] モリーノは、ドムスの実現に向かって建築作品を建設するために、「創造のために要素」[89]だけでなく、「静的でしかも同時に無限の可能性を秘める豊かな表現」を満足させなければならない、と主張した。[90]

間もなく、モリーノはUSA美術館展（Museum USA Exhibition）と題する移動展覧会で、「理想」を追求したトータルデザインとして「幻想の正確さ」と「正確さの幻想」と題するコンパクトにデザインした寝室を展示した。この展覧会は一九五〇年にニューヨークのブルックリン美術館で展示された。この小さいが思いがけなくすばらしい展示を成功させるために、モリーノはコンパクトな空間のなかにも幻想的な要素が詰まっている日本の伝統的な住宅に見習うところが多かった。「ユートピアの面持ち（*Utopia ambientazione*）」で、モリーノは日本の住宅を次のようにたとえている。

　日本の住宅はビックリ箱のような家で、簡単に部屋や家具を替えたり、刺繍してある景色を変えたり滑らせたり、部屋を模様替えしたり、廊下や談話室を季節によって区切ったりくっつけたり、活気のある状態に保ち、「家族」内のお祝い事などに合わせて替えたり、といろいろできる。しかも、もし望むなら家具類は壁のなかに消えてしまうのだ。[91]

USA美術館展のためだけでなく、完全なる空間のためにも、モリーノは「正確な幻想」に合うような姿勢をとるように努めた。要するに、モリーノは日本の住宅に心を奪われていたのだ。巨大な景色の写真は、住んでいる人をほかの世界に誘う。天井から下がっている照明器具で隠されたおもりで高さの調整が自由にできるものは、奇跡的といえるほどにはその高さが変わることはない。家具の多くはその空間の使われ方のよってその姿を変えて、空間の自由度を増す（たとえば、ディヴァン〝低いソファ〟はたたみ込んでラウンジソファにすることができる）。フルサイズのガラス食器用キャビネットは接着剤を使わない木のパネルとモリーノの特許のあるゆがまない技術とでできている。十数年前になるが、モリーノは同じように精緻な技術を駆使して、幻想的は家具を、友達のリサ・ポンティと夫のルイジ・リチトラのためにつくった。幻想と正確さとを駆使してモリーノは創造力の限界に挑戦し続け、結果的に一五の発明で特許を取った。たとえばそのうちのひとつにチューブを使った電気機械のジョイントがあり、これは航空機に使用されている。

ポンティとモリーノの幅の広い建築活動と作品は、この世界とほかの世界、すなわち夢とイメージの世界の間を分けている「あいまいさ」の橋渡しのための確実な努力なのであった。モリーノは、建築家は形によってではなく、相対的な調和や漠然とした調和によって触発されるべきだと主張していた。[92] この世界にある相対的であいまいさのある調和と対決できないなら、ポンティとモリーノが、まだ人間生活の「あいまいさ」と「人間性」解決についてまだ確かな建築をつくり出していない、ということなのだ。ポンティとモリーノのこれら人間環境に対する回答は、イタロ・カルビーノの「正確さ」に書かれている。すなわち、「イタリア語のVago（Vague）には、確かさと不確かさの両方の意味があり、感謝と喜びとを同時に意味している」。[93] イタリア語で「あいまいさ」を意味することを最も正確に表現するなら、ポンティとモリーノの言に従って、それは「失敗をするほどの自由な人であり、その人こそがより美しいものをつくれるのだ」、[94] となる。

結晶 5
形態化に対応できる——そして全部溶解してしまえる——建築

ポンティは「ヴィラ・プランチャートを結晶のように美しい建築作品として定義したが、中を洞窟のようにくりぬいて鍾乳石で埋めた」。ポンティのいきいきとしたデザイン活動で、建築とは、最も人間的な意味において結晶であり、建築家によって完全に遂行され、しかも生きているものにはつきものの成長と発展にも寛容である。ヴィラ・プランチャートが、短命でつかまえどころのないドムスに向かっているということは、不合理な秩序が、ポンティの触媒作用の力で結晶させて、合理的な形になりはじめることである。このようにヴィラ・プランチャートとは、建築にはつきものの人の手による誤りを奇跡的に正す、その時が来るのを待っている結晶なのだ。

ポンティは注意深く、ヴィラ・プランチャートの外壁と屋根とをほんの少しだけ「そいで」、この欠陥のある「ダイヤモンド」を日光に触れさせた。夜間には、室内の光が同じ欠陥のはがれた部分を通して外に流れる。その効果はといえば、建築が「消滅」して「無」となり、結果として物理的限界を超えて他の次元へと移る。ポンティが予想したとおり、夜の光は「正面の外壁の後ろから、そして屋根の下から現れて、この建築を変化させながらばらばらにしてほかの建築に変えてしまうのだ」[95]。ヴィラ・プランチャートはほかの方法でも消滅できる。たとえば、床や壁や天井が結晶状の各種の形や大きさ、色や材料で覆われている場合である。家具が同様な結晶状の形の役をすることもある。これらが一緒になって、相互に影響し合ったり、ぶつかり合ったり、反響し合ったり、さらには吸収し合ったりする。結晶状に変化する自然の過程のように、結晶面でいつまでも続くダンスのように。ポンティにとっては、建築作品は消滅したり、無になったりするべきなのだ。ポンティは「芸術」の「奥の深さ」のために払う犠牲には気がついていた。「芸術は誤差なしの、安全ぎりぎりの正確さを要求する」というポンティの言葉を記憶にとどめておいてもらいたい。

ドムスへ向けてポンティとモリーノがほとんど不可能と思われる仕事をしているという不条理は、このふたりの建築家自身に「変化に富んだ」姿勢を強要していることなのだ。「プロテウス」（訳者注……変幻自在のギリシアの神）と題する短編で、キリコは、製作中の芸術家の相矛盾する思考について書いている。無益とは感じながらも制作を続けて、何かの奇跡が起こるのを待っている、その瞬間に芸術家の内部で「プロテウス」が突然目覚める。

われわれは、われわれ自身が働く環境のなかですでに混乱している、過去に一度創造されたものをまた作ったり、幸福に取り囲まれているのにわれわれは幸福でなかったりする。ことあるごとに、ささやきが聞こえてくる。これじゃないんだ。突如として一瞬の思考が一緒になり、電光の速さで飛来してわれわれを揺さぶり、いまだ知られざる神の彫刻の前で、われらを床になぎ倒すのだ。まさにその瞬間に、われわれのなかで眠っている「プロテウス」が目を覚ますし、われわれに言うべきことを言わせるのだ。[96]

ポンティにとってのこの瞬間は、ヴァチカン宮殿の階段で起きた。ポンティがローマ教皇に「建築家も奇跡を起こします」といったときに。

ポンティはこの危険な言動を彼の後期の作品である教会建築で実行した。リサ・リチトラ・ポンティもいっているように、ポンティがある教会をデザインしている際に、施主には決して彼に圧力をかけさせなかった。彼は修道女と口論をして、絶対に富の象徴をデザインのなかの表現として取り入れなかったし、施主にはドームを強要させなかった。空との結びつきはよしとした。建築家としては、ただ建物を高くする意図がある、ということだった。ポンティが後でいったことは、「教会」をデザインしたのではなく、ただ「開口部」をこしらえたのだ、[97]と。カルロ・モリーノも同じようなことをいっている。「住宅も宮殿になるし、たとえドームがなくとも神の住む家ぐらいにはなるだろう」[98]と。

一九六四年にミラノに完成したポンティのデザインによる聖フランチェスコのための教会は、正にこのような「住宅」であった。それは厳粛で人間的であり、ドームのない先験的なものであり、さらに完全なる結晶を目指した「不安定なピラミッド」でもあった。この聖フランチェスコ教会（図21参照）もそうであったが、一九六〇年半ば以降の作品でポンティは、多くの壁面による多面体的な建築の表現を追求していた。それはその数年前にミラノの芸術家ルチオ・フォンタナの制作した陶器に似ていて、自由に建っている多くの壁面が交錯して、ほとんど合理性のない方法で窓を通過している。ポンティによる教会の採光とフォンタナの陶器デザインとの関係は、単なる例証ではなく、それが重要だから挙げたのだ。

図21　ジオ・ポンティ。ミラノ（1964年）に建った聖フランチェスコ教会外壁の詳細

『ドムス』誌上での三四ページにわたるピレリ・タワーの記事のすぐ後で、ポンティはフォンタナの作品に触れている。[99]ポンティが一九七〇年にこれらの教会建築のひとつのために描いた小さなスケッチにつけた適切なるタイトルは、「壁を通して見る空」であり、この言葉は聖フランチェスコ教会の建物の「開口部」をよく説明している。この間違ってできてしまったようでもあり、結晶の裂け目のようでもある開口部は、無次元で驚くばかりのすばらしい空をダイヤモンド状の透視法で提供している。年とともに成長しているポンティの建築は、かつてなかったほど「プロテウスのような変幻自在」の状態になった。ドムスの光明のほんの瞬間でもつかまえたいという願いを現実のものとするため、おそらくは彼自身の人生観を変え続けなければならない、とすることとの反映なのだ。

ギリシア神話の、プロテウス（変幻自在の神）、すなわちこの「予言者」の正体は、極端に不安定なので、誰もその正体を見極めていない。精神分析医のロバート・ジェイ・リフトンは著書『誰が生き残るか――プロテウス的人間』（一九七一年）のなかで、プロテウスと彼の好奇心旺盛で常に変わる性格を理論的に体系化している。[100]そこでリフトンはプロテウス的人間を、歴史上の動乱や激変などのさまざまな変動から力をつけた折衝主義者として説明している。プロテウス的人間の高潔さと、公平と不完全で妥協の余地のない現実との間で揺れ動きながら、そこにとどまっていられる能力であるものとして定義されている。[101]そこでリフトンは、プロテウス的人間の懐疑的な傾向をもつ感受性と肯定的な感受性について次のように述べている。

肯定的態度と懐疑的態度とは異議を唱えあったりはしない。それらは真実を単純化しようとしているのではないが、肯定的態度と懐疑的態度を比べる場合に、人生の意義を白と黒のように単純にとらえてはいない。肯定的態度は一貫性のない複数の意味を承認している。それは本質的に異なる形や、選択の余地のある人生を認めていることになりうる。[102]

リフトンが著書『プロテウス的人間』のなかで言わんとしていたことは、確固としていて自信があり落ち着いているよりは、流動的で柔軟性があるほうがよい、ということだ。[103]二〇世紀中盤のイタリアにおいて、ポンティとモリーノはプロテウス的人間であったのだ。建築作品を通して未来への展望を表明し、彼ら自身の進むべき道を模索し発表していた。ふたりの建築作品はダイヤモンドのように完全ではなかったが、輝く光に照らされた「不安定なピラミッド」であった。

原注

1 Gio Ponti, *In Praise of Architecture*, p. 92

2 この場合、ジオ・ポンティ自身が自分の記事を参照している。“‘Espressione’ dell’edificio Pirelli in costruzione a Milano”［ミラノに建設中のピレリ・タワーの表現について］, Domus 316（March 1956）, p. 27

3 八〇歳にしてなお活躍中のポンティは、六階建てのデンヴァー美術館を結晶として説明している（Esther McCoy, “Architecture West”, *Progressive Architecture*［February 1972］, p. 46）。

4 Carlo Mollino with F. Vadacchino, *Architettura: Arte e tecnica*, p. 23

5 Gio Ponti（注1）, p. 31

6 ブルーノ・タウト所蔵のヘルマン・フィンステルリンからの日付なしの手紙。The Crystal Chain Letters, ed. and transl., I. B. Whyte（Cambridge, MA: MIT, 1985）, p. 84. または以下を参照。Paul Scheerbart, *Glass Architecture*, transl. J. Palmes and S. Palmer（New York: Praeger, 1972）.

7 George Kubler, *The Shape of Time: Remarks on the History of Things*（New Haven: Yale, 1962）, p. 2

8 Carlo Mollino with F. Vadacchino（注4）, p. 23

9 George Kubler（注7）, p. 71

10 リサ・リチトラ・ポンティが私に話してくれたことによると、父のジオはこの疑問を何度も繰り返して自問自答していたそうだ（Lisa Licitra Ponti, during our conversation at via Randaccio 9 in December, 1995）。

11 ジョン・ラスキンは、ウィリアム・M・ジョンストン著、*In Search of Italy: Foreign Writers in Northern Italy since 1800*（University Park, Pennsylvania: The Pennsylvania State University Press, 1987）, p. 32に引用されている。

12 Gio Ponti（注1）, p. 29

13 Gio Ponti（注1）, p. 44

14 Gio Ponti（注2）, p. 4

15 同右。

16 Gio Ponti（注2）, p. 27

17 Gio Ponti（注2）, p. 5

18 同右。

19 Gio Ponti（注1）, p. 29

20 同右。

21 Gio Ponti（注1）, p. 140

22 André Breton, *Mad Love* [*L'Amour fou*（1937）], transl. M. A. Caws（Lincoln, Nebraska: University of Nebraska, 1987）, p. 11

23 André Breton（注22）, p. 11

24 その写真は、アンドレ・ブルトンの“La beauté sera convuasive”［美は発作的に創られる］, *Minotaure* 5（1934）, pp. 9–16、および（注22）, p. 12に掲載。

25 Gio Ponti（注1）, p. 7

26 Gio Ponti, “L'abitazione cerca o provoca una sua forma, non piu si inserisce in una forma come in un guscio preesistente”［形を探し求め、挑戦し、規制の形の中の押し込めようとする人に反抗するすまい］, *Domus* 243（February 1950）. これはモリーノの発表された作品への序文である。

27 Gio Ponti（注26）, title page

28 “La casa al mare è un tribuna per assistere al mare”, *Domus* 243（February 1950）, pp. 1–10

29 Gio Ponti（注2）, p. 24

30 Gio Ponti, “Come serà lo “Stile” architettonico futuro?”, *Stile* 8（1946）

31 すべては、イタロ・カルヴィーノの短編小説〝Crystals〟をW・ウィーヴァーが英訳したものからの引用である。Italo Calvino, “Crystals”, *t zero*, transl. W. Weaver（NY: Harcourt, Brace and World, 1967）, pp. 28–38

32 Gio Ponti, *L'Architettura è un cristallo*（Milan, 1945）, pp. 87–88

33 Gio Ponti（注1）, p. 31

34 同右。

35 Gio Ponti（注2）, p. 12

36 ポンティはこれらの用語を、『ドムス』に掲載された記事でピレリ・タワーを説明するために使った。またヴィラ・プランチャートを「自動照明による夜の建物」としてドムスの記事で説明している（Gio Ponti（注2）, p. 9 and 4（の順序で）. “Il modello della villa Planchart in construzione a Caracas”［カラカスで建設中のヴィラ・プランチャートのモデル］, *Domus* 303［February. 1955］, p. 10）。

37 Gio Ponti（注1）, pp. 89–90

38 Gio Ponti, プランチャート家への手紙（August 21, 1953）, Fulvio Iraceによる引用、“Corrispondenze: La villa Planchart di Gio Ponti a Caracas”, *Lotus* 60（1988）, p. 88

39 Gio Ponti, “Una villa ‘fiorentina’”,［A “florentine” villa］, *Domus* 375（February 1961）, p. 1

40 Gio Ponti（注39）, p. 1

41 Gio Ponti（注39）, p. 2

42 同右。

43 この重要な図面は後にほかの話題でまた使用する。

44 この引用と同様に、私の論点であるデ・キリコの絵でも明らかな透視図法的な構築は、ウィリアム・ルービンによるところが大きい。“De Chirico and Modernism”, *De Chirico*［個展のカタログ］, ed. William Rubin（NY: Museum of Modern Art, 1982）, p. 60. With respect to de Chirico’s representation of a seemingly weightless stone, recall the title of his painting from the same period, *The Moving Statue*.

45 マリネッティが「航空の詩情」と呼んだ詩は、「スピード」と自動車や航空機の「神のような速度」を祝福したものであった。そののちにジョヴァンニ・ブリーノも「モリーノはマリネッティから『スピード崇拝』を受け継いだ」と書いている（F. T. Marinetti, “The New Religion-Morality of Speed”, *L’Italia Futurista*［May 11, 1916］, in *Let’s Murder the Moonshine: Selected Writings*, pp. 103, 104. Giovanni Brino, *Carlo Mollino: Architecture as Autobiography*, p. 7）。

46 Jane Livingston, “Man Ray and Surrealist Photography”, *L’Amour fou: Photography and Surrealism*, eds. R. Krauss and J. Livingston（NY: Abbeville, 1985）, p. 132

47 Jane Livingston（注46）, pp. 80–81

48 Jane Livingston（注46）, pp. 81

49 Lisa Licitra Ponti, “Gio Ponti: A–Z”, *Neo* vol. 3, no. 1（Denver Art Museum, 1994）, p. 6

50 道化師は長い間芸術家たちの型（figure）であり続けた。まずピカソによって、のちにウォーホルによって不朽の神話となった。

51 Gio Ponti（注1）, p. 184

52 同右。

53 Gio Ponti（注1）, p. 67

54 Gio Ponti（注1）, p. 156

55 Gio Ponti（注1）, p. 184

56 Gio Ponti, “Una villa fiorentina”, p. 1

57 Gio Ponti, “Il modello della villa Planchart in construzione a Caracas”, p. 13

58 Gio Ponti（注1）, p. 111

59 Gio Ponti, “Si fa coi pensieri: La torre Pirelli a Milano”,

p. 1

60 Lisa Licitra Ponti, *Gio Ponti: The Complete Works...*, p. 109

61 Lisa Licitra Ponti,（注60）, p. 109

62 Lisa Licitra Ponti,（注60）, p. 110

63 ポンティは身体も建物もともにオベリスクなのだと考えた。たしかに、ポンティは彼のオベリスク建築にある〝活気（豊饒）〟を、彼の娘リサのおかげであるとした。リサ・リチトラ・ポンティ本人も「ジオ・ポンティは自分の娘である私を〝オベリスク〟と呼んでもおかしくなかった」と言っている（Lisa Licitra Ponti,（注49）, p. 71）。

64 Georges Bataille, “The Obelisk”, *Vision of Excess: Selected Writings 1927–1939*, transl. A. Stoekl（Minneapolis: University of Minnesota, 1991）, p. 221

65 Georges Bataille（注64）, p. 213

66 Georges Bataille（注64）, p. 215

67 同右。

68 Gio Ponti（注1）, p. 61

69 Gio Ponti（注1）, p. 59

70 この考察は基本的には、G・ゼンパーとA・ロースがウィーンに残した遺産に従ったのである（Gio Ponti（注1）, p. 103）。

71 Gio Ponti（注1）, p. 121

72 Gio Ponti（注1）, p. 175

73 Gio Ponti（注1）, p. 110

74 ポンティはしばしば、厳しさと幻想とを同時に使った。例として、In Praise of Architecture, p61, 62を参照。

75 Gio Ponti（注1）, p. 61

76 Gio Ponti（注1）, p. 77

77 Lisa Licitra Ponti,（注49）, p. 6

78 Gio Ponti（注1）, p. 75

79 ポンティの言葉は、Lisa Licitra Ponti,（注49）, p. 7より引用。

80 Gio Ponti（注1）, pp. 133–134

81 これはジョセフ・リクワート著の『The First Moderns』のなかのある章につけた表題で、ポンティの作品と彼の探求課題とを説明している。Joseph Rykwert, The First Moderns（Cambridge, MA: MIT, 1991）, pp. 262–282 – Chapter 7: “Pleasure and Precision”.

82 ポンティは、ピレリ・タワーのデザインを進展させるにあたり、建築構造ではピエール・ルイジ・ネルヴィとアルトゥーロ・ダヌッソの協力を得ただけではなく、アントニオ・フォルナロリ、アルベルト・ロッセッリ、ジュゼッペ・ヴァルトリナ、エジディオ・デッロルトなどとも協同体制をとった。ピレリ・タワーは、現在、ロンバルディア州政府庁舎として使われている。

83 Gio Ponti（注1）, p. 32–33

84 ピレリ・タワーのシルエットに関しては、フランチェスコ・ダルコとセルジオ・ポラーノの写真を参照。"The Twentieth Century Architecture and Urbanism: Milan", *a+u* 20（1991）, p. 20

85 Gio Ponti（注1）, p. 33

86 Carlo Mollino, "Utopia e ambientazione" part I, *Domus* 245（August 1949）p. 4.これらの言葉は、自身の記事の前書きのためにモリーノが選んだものである。

87 Carlo Mollino with F. Vadacchino（注4）, p. 35

88 Carlo Mollino（注86）, p. 14

89 同右。

90 Carlo Mollino with F. Vadacchino（注4）, p. 89

91 Carlo Mollino（注86）, p. 16

92 Carlo Mollino with F. Vadacchino（注4）, p. 8

93 Italo Calvino, *Six Memos for the Next Millennium*（Cambridge, MA: Harvard, 1988）, p. 57

94 Gio Ponti（注1）, p. 139. ジョン・ラスキンの芸術的概念についての説も、ここでポンティによってまた示唆されていることに注目。

95 Gio Ponti（注56）, p. 10

96 Giorgio de Chirico, "Proteus", *Hebdomeros*, p. 215

97 これは、一九九五年一二月にvia Randaccio通り九番地の自宅にて、リサ・リチトラ・ポンティが、私との会話のなかで話してくれたことである。

98 Carlo Mollino（注86）, p. 17

99 以下を参照。"Milano, nello studio Lucio Fontana", *Domus* 379（June 1961）, pp. 35-38.これはポンティの"Si fa coi pensieri"と"Prima e dopa la Pirelli"の後ろに掲載されている。

100 Robert Jay Lifton, *The Protean Self*（NY: Basic Books, 1994）, reviewed by Richard A. Shweder, "Keep Your Mind Open（And watch it closely, because it's apt to change）". [book review]. *The New York Times*（February 20, 1994）"Books in Review", p. 16

101 同右。

102 同右。

103 同右。

第四章　建築は「人体」である

デ・キリコの錬金術的な形をしたマネキンたちは、歴史的に見て、形而上学だけでは十分に説明しきれない何かを語っている。実は形而上学とはほど遠い、むしろ非常に人間的ですらあり、歴史的に明らかな何かを語っているのだ。それは神の凋落や神話の終焉であり、また異教徒時代には芸術であり宗教でありえたものが、のちには伝説と神話になり、最終的には現代に至って、人間的で牧歌的になり、さらに学術的に見て古典主義的ともいえる、これらのすべての言語が崩壊してしまったのだ。今日、これらの神々がどうなったかといえば、それは単に灰燼《かいじん》に帰して残るだけとなったのだ。

——ジオ・ポンティ『建築を愛しなさい』[1]

建築の論文や図面にマネキンを描くことは必ずしも新しいことではない。実際にマネキンはウィトルウィウスの初期に書かれた「オートメーション」に関する論文にも使われている。マネキンやほかの動物を模した機械的な人形は、建築における「ウィトルウィウス・マン」やその他の「理想的」な身体以外にも、人体を模したコンセプトがあることを証明している。

一九世紀半ば以降、マネキンは広範な分野でさまざまに議論されてきた。たとえば、われわれのつくりものの手や足に対するほとんど憧れにも似た興味であったり、建築のスタイルに関する激しすぎると思われる議論であったり、装飾やファッションであったり、「メカニカル」と「オーガニック」との間のあいまいさであったり、さらには、芸術だということで法に触れるかもしれないエロチックな女性についての文学の表現であったりした。

ジョルジオ・デ・キリコは、彼の絵のなかで、あまり安定性のよくない物差しや定規、さらにT定規やコンパスを使ってマネキンたちを描いた。この絵に描かれている建築家やエンジニアたちが普段使っている道具類や、またここに描かれているなんの変哲もない「画家兼建築家」では、キリコの意図が叶《かな》えられたとはいえない。正確で完璧な作品を描き出すつもりが、ここでは単なる「正確な幻想」をつくり出したにすぎない、という過ちを犯した。キリコがマネキンを描いたこの絵では、これらの道具が、本来ならわれわれ自身の一部のようになっているはずなのに、実はこれほど「理想」とかけ離れているものはない。しかもこれらの道具は、実際矛盾したことなのだが、デ・キリコが「預言者」と名づけた「画家兼建築家」そのものを構成しているのである。

　デ・キリコの「預言者」的マネキンについてはすでに述べたが、不安な表情の天使として描かれている。この天使は、凋落した「形而上学者」でり、ある見えないビジョンに導かれて空を飛びたいと思っている盲目の画家でもあり、このふたりの間の複雑に交錯した存在なのだ。ポンティは、デ・キリコが、マネキンを使って表現しようとしたことのなかで、ふたつの「決定的な間違い」を見抜いていた。ひとつは「形而上学者は死んだ」のであり、ふたつ目は「人間が宇宙の中心であることへの否定」であった。「歴史的決着」、すなわち「理想的」な人間という考え方は、形而上学者の死とともに伝統的な考え方を崩壊させる結果になった。それは、人間を意義のある存在とし「真に人間的であって、決して形而上学的ではない」とする言語、思想、道具などが語っていることだ。デ・キリコと同様に、ポンティは人間が主張し継続してきた「ゲーム」は終わったのだ、と言いきっている。

> アポロは死んだのであり、それに対するどんな祈りも無意味である、という歴史的決着がついているので、デ・キリコのマネキンと誰も見向きもしなくなった古典的法則とが支配するゲームには終止符が打たれたのだ、と伝えている。そこには（訳者注……このデ・キリコの絵には）、詰め物でいっぱいの卵の頭脳とともにある大理石の破片と、札が貼られて忘れ去られた杖や定規や三角定規それに人形が残されているだけだった。[2]

　デ・キリコが真実を追求して描いた作品である『預言者』はデ・キリコの個人的な見方であったが、ポンティとしてはこれを一般論として受け止めようとして、それができなかった。神でもなければ、ましてや絶対に人間ではないこの「預言者」は、自分が必死に求めている人間性のなかにこそ自らの居場所があることを知っている、とポンティは書いている。

デ・キリコは次のように証言している。悲劇的な人間性の衰退が、神々も伝説も存在しない人間性の放棄へと変わり、それが永遠に続くのである。神の生きた亡霊である神秘の風が吹いて、騎士の腰当てや胸当てや羽根飾りがたなびくことは、おそらく二度とないであろう。もし、たとえるとしても、それは動きのない人形としてである。歴史的に意義のあったデ・キリコの「形而上学的絵画」、それは無意識の世界の現実であったが、この古典的形而上学の世界は、終焉を迎えたのだ。[3]

ポンティは、人間でもなく形而上学者でもない芸術家というものを、デ・キリコの考えに沿って、描きだしてみた。それは生命もなく、男女の区別さえもないマネキンがデザインした世界であり、絵に描いた世界であった。それはまた敗北を認めた伝統的な理論や、安定した価値観に失望して諦めた世界でもあった。その世界にもまだ、活力あふれる可能性が残されているかもしれないという、強い期待感があった。楽観主義者であり諦めることをしない芸術家としてのデ・キリコとポンティは、存在の意義を見失いがちになりそうな職業に従事しながらも「人間的な脈拍」を維持し続けたのだ。われわれ人類の英知は、すばらしい未来への生活へ到達するべく、まだ見たことのない各種の方法を試すことができる、と信じて疑わなかった。

だからこそ、人間の英知はまだこの意義のある神聖なる世界のために有効な回答を出せないでいるのであり、芸術家の幻想の重みに耐えることができたのだ。

新しい幻想的な未来に向かって、建築家と技術者の使う道具類は単に柱としてまた建物の構造体としての従来の方法でしか、この画家をサポートしえていない。デ・キリコの絵のなかで神でもなく人間でもない「預言者」は、そうなるべくして陰険な幻想になった。デ・キリコの絵にあるのと同様な幻想の陰険さは、アルド・ロッシが設計したペルージャにあるパラッツォ・レジョナーレにも見いだせる。たしかにロッシの作品も、キリコが描いた「偉大な形而上学者」のためのスケッチのように無言である。そこでは、何列かの建物の間に巨大なマネキンが存在しているかのようだ。すなわちパラッツォそれ自体がマネキンなのだ。ロッシにとっては、「灰だけが残った」わけだが、ポンティは楽観主義的姿勢をくずさず、建築が生命のないマネキンと人間との間を積極的に取り持つ役目を果たしているとし、それは形而下（物質）の世界と形而上（精神）の世界との間にある伝統的で決定的な相違点、それがまだはっきりしていないふたつの世界の間の互換性や相互の立場の厳守を意味している。

　ポンティにとってこの関係は、デ・キリコの描いた思いがけなくも「いきいき」と活写された人間とマネキンとの遭遇をもって始まった。絵のなかでは、わずかに残った人間らしさがマネキンとダンスに興じているようだ。[4] ポンティが説明しているように、マネキンと出会った人間は感情的になっている。なぜならマネキンは一見どこかで会ったことがあるようだ（人間に似ているので）が、よく見るとやはりだいぶ違っている（実は機械なのだ）からだ。人の夢や欲望は、時に恐怖に満ちていたり魅惑的であったりして、結局はすばらしく幻想的なのだが、そういうものを人は木製でしかも魂のないマネキンに移行したがる傾向があるようだ。マネキンとしての建築作品を「創作」する建築家は、自分の内面、すなわち肉体的な中核にある内面を生活に反映させようとするかのように自分自身の強い憧れを作品を通して表現しているかのようだ。しかし、建築作品を形づくる過程において「綿密な点検」をするなら、ピュグマリオンがそうであるように一時的にでも途方にくれるかもしれない。神話の終焉を告げているデ・キリコのマネキンたちは、陰湿ではあるが、ポンティの心を動かした。

　一方、ポンティ自身は、楽観的態度を堅持しつつも新しい神話を提供しようとしていた。それは世界は複数の次元や切断面をもつという、キリコの考え方と同じで、新しい複数の視点をもつ人間の（訳者注……神のではない）話なのであった。

　ジオ・ポンティとカルロ・モリーノは、建築作品にお

図22　カルロ・モリーノ。モリーノ撮影による「ガラスのなかの悪魔」（1943年）

ける人と物質的内面との活力に満ちて魅惑的な遭遇を心に描きつつ、形而上と形而下との間にある「親密なる関係」を目覚めさせる建築作品を考えていたのだ。単に決定的であるような建築をつくり上げる、というような見せかけ上のことはせず、ふたりは「決定的」で活気のある建築を考え出そうと試みた。すなわちふたりが考えたものは、きまじめな芸術家なら思いつかないような可能性を生むかもしれない、という建築なのだ。ポンティはこのような建築のなかから今「新しい言語が誕生しようとしている」[5]と考えた。それはまさに、彼の夢の「すまい」というにふさわしい言語であった。

モリーノは、カサ・ミラーの屋内で女性の体形を模して家具類を配置をした。「舞台装置があるポートレート」のセットをつくるために、モリーノは何人もの女性モデルを独身者用アパート（訳者注……カサ・ミラー）に招待した。椅子に座ったり、テーブルに寄り添ったりしているモデルたちのポートレートは、建築家のカメラのレンズを通して映し出され、装飾的に額に入れられて（図22参照）、結局それはモリーノが長い間探していた「ひとりの女性」が全役を務める、という結果になった。

一方でポンティの服装や舞台装置のデザインでは、ほとんどの場合、機械化した人形（図23参照）として人体

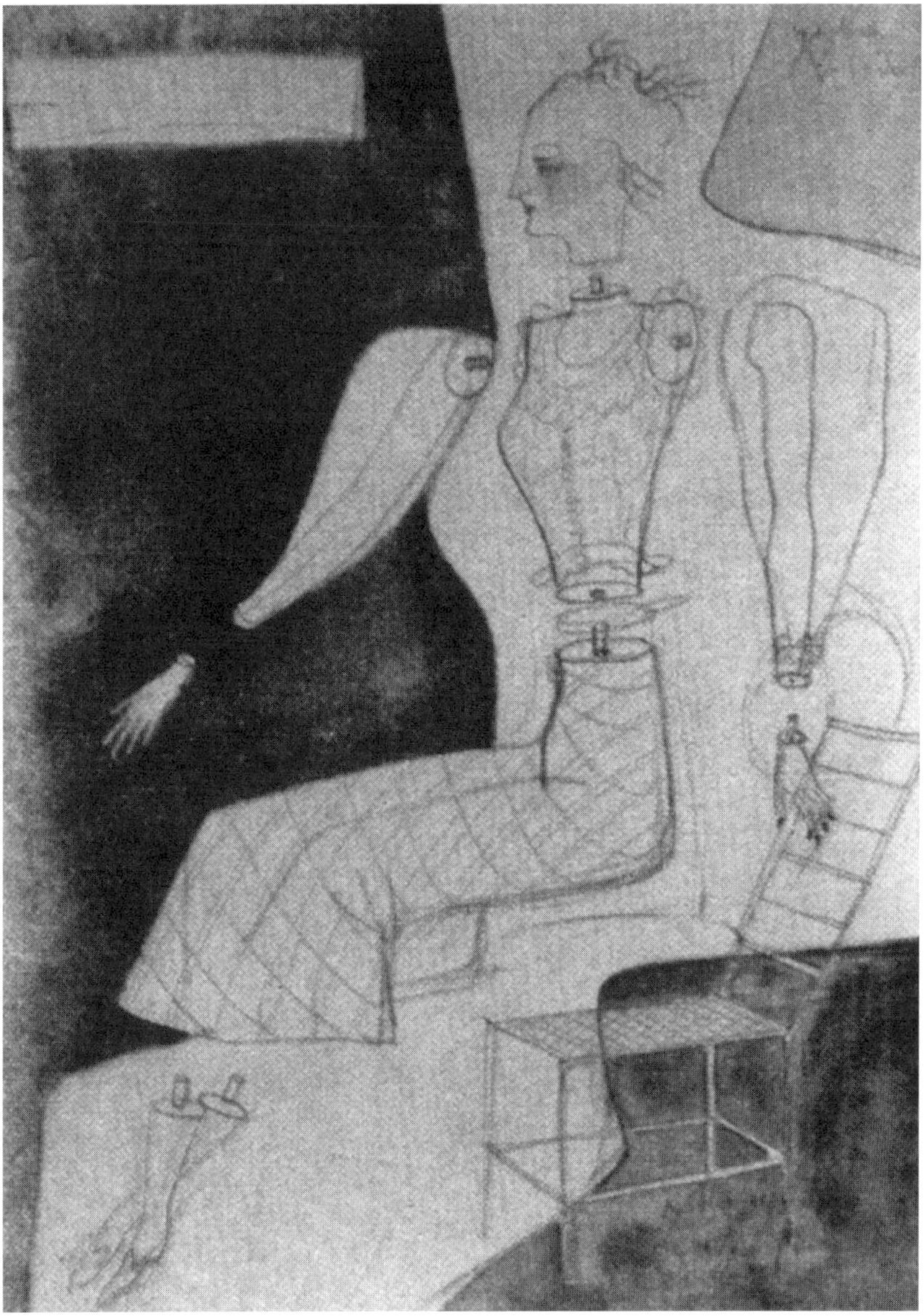

図23　ジオ・ポンティ。雑誌の表紙のために描かれたスケッチ「女性のマネキン」（1943年）

を表現したり、そうでない場合は二次元的で感情的には「切り離された」ヴィラ・プランチャートの道化師であったり、また、さらにはイーゴリ・F・ストラヴィンスキーの「プルチネルラ」(それは一九四〇年にテアトロ・デラ・トリエンナーレで上演されたのだが)のためにデザインされた「等分に分割された」服装であったりした。ミラノとトリノという二大ファッションセンターともいうべき地で仕事をしていたポンティとモリーノというふたりの建築家にとって、マネキンは「理想的」な人間の代役であったのかもしれない。ウィトルウィウスの「理想的」人間がそうであったように、マネキンは「近代建築」の具体化へのより適切なる支援だったのだろうか。マネキンの形は、文字どおり人間の身体と建物との間の危機感を示唆していたのだ。

マネキン 1
生命の宿る作品

芸術家は、人間の住むあらゆる環境においてすべての生あるもののための可能性を、いまだに把握しきれていない。ポンティとモリーノは、自分たちの作品のなかに、誰でもが望んでいる魅惑的な存在を見つけだそうと必死に努力してきたのだが、どうも道から逸れてしまったようだ。いきいきとした建築作品を創造してきたポンティとモリーノはアイデンティティの危機に瀕していた。生命のないものに恋焦がれてしまう「ピュグマリオン」と、自身を愛してやまない「ナルシス」との間を行ったり来たりし続けていたポンティは、建築への無条件の愛を告白した。それは彼の長い人生において、建築に恋人としての自分が拒否され続けたことを認めたうえでのことなのだ。[6] ナルシスといってもよいモリーノは、「どんな行動であってもそれは原作者の表現にほかならないといい、どんな作品でもそれを公の面前に持ち出した作者自身のイメージの表現なのだ」[7]といっている。「プロテアン」

（ひとりでふた役を務める）自身であるポンティとモリーノは、この神秘的なふた役をつねに演じ続けた。

ドムスの実現を目指しつつも、ポンティとモリーノは、「愛」のためにいきいきとした作品をつくることを忘れたことはなかった。その「愛」とは、自分を愛すること、他人を愛すること、芸術の制作過程と結果を愛することなど、すべてにおいて、必ずしも実現できないかもしれない「愛」のことであった。ポンティとモリーノにとって、「愛」とドムスの両方を可能にする建築作品とは、すべて異なるアイデアで部屋をいっぱいにしたような状態になるにちがいない。ポンティは次のように書いている。「芸術は部屋のなかに生命を吹き込み、視覚世界を占領し、血と呼吸に躍動感を与え、睡眠と夢の神秘を壊し、われわれの行きつく先や羞恥心や心配や恐怖心にも浸透していくはずだ」[8]。ポンティは自分の建築作品のなかで、「愛」が祝福されて完成されることを夢想していたが、きまじめな芸術家の作品では必ずしも愛が完成されないかもしれないので、「永遠にピュグマリオン」として存在することになるのをポンティは自覚していた。

実際にポンティは、ニューヨーク近代美術館（ＭｏＭＡ）で、突然目が覚めるような思いをした。それは彼がジャコモ・マンズーによる女性像の彫刻と遭遇したときであった。ポンティは、その時のＭｏＭＡにおける遭遇を次のように記している。

ピカソ展のために集められていた各種の彫刻が並ぶ部屋に私はいた。槍のように細くて金のように輝いているブランクーシの彫刻と、マンズーの不透明なブロンズの彫刻とが並んで立っていた。それは細長く引きのばされたような女性像でローブをまとっており、そのローブはなんともいえずみだらにはだけており、マンズー独特の細い顔をしていた。薄い唇と明らかに淡い髪の毛が青い顔を取り巻いていた。美人ではないが、心をかき乱すような美しい顔をして、ものを言わない彫刻の閉じられた唇から、今にも声が聞こえてきそうであった。目が見えるはずがないのだが、その目はまるで私を執拗に追い回しているようだった。[9]

マンズーの女性像を前にして経験したこの奇跡のような不思議な瞬間を、ポンティはさらに説明している。

私がその展示室を出ようとすると、マンズーの彫刻は「私を見た」のだ。そのときの私の心の乱れようは忘れることができない。人生には、現実、非現実に関係なく、たとえ想像上の人であっても、その神秘的な人に近づいたり離れたりして、人間特有の不可解な強烈さで迫ってくる秘密というものがある。それこそが自分を見失ってしまいそうな小宇宙なのだ。限界は存在しないのだ。[10]

ポンティは、この「不可解」を図に描いてドムスへの道のりを示した。それは「すまい」の啓示の日へ向けての彼個人の道標であり、自分の芸術的才能を駆使して描いたものであった。

想像上の彫刻であった「ピュグマリオン」がポンティに与えたものは、建築という概念においては奇妙とさえいえる彼の役割のために、最も必要として活力に満ちた詩的な判例であった。オウィディウスの『メタモルフォセス（変身物語）』に登場する、ピュグマリオンは、キプロス王としてつくられた彫刻でヴィーナスの彫刻と一緒に置かれ、王と王女として儀礼的な結婚をするよう定められていた。王を制作した彫刻家になり代わって、オウィディウスは「自然としての芸術」以上ではないとしても、少なくとも同等の作品をつくる才能のある芸術家としてピュグマリオンを次のように定義し直した。

ピュグマリオンには、現実の結婚によって生ずる愛情関係の経験が欠けていた。その代わりに、彼は今まで生まれた女性のなかで、最も完全な形をした最も美しい女性像を、完璧なる技術を駆使して、純白の象牙に彫ったのだ。[11]

ピュグマリオンはここで、「想像上の結婚」の難しさを知った。「完全な女性」がいないので、このキプロスの彫刻家は彼女を自分自身のために彫ったのだ。この彫刻家は、想像と欲望と石材とから、自然には存在しないが完全に自分の理想に合ったイメージを芸術作品に昇華させたのだ。同時に、ピュグマリオンは自分の自己愛的欲求を満たした。ルイス・サリヴァンの表現を借りるなら、自分の作品に自分の個性を反映させたのだ。[12]

この彫刻家は、オウィディウスが説明しているように、ピュグマリオンへのはじめの興奮が覚めはじめたころから、自分を満足させてくれるはずのこの彫刻のもつ力に畏怖の念を抱きだす。そしてピュグマリオンは自分の不完全な絵に関して不自然ともいえる欲望を募らせた。

彼の傑作は彼に愛の攻撃を始めた。今、現に生きているように見える顔は本当の少女の顔そのものだ。そ彼女は動きたいといったが、やさしく断られた。そのような絵が彼の絵のなかに隠れているのだ。憧れて望んでつくった身体。何度も触ってみたが、果たして本物の肉体か象牙なのか。

ピュグマリオンの「イメージ」としての概念は、時として「彫刻」であったり、「幻想」であったり、「幽霊」であったり、またある型として、幅広い連想を伴って現れる。芸術家と彼の作品との出会いを通して、ピュグマリオンは、あたかも人間のように生命に満ちあふれた状態と、化石のように死んだ状態との間を行き来する型として把握されている。多くの芸術家が、作家自身と作品との出会いを、すなわち、お互いに正反対だからこそお互いを必要とするという矛盾を作品を通して表現している。たとえば、マックス・エルンストの銅版画による、三人の彫刻家が、神秘的な屋根裏部屋で心の中のイメージをいきいきとした少女のような像として彫っている光景がある。

一世紀初頭にオウィディウスが制作したピュグマリオンの原形は、アウエルバッハが説明しているように、「形に変化をつけられる原形を制作するための最も豊かな源泉である」[13]と。オウィディウスのつくり出した型、すなわち肉と石の奇跡的な合体は、ピュグマリオンの発見によって説明されるように、躍動的な可能性を示唆していた。服を着せられている彼女は「装飾されている美しさであるが、それ以上に裸体の彼女は真実美しい」。芸術作品としての服を身につけている彫刻が裸像と同じくらいに美しく見えるのは、この彫刻家にとっては発見であるが、それはとりもなおさず、その彫刻家の芸術活動の不十分さを鮮明に表していることにもなる。ピュグマリオンの芸術作品は、抽象的で生命の通っていない彫刻以外の何物でもない。この世で芸術作品が、「完璧な女性」を欲するピュグマリオンの欲望を満たすことはありえない。本来、静的な芸術作品が人を魅惑し続けられるのは、芸術家の想像の世界においてのみである。たった一度でいいから「芸術家と芸術作品」とが抱擁し合えるだろうかという期待は、この想像の世界においてのみ可能である、とオウィディウスは書いている。[14]

ピュグマリオンが自分の肉体的な欲望を示す表現を模索している過程で、彼はこの世界で作品を制作するための才能以上の何かをつかんだようだ。それが彼の愛なのだ。同様に、まだ定まっていない芸術的概念も探し出せるはずだ。たとえば、マリオ・ペルニオーラ（Mario Perniola）も言っているように、「マニエリスム」の芸術や建築作品は、「神の域を超えたすばらしい表現をつくり出す領域に達し、ものの動きや移動などの表現も可能にした。ひと目で形而学上の表現とわかるものはもう存在しなくなった」。[15] 奇跡的ともいえる芸術家と建築家の活動は、作品を通して愛情を伴う創造に従事している、といえる。オウィディウスの逸話においては、このひと組の奇妙ともいえる芸術家と芸術作品にとって、恋愛劇はごく自然な出来事となった。すなわち、最愛の美しい石像を真の人間に転換してもらいたい、というピュグマリオンの要求に、果たしてヴィーナスがどうこたえるかである。このオウィディウスの逸話ではヴィーナスが、このあまり自然でないひと組に与えたものは、「芸術的」にではなく「ごく自然」に行動する方法であった。究極的には自然は芸術よりも強いということ、すなわち、この彫刻家と人間の花嫁とは性的交渉をもって、懐妊したのであった。

ジオ・ポンティにとって、建築家を取り巻く環境はいまだに「ピュグマリオンよ、永遠なれ」という状態が続いていたが、ポンティは、オウィディウスが示唆したのとは明らかに異なる、おとぎ話のような結末（訳者注……ハッピーエンドの結末）をいまだに夢見ていた。しかしモリーノはこの点に関してポンティとは違っていた。すなわち、モリーノの考えは、のちに編纂されたピュグマリオン物語、すなわち、ジャン・ド・マン（Jean de Meung）による中世を舞台にした『*Roman de la Rose*』（『薔薇物語』後編）によく描き出されている。この作品でのオウィディウスによるピュグマリオンの物語は、芸術家の闘争に的を絞って書かれている。ここでは芸術家と作品の衝撃的な出会いを長引かせることは、オウィディウスが表現しているような芸術家の自然に対する究極的な敗北よりも、もっと極端な表現になっている。ジャン・ド・マンのピュグマリオンに言わせれば「この愛の意味は最低で、〝自然〟の摂理からすれば、そんなことができるわけがない」[16]と。〝自然〟はすぐに、ジャン・ド・マンの「ロマンス」にあるように奇跡的な結合を可能（ポンティがいうところのオベリスクという意味においての）にし、ピュグマリオンは、バランスがくずれる瀬戸際のぎりぎりの平衡感覚を持続しなければならなかった。

> 彼には、女が生きているのか死んでいるのかさえわからなかった。彼は女をそっと自分の手の中に抱いた。彼は女がパテのように感じられた、女の肉体は彼の感触の届かない遠くにあった。でも、女を触れているのは確かに彼の手だけだった。
>
> だからピュグマリオンがどんなに悩み苦しんでも彼の戦いには真の平和はなかった。彼の精神状態は一か所にとどまることがなかった。今愛したかと思えば、次の瞬間には嫌ったり、笑ったり、泣いたり、また幸福を感じたりした。そして今も混乱し、心配に明け暮れ、心を落ち着かせようとしたりしている。

オウィディウスが描いたピュグマリオンのように、ジャン・ド・マンのピュグマリオンも最終的には、芸術作品が石から肉体に変わるのを目撃することになる。しかし、この劇的な変化を経験したのはオウィディウスではなくジャン・ド・マンのピュグマリオンのほうであっ化石化した状態でも、大変残念ではあるが生きている状態も、ジャン・ド・マンの描いた芸術家には安定感を与えることはできなかった。この芸術家は、あたかも自分が粘土でできているかのように感情のうねりを期待したのであったが。オウィディウスよりもジャン・ド・マンのほうが、この芸術家の不安定な心の状態を想定したうえで、彼のドラマをより正確に位置づけていた。ピュグマリオンの想像力の限界では、芸術家とその作品の不協和音は、無視されたくないと主張しているようであり、これに対してジャン・ド・マンはすばらしいやり方でこの芸術家に反応する機会を与えた。それは一時的ではあるが、不完全に「不安定な均衡」を保つというものであった。スタジオにおいても想像力の範疇においても必要なものはすべてもっているはずのジャン・ド・マンのピュグマリオンであった。言葉には表されない、外観上に彼が求めている「表現しえない」何かを、いまだに内在させていた。

みずからの狂気の思想の虜になって、惑わされたピュグマリオンよ、沈黙の偉大な力に誘惑され、全身全霊を尽くして彼女を飾り立てた。

ピュグマリオンは自分自身に対するのと同様に、彼女（彼の芸術作品）に対しても確信がもてず不満でもあった。自分に対する解決策もなく、ピュグマリオンは彼女に服を着せたり脱がせたりして、微妙だが安定性のある均衡状態におくことに夢中であった。

彼は、高い技術でつくられているいくつかの服をいろいろなやり方で彼女に着せてみたり……。それらの服の生地はアーミンや高級な毛皮で裏うちされていた。そして、高級服地のセンダルやメレキンシルク、藍や朱色、黄色。茶色のモアレ、斑点のついた生地、キャメロット……。また、あるときは、彼女の着ているものを全部脱がせて黄色や赤、緑、紫色のリボンをつけさせたり、シルクやゴールドの極上の切れ端に真珠を添えて着せたり……。

彫刻家が自分の作品を飾りたてようとして夢中でとった行動だったが、静的な表現を得るにはいたらなかった。得たのは動的な型だけであった。理想的で自然な型のなかにさえも、彼自身や彼の作品を満足させるものは見つからなかった。

ジャン・ド・マンの物語のように、芸術家とその作品との出会いについて描かれた中世期のスケッチでは、一連の風刺漫画の数コマがピュグマリオンと彼の芸術作品の間の求愛シーンに使われていた。まずはじめに、芸術家は彼女の美しさに打ち負かされ、それから彼は彼女に服を着せ、音楽を奏でて彼女を讃え、そして彼女をベッドへ連れていく。ほかの中世の物語では、芸術家と作品の間の求愛シーンは、一枚のスケッチの端から端までいっぱいに使って描かれている。ペルニオーラもいうように、「服を脱がせたり着せたり」する芸術的しぐさに熱中している様は、このスケッチによく描かれていて、それらは象徴的芸術における完全なるエロスの表現を可能にした。なぜかといえば、古い時代の聖書においても十分には表現しなかったことを、ダイナミックに表したからだ。このダイナミックな力は、服を脱がせたり着せたりしたことに影響した。[17] いずれにしても、ペルニオーラによれば、「服を脱がせるプロセスには限界がある。この限界を超えると、あらゆるエロスの緊張感は失われてしまう。真の革新とは……まず疑問を呈して、次に想像の余地を残しておくことだ」。[18] ペルニオーラによれば、芸術家が弄ぶゲームが危険で不安定なのは、可能性をいつまでも残しておくからだ。芸術が極めて大切なのだと考えるために、芸術家はよく知っているようで実はあまり知らなかったり、あまりわからないと思っていたことがよくわかっていることだったりする、そういうものに服を着せ続けなければならないのだ。[19] ペルニオーラの論点に従うなら、一枚のベールが未完成な作品の最後の切り札なのだ。服と肉体の間の極薄いすきまを維持するために、一枚のベールがこの未完成劇を完成させる最後の砦なのだ。[20] ピュグマリオンの奇妙な愛は、今にも目撃するかもしれない新事実のために、服と肉体とのすきまをつくってそのすきまを維持し続けることなのだ。

歴史的に見て、芸術家は世の中にある事象を観察し、それを表現してきたのだが、ピュグマリオンはそうではなく、現実の世界と彼の思想の世界との中間にあって、まだ表現しえないものを表現しようと努力してきた。自分の想像世界のビジョンを実現しようとしていたピュグマリオンは、間違って彼の作品のあらゆる局面について、「取り替えたり、変化させたり」してよいとしてしまった。このようにピュグマリオンは、作品の制作中に奇跡が起こることを期待する芸術家なのだった。

もちろん、ピュグマリオンの闘いは、古典や中世の詩人に限ったことではなく、似たような芸術家は後世においても頻繁に現れた。たとえばポンティとモリーノのふたりはそのよい例である。ヴィットリオ・デ・シーカの映画『ミラノの奇跡』(一九五一年)では孤児のトトは、広場に立っている少女の彫像を、憧れのまなざしをもって、いつまでもただじっと見つめている。それはおそらく奇跡が起きて少女に生命が宿り、皆の前から姿を消すまで続けられるだろう。アンドレ・ブルトンは彼の超現実的な嘆願書『狂気の愛』で、「女が現れるようにするには、扉を開けて、また閉めるという儀式を熱烈に遂行し、本のページの間に生身のナイフを無造作に落とし込んで、しかも珍しいやり方で品々を並べて……」と書いている。[21] 芸術家のこのような出会いがつくり出す緊張感は、未来派のウンベルト・ボッチョーニの彫刻が、以前彼自身が自慢げに言っていたように、果たして「ミイラ状態になった芸術の完全な刷新」を実際に行えたかどうかを、いく分心配ではあるが再評価する結果となった。

私は、自分が何か意義のあることをしているのだ、と思いたいのだ。なぜなら私は自分が何をしているかわからないからだ。私の創造している芸術作品に、命が吹き込まれることがあるだろうか。私はいったいどこへ行き着くのだろうか。私は自分の彫刻に苦戦をしいられている——私は彫刻をつくるために働いて働いて働いて、結果として何をつくっているのかわからないのだ。これは内部なのか外部なのか、ただの戦慄なのだろうか。それともジレンマなのか、単なる脳の働きなのか。また分析なのか、総合なのか。なんだってかまいやしない。わからない。形なのか、形の群れなのか……。[22]

ボッチョーニ自身のピュグマリオンと同じような苦悩は、芸術的で人間的な限界以上を期待する、ということに関係している。ボッチョーニは、ここで紹介している「ピュグマリオンたち」のように、奇跡的な和合の可能性を期待しながら、実は頭で考えた美しい「存在」と実際の作品との間に不可能に近いバランスを見いだそうとして、自分の芸術創作に専念していった。[23]

アドルフ・ロースは自身の著作『淑女のモード』のなかで、「ごく控えめに女性の性的魅力を表現するのは、決して簡単なことではなく、自然でも不自然でもなく、要するに複雑である」と述べている。[24] ロースにとって、不自然な愛というような人間の性に関する複雑さは、女性の愛を得ようとして目を引く流行のデザインと、終わることなく続く服を着せたり脱がせたりする男性の行動とによって、凝縮されていた。「それが不自然な愛である」とロースがいっている理由は、「女性が裸の男性に向かっていけるなら、それこそ自然なのだ」[25] と書いている。男性の目が、「本物」の裸の代用品としての女性の服装に引きつけられたり、また「ベールを上げる」という行為は単純な性的魅力の可能性を消してしまう、とロースは書いている。[26] ペルニオーラは、「ベールは肉眼で見ようとすることをじゃまするためにあるのではなく、むしろ実際に見えるような状況をつくり出すためにあるのだ」と書いている。たとえば、ベールを上げるということは、ベールの後ろに隠されているものが発覚する可能性を除外することである、という。[27]

自分の欲望を満たすために彫刻作品に服を着せたり脱がせたりして、「完全なる女性」を探し求めていたのがジャン・ド・マンのピュグマリオンだったが、モリーノも同じような方法で、不安定さに対する回答に行き着いたのだった。それは、カサ・ミラー（図24参照）や山岳地帯に建てたいくつかの避暑地の住宅などの豊かなインテリアに見られるように、傑出してはいるが少しふざけたところもあるという不思議な答えであった。モリーノは、彼自身をも含めて、来客や家具類などが最終的に落ち着けるような適切な環境は、おそらくつくりえないこ

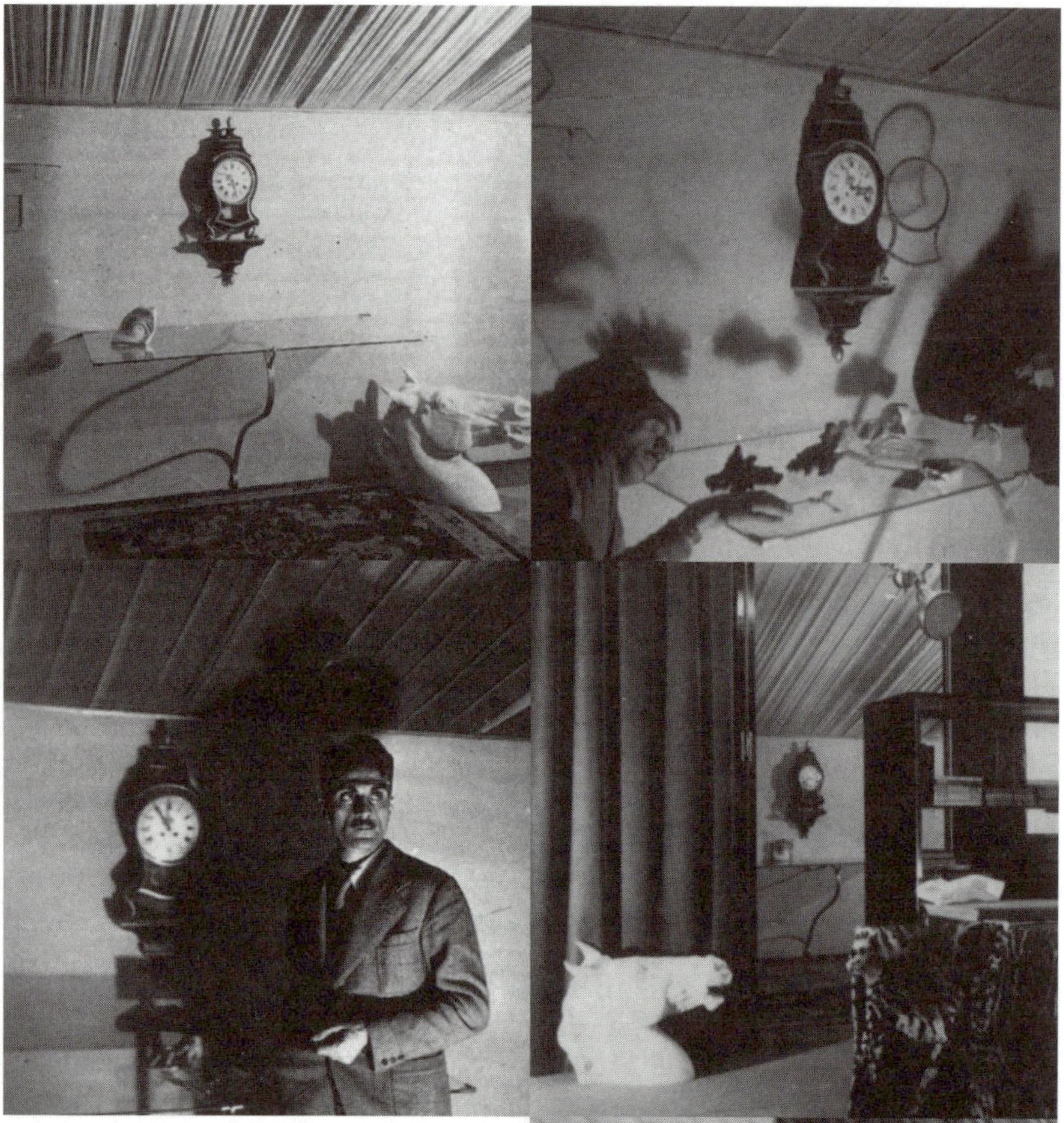

図24　カルロ・モリーノ。カサ・ミラーのインテリアでモリーノ自身が撮影したさまざまな写真（1933−1938年）

とを知りつつも、この少しふざけたようでいて真剣な環境を実現するべく制作を続けたのであった。この意味において、モリーノは、一三世紀における、愛の苛立《いらだ》ちに悩む患者を診察・指導したベルナルド・ゴルドーニの医学的なアドバイスに忠実に従った。

……彼はやるべきことをして気を紛らわしているべきだ……彼は遠くへ連れていかれて、いろいろな種類の違ったものを見るべきだ……それから多くの女を愛するように奨励されるべきだ、そうすればひとりの女だけを愛していたいと思ってもほかの女性に気を取られて、ひとりの女に集中できなくなるからだ。オウィディウスも言っているように、少なくともふたりの、もしできればふたり以上の女を愛せと。また習慣を変えたり、多くの友達に会ったり、花が咲き乱れている草原や森へいったり、芳しく美しいものを見たり、鳥の鳴くのを聞いたり、弦楽器の演奏を楽しんだり……[28]

すばらしいことに、ゴルドーニの予想は、二〇世紀半ばでのモリーノによる成果を期待していた。しかしもちろんのこと、ゴルドーニといえどもこのトリノの建築家が第二次世界大戦を通して、そしてその後の戦後の混乱期にいたるまで、カサ・ミラーにかかりっきりになってしまうとは予想だにできなかった。

　モリーノのカサ・ミラーができてから一年ほどたった一九三九年に、モリーノの考え方に強烈な影響を与えた美学に造詣の深い哲学者、ベネデット・クローチェは、モリーノの逆説的な状況をうまく説明して、次のようにいった。

　ロマン主義の、そして退廃的なこじつけの時代が終わろうとしている今日、流行している神秘的思考は、多くの問題に直面している著述家に、問題からの逃避の機会を与えている。しかし、それは以前にはあったと思われる力を見失ったように見えるのだが……。今の世の中では、たとえ困難ではあっても失われた神やパラダイスを取り戻そうとする、その気概に欠けている……。しかし一方で、今の世界は、奈落の底へと滑り落ちていくのを止めようとして必死にもがいているかのようだ。[29]

神やパラダイスを探し求めようとはしていないが、何か意味のあるものをつかみたいとするモリーノは、どんなにきつい条件でもよいから、意義のある、しかも変化に富んでいきいきとした形をした建築作品を、ピュグマリオンがしたのと同じように、探し続けたのだった。

何度も繰り返される人間の行動のなかに質の高い心の安らぎを感じ取ったセーレン・キルケゴールのように、また、退廃したインテリアのなかに狂気の落書きをしたマリネッティと未来派の友人たちのように、さらにまた、愛人の到来を予想して自分の持ち物を狂気のごとく移動させたアンドレ・ブルトンのように、モリーノ自身は、あたかもすべてが一時的な心の衝動に駆られて行動しているかのように、そしてすべて失敗するかもしれないにもかかわらず、発明やデザインや写真や飛行機などの多彩な活動に熱中していった。すべて失敗に帰したかもしれなかったし、「純粋な喜びは不純な生活や試みからは決して得られない」というクローチェの警告にもかかわらず、モリーノの行動は遂行されたのだ。[30]

モリーノは「〝美〟とは一定でもなければ不変でもなく、一か所にとどまることのない早送りの映像のようなものなのだ」[31]ということをクローチェから学んだ。[32]このことがゆえにクローチェが扱う詩人のなかでも、モリーノは特異な存在であった。

精力的な行動計画や高潔な愛情や極端な嫌悪の感情からあふれ出てくる魂を有する詩人は、いったん行動ということになると、非常に無能になってしまう。なぜなら、これらの計画や愛情や嫌悪は意思ではなく欲望だからだ。欲望は意思統合の過程ではなく、熟慮や夢の目的になるからだ。[33]

しかしながら、カサ・ミラーでも明らかなように、モリーノの詩にはふたつのことが同時進行している状態と、偶然との両方の条件を同時に満たす「相互理解のための道具」がある。ここで道具とは、夢や思想のように活力があり常に変化するものである一方、建築の作品を定義するに際して徹底して不親切な思想でもあるのだ。デ・サンクティスは、『サティリコン』の影響が強い、モリーノのカサ・ミラーを評し、「異常なまでの活力と精緻さ」を示し「ありとあらゆる方面からアイデア」を借り「すべての限界を超えて」できたもので、道徳的目的なしにではあるが、「優れて」「秩序だっている建物」であるといっている。[34]

カサ・ミラーは誰も住んでいない住居であり、思想と肉体が短時間とどまることはあっても決して長居をしない場所なのだ。おそらく、それはジョルジオ・デ・キリコの使っている言葉、〝loculus〟がよく言い表していると思う。その意味は、普通の生活のなかで特別な催しものとして、芸術家、その作品、鑑賞者、また来客たちが、皆の前で当たり前のように、反対意見を出し合って、繊細にではあるが不安定な調和のもとに、議論に熱中したりできる環境のことである。しかしポンティも言っているように、ポンティとモリーノは終わりのない危険なゲームに関係してしまったのだ。それは静的ではあるが、興奮を誘う建築をデザインすることであり、そこは個人的な芸術や、人生の哲学や想像の世界にいる人々が集まるところだった。

マネキン2
家具——人々

男女が誘惑し合って深い関係を結ぶのに理想的な場所であるカサ・ミラーで、モリーノは建築家、モデル、芸術作品などの区別をなくしてしまおうとしていた。モリーノは彼の独身者用アパート（カサ・ミラー）のために（同様にリサ・ポンティとジオ・ポンティのためにも）、女性の肉体の代わりにアラビア風の曲線をモチーフにしたテーブルをデザインして、彼の建築的「狂喜」と「沈思」とともに、それは部屋（スタジオ）の一部と化した。ここでのモリーノは、レオノール・フィニ作の女性胸像のス

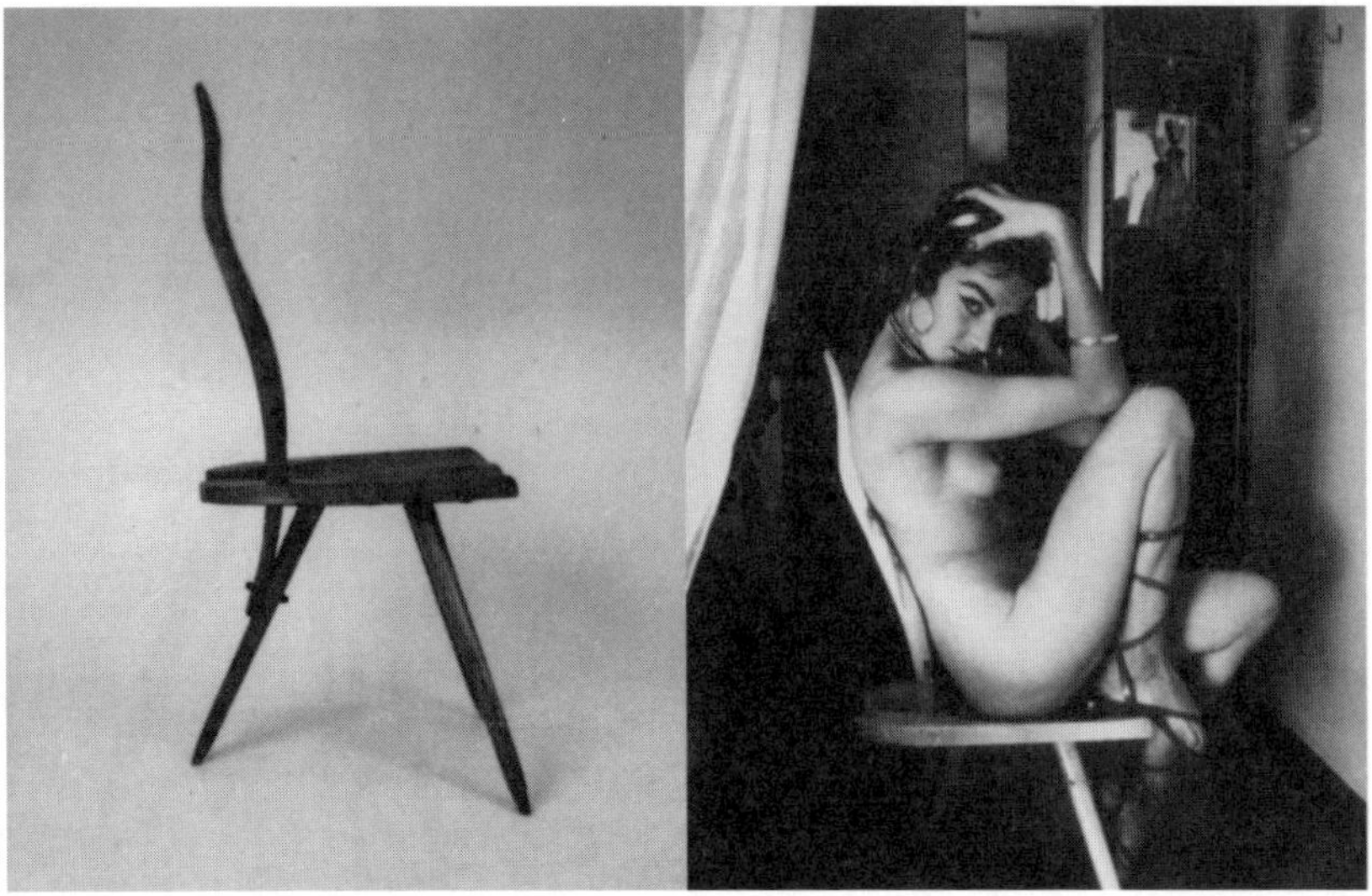

図25　カルロ・モリーノ。左はモリーノのアパートのために製作された椅子（1946年）。右はモリーノ撮影による同椅子に座るモデル（1946年）

ケッチを模してガラスのテーブルトップにした。モリーノの建築的動機は、ユイスマンスの『さかしま』を通して明らかだ。「残忍な環境に女性を閉じ込めたり、家具を魅力的なモデルの形になぞらえたり、モデルの情熱の曲線を模して、ちょうど木材や銅の複雑な線のようにモデルが痙攣を起こしている際のエロティックな曲線をまねて……」。[35]

一八世紀のフランシスコ修道会の修道士カルロ・ロドーリは、家具の人体に直接触れる部分が気持ちよくデザインされている、そういう家具が置かれている建築を説明するのに「オーガニックアーキテクチャー」という言葉を初めて使った。[36] 文学と建築を織り合わせながら、モリーノは彼の椅子とそれに寄り添う女性との間の引力関係を、写真を駆使して解き明かした。椅子には女性のモデルが座っている場合といない場合があるが、モリーノの写真はこの関係をよく表している（図25参照）。椅子とそこに座っている人との関係がよく示されている写真が発見された。それはこのトリノの建築家が一九四六年にチェルヴィニアでデザインした「太陽の家」にある小さな布張りのアームチェアで、女性と一緒に写っている写真と女性が写っていない写真で、椅子とモデルとの相互関係がよく描写されている。一九六二年には、トリノ工科大学で建築設計講座の主任をしていた際、凝り性のモリーノは、この椅子を「ヴァレンティノの城」と名づけられた場所で、彼の教授陣のために何脚も用意した。同じようなデザインの椅子は、そのほかのモリーノの作品とともに見ることができる。モリーノのこのように無我夢中になれる性質は、この少し悪ふざけしたような椅子をジオ・ポンティとリサ・ポンティに用意して座ってもらうことにさせた。椅子にモデルがいる、いないに関係なく、この椅子はモリーノの「適切さの限界」への挑戦を表していた。

『ドムス』に発表されたローザ・マリア・リナルディの記事は、モリーノのデザインにおける家具と人との関係を余すところなく説明している。

一般に家具とは、無言の人や、不動の錘《おもり》のように、また大切に保護されている人や病人の代弁者のように、決して事実をゆがめたりしゃべりすぎたりはしない……。人と家具との間に互換性があるということは、言い換えれば、相互の模倣であり競争でもある……。活気がないが動きのある、曲がりくねって魅惑的な動物のような、そういう怪物のようなものは、自分の存在、すなわち完全に消えてしまうことなどありえない自分の存在を強調しているのだ。（動くことのない身体に起こりうるかもしれない何か）よって現れたり隠れたり、また現れたりする感情的なものではなく、存在自身を主張している。[37]

モリーノの家具デザインは、人体との関係によってより興味深いものになっている。人体がどこにあったとしても、実際には存在しないで単に示唆されているだけでもその役目を果たしている。

ある意味では、人体から家具への「生命力」の移行が家具の使用者の心の安らぎを保証しているといえる。よくできている家具は人の寿命を超えて長持ちするし、人間の熱望を活力のない家具に移行して、家具に生を注入しようとする生命に限りのある芸術家が、「生命力」を注入して人間の熱望に変えるのと同じである。体によく合っている家具は、一般に気持ちよさを与えてくれるし、さらに自宅にいるような安らぎを味わわせてくれる。そしてついにはドムスを体験させてくれる。しかしその感覚は瞬間的に消えてしまう。要するに、家具は物体であって、それ自体は動けないが、人間の心や身体は自由に動けるので、次の瞬間にはどこかほかのところに行っているかもしれない。それは制約のない人と周りの環境とのかかわりのように、人は自分を支えている家具がつくり出す環境を超えてしまうのだ（それとは逆に、墓は真の建築であるとロースは定義しているが、墓は究極的には休息の場なのだ）。[38]

スーザン・ソンタグは、この相矛盾するふたつの状態を「沈黙の美学」という概念で説明した。その状態とは、動かないものを具現化したり、いきいきとした現実の経験であり、言葉によって規制されたりする状態のことである。ソンタグによれば、「これは二極間の対立においてのみ可能である。たとえば、人形が天使のつもりでいたり、まったく偶然に高い次元での可能性ではあっても同時にそれが非人間的な考えであったり、二か国語間に存在する不安であったりする場合などである。実はそれは人形でも天使でもなく、究極的には人間が言語の世界にとどまっているからである」。[39] 条件が整ったときに人と物とが出会うと、「非人間的な考えや高次元の可能性」に遭遇することがある。モリーノはあたかも神秘的なピュグマリオンのように、「形而上学」や「言語」や「一般的な規則」などで守られている「檻」（または「部屋」「ゾーン」「カテゴリー」「施設」）と呼んでいるもの、そして未知とは区別されている知性というものを揺さぶりたいと思って、この出会いを仕掛けたのだ。[40]

ポンティもまた「永遠なるピュグマリオン」を建築のなかに取り込んだ。一連の「スーパー・レッジェーラ」（英語名「スーパー・ライト」）と呼ばれている椅子のデザインだ。椅子の脚がどんなに細くても、細心の注意を払って、座り心地のよさを考慮してデザインしてある。モリーノの椅子が「理想的な誘惑」を意図してデザインされたのとは異なり、ポンティの「スーパー・レッジェーラ」シリーズの椅子は、空気のように軽く優雅な「天使」が座ることを想定してデザインされている。このことは、一九四九年の雑誌『ドムス』に掲載された椅子のスケッチによっても明らかだ。その「スーパー・レッジェーラ」のスケッチには天使が気持ちよさそうに座っている。ポンティは、数ある具体化した作品のなかでガラスとセラミックとでできた伝統的な形のびんをデザインした。それはポンティが理想とする上品な服装を身につけた人間の身体に似た形をしている。ポンティはヴェニーニのため一九四〇年の後半、当時ミラノで流行していたしゃれた服装をした女性の姿に似せた一連の「表情豊かなびん」を製作した。ポンティはまた、一九五〇年代に、イタリア・セラミック協同組合「セラミカ・ディモーラ」のために、単に服装を連想させたり、また伝統的な形をしたびんを幻想的な人間に変貌させる宝石を思わせるほど「表情豊かなびん」を完成した。[41] カーニバルのマスクで覆われたセラミックのびんは人の頭であり、シャツやスーツや宝石できらびやかに飾られたびんは胸像である。ポンティは変質的な恋愛などはせず、伝統的な普通のびんの形を定義して、「裸体」とした。それは、伝統的な形をしたびんそのものなのだ。さまざまな種類の服装をつけたびんは、ポンティにとっては生命を宿したびんなのだ。

ポンティはモリーノのように性的な表現を使ったりはしなかった。しかしふたりとも簡単にできる建築デザインには抵抗し続けた。そして、ふたりはそれぞれのやり方で、マネキンのように複雑な建築や住んでいる人がそこで起きている創造的な行為に心身ともに参加できるような、少し変わってはいるが活力のある幻覚的な美しさに刺激されはしたが、ふたりの時間を超越した追求の姿勢は、ファッションよりも芸術に焦点がおかれていた。ジャン・コクトーの言葉によれば、「ファッションは美しいものをつくり出すが時とともに醜くなるのに比べ、芸術ははじめは醜くとも時とともに美しくなる場合が多い」であった。[42]

マネキン3
機械仕掛けのオルガン

ウィトルウィウスの建築憲章には、オーガニック（organa）とメカニカル（machinea）は同格に扱われている。たとえば、次のように……。

……machineとmecahnicus（ギリシア語のmechosは方便とか治療を意味する）は装置を意味し、organonは古い言葉で仕事（作品）を意味する。ラテン語のorganicusはmechanicusとだいたい同じ意味で、間接的に道具でつくられたものを指す。[43]

歴史の初期より〝organic〟と〝mechanic〟とは、ともに身体の延長上の道具としてとらえられてきた。手ごろな使いやすい道具は、機械としての道具をつくり出す。古い「機械仕掛けのオルガン」では、機械の装置が人間の演奏家と連動し、「機械（mechanic）」でつくられた楽器と「オーガニック（organic）」な人間による演奏とによって、実演されるのである。[44]

建築設計において、「オーガニック（organic）」と「機械（mechanic）」が、ウィトルウィウスがいうように、より緊密に、相互に協力し合うなら、どうなるであろうか（現代的にいうなら、さしずめ、生物学者やバイオエンジニア、そしてコンピューターサイエンティストであろうか）。たとえば、ウィトルウィウス以来、建築家の心をとらえて放さない〝automata〟は、奇跡とか物珍しさからではなく、二一世紀における〝organic〟と〝mechanical〟から連想しうる、あらゆるものを指している。[45] 実際に、未来派の詩人フィリッポ・トンマーゾ・マリネッティは「今、もし人間をモーターから引き離して区別しなければならない緊急事態が訪れたとして、そのときに起こりうる〝organic〟と〝mechanic〟の間にある緊張感から人間が解放されたなら、ごく当たり前の科学的な方法でもって、ものの真実に迫っていけるのだが」といっている。[46]

いろいろな服飾デザインのために描かれたジオ・ポンティのスケッチには、マネキンと人を混同したようなイメージで描かれていて、そこでは自然が芸術をまねしている（図23を参照）かのようだ。この逆の現象を再び逆にすると、すなわち〝mechanic〟から〝organic〟に向けてアプローチすると、ポンティの夢である、建築は結晶である、となる。一方モリーノも〝mechanic〟から〝organic〟をできる限り切り離してはいるが、ポンティと異なる点は、モリーノ自身の工学的知識を相当に駆使していることであろう。モリーノがエネルギーを傾注してデザインしたものには、身近なところで、一九四四年にグリエルモ・ミノラ夫妻のためにデザインしたフロアランプがある。この照明器具の一九四七年版は自身の特許を用いて新しくしたもので、カドマ社（firm Cadma）製である。フロアランプのアーム部分の位置を少し変えて流れるような感じを出した。使い勝手の悪い部分やジョイントを自分の特許である磨き上げられた真鍮製のユニバーサルジョイントと取り替え、電気仕掛けのヒンジ（蝶番）に連動させた。さらに全体の動きを流れるようにするため床に電動式の細工をし、ランプのベース部分をゴムの車のついた大理石に取り替えた。同じようなアイデアは、一九四九年に展示・出品されたラジオつき蓄音機にも使われていて、すこぶる動きのあるものとなった。モリーノは、こうしたいきいきとした家具調度類への「mechanical」（機械工学的）な能力を、「organic」（生物学的）な表現達成に向けて、遺憾なく発揮した。[47]

おそらくモリーノのこういった種類の作品に対するインスピレーションは前にも述べたとおり、雑誌『ミノトール（*Minotaure*）』（シュルリアリスムの雑誌）から得たものであろう。なかでもサルバドール・ダリ作の「三つのチェッカー（*Trois Secheresses*）」と題する絵で、アンビバレントで人間のような三対が描かれている。三対とも同じポーズをとっているが、それぞれ肉、骨、筋肉、金属、木などの異なる組み合せにより構成されている。『ミノトール』に載っているもうひとつのピーター・ベンジャミンによる「パラダイスの幻影に向けて（*Au pardis des fantomres*）」と題する記事には各種の写真によるイラストが添えてあり、マネキンと人とが連続的に描かれていて、その間のすなわち〝organic〟といる。

〝mechanic〟の互換性が可能であることをと示唆している。

モリーノは、一九六五年にトリノに完成したレジオ劇場（Teatro Regio）の設計では、カルロ・グラフィの協力を得て、〝organic〟と〝mechanic〟の関係を実際に大きなスケールで応用した。トリノを代表する現代的で複雑な機能の劇場を設計するにあたり、モリーノは〝mechanical〟なデザイン（ステージデザインのフレキシビリティ）と、〝organic〟なデザイン（女性の身体をイメージして）とを関係づけるだけの余裕を残していた。当然であったと思うが、モリーノは劇場にこれらの要素を取り込むだけの準備は十分できていた。すなわち、彼の機械を発明する才能と、女性の身体についての執拗な執着心とである。後者については、彼の好きな品々で満載のパリとハリウッドのカタログの収集で部分的には満足していた。カタログにある女性の身体の膨大なコレクションから、モリーノは、優美なファッションデザインのイラストを鉛筆でなぞって、それを遠視図にのせて施主へのプレゼンテーションの一部とした。モリーノは集めた女性の胴の部分から理想的な形を描き出して、遂にはトリノのレジオ劇場の平面図にまで応用、発展させた（図26参照）。このトリノの大人は冗談のようにこうしていたのだろうか。モリーノは、女性の胴の形をしたフロアのふたつの乳首の部分にそれぞれバーつきの売店を配置した（観衆に食べ物を供給していると解釈すればよいのだろうか）。同時にほかのフロアの同じ場所には階段が囲むようにして中庭が配置されている（より多くの「刺激」を用意するためか）。劇場への入り口はといえば、股の部分に位置している。

レジオ劇場の設計において、モリーノは一九四〇年代に建てられた劇場をできるだけ利用するようにとの施主の要求があった。この劇場は、トリノで一番大きな広場であるピアツァ・カステッロに面しており、歴史的に重要な広場や街路があるこの市の中心部は、ニーチェやデ・キリコが回顧録に書いているように、同種類のアーケードで囲まれている。

モリーノはトリノに昔からあった要素をふたつ選んで彼の設計の発端とした。それは、トリノの神秘の「牡

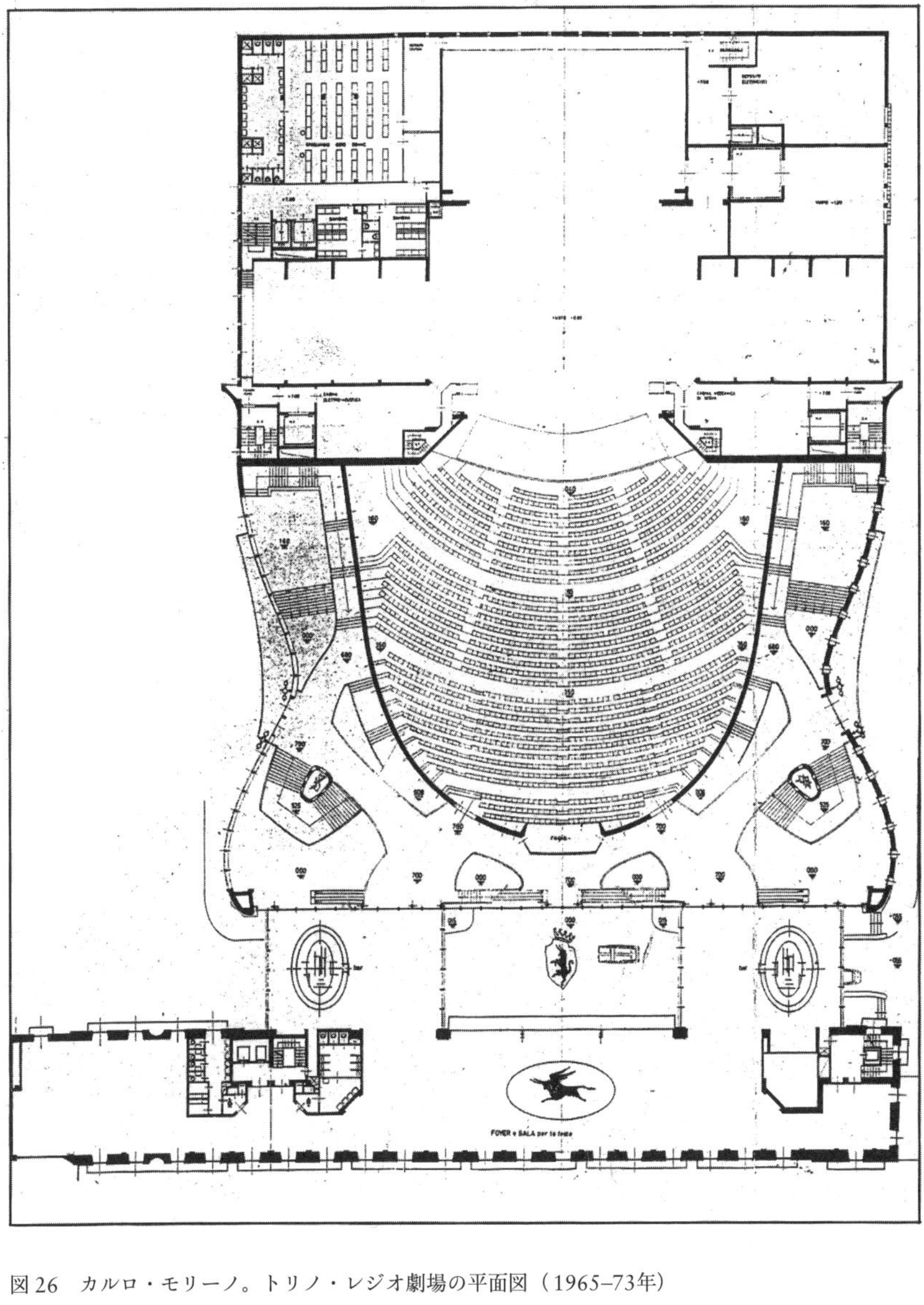

図26　カルロ・モリーノ。トリノ・レジオ劇場の平面図（1965–73年）

図 27　カルロ・モリーノ。ピアッツァ・カステロのアーケードより見たトリノ・レジオ劇場

図28　カルロ・モリーノ。トリノの神秘的な「牛」のレリーフが施してあるトリノ・レジオ劇場のレンガ壁面詳細

牛」と呼ばれているものと、神秘の「岩山」とである。トリノの市の名前（訳者注……トリノとは小さなＴＯＲＯ（牛）のこと）にちなんだ神秘の牡牛は、長時間の闘いのあとに相手を倒すのをやめて死んでいった（この牡牛が旧劇場の床に描かれている。まるで人類の初期に描かれたルクソールの壁画のように）。もう一つの神秘の「岩山」は、市の地形や文化と直接関係している。この牡牛と岩山がどのようにして建築的な活力に昇華したかは、モリーノの創造力にまかせることにしよう。

　この劇場は地下四階が劇場のサービス階にあてられている。街路からは、劇場が地下の埋まっている部分と同じくらい地上に現れているように見える。平面図が女性の胴体を模した形をしているので、レンガの外壁は、波を打っている（図27参照）。この外壁には、既存の劇場の床と同じように、トリノの不屈の精神を表すかのように神秘の牡牛が彫りこまれている。牡牛の角を抽象化してデザインしたコートハンガー（図29参照）のようなディテールにいたるまで、モリーノの凝り性をうかがうことができる。この劇場にはふたつの入り口がある。広場を包み込むように配置されているアーケードから入るメインエントランスと、演奏者や劇場関係者が使う側壁に配置されている入り口とである。モリーノは劇場の裏の立面をメタルのパネルで覆い、ほかの立面と際立たせた。屋根はといえば、トリノの岩山を模してデザインされている（図30参照）。この波打つような屋根のテラスの上に立つと、周囲の景色がよく見え、とくに重要なランドマークのような建物がおおかた見渡せる。

図29　カルロ・モリーノ。トリノにある1949年の作品。カサ・オレンゴのために「牡牛」をモチーフとして作ったコートハンガー。モリーノ自身による撮影（フルヴィオ・フェラーリ著『カルロ・モリーノ作品集』110ページより）

　トリノの歴史的旧市街地に新しく建つ建物がほとんど

そうであるように、この劇場もまた、広場に途切れることなくめぐらされているバロック様式のアーケードの後ろに位置するように配置された。正面入り口から劇場に入るには、二〇〇六年の冬季オリンピック開催に際して、くまなくテレビ中継された大きな広場から入るか、この広場をめぐる、途切れることのないアーケードから入るかのどちらかである。アーケードから入る場合にまず目につく、レジオ劇場のガラス張りの正面入り口はアーケードからは少しセットバックしていて、その間はアーケードと隣接している部分的に上空の見える石畳のコートヤードがある。入り口を通ってロビーまでいくと、床は赤いベルベットで覆われていて、すばらしい室内装飾が施してあり、見上げると、モリーノの曲芸飛行をなぞるかのようにいくつもの階段があたかも飛んでいるように視野に入ってくる。ロビーから直接か、または階段の踊り場から劇場空間に入ると、床は同じように赤のベルベットで覆われていて、上からはクリスタルガラスの照明が、あたかも洞窟のなかのそれぞれ長さの違う鍾乳石のように天井から下がっている(図31参照)。モリーノは、劇場のインテリアをデザインしているときに、一九一九年にベルリンに建ったハンス・ペルツィヒの鍾乳洞のようなベルリン大劇場のことを考えていたにちがいない。それと同時に、親友のジオ・ポンティが「建築は結晶のように美しく、鍾乳石で満ちた洞窟のようだ」といっているのも聞いたにちがいない。

モリーノはこの劇場建築とほかの事象との間にいくつもの関係をつくり出していた。女性の胴体を模した平面計画、鍾乳洞の結晶でもって完成する洞窟としての断面図、さらに屋根で表現したトリノの岩山の中の空間などである。それらをまとめてみると、

・モリーノはレジオ劇場を理想的な人体、とくに女性の身体と関連づけた。いつもそうであるように、モリーノはひと工夫もふた工夫もして考え、ふたつの乳首にあたる場所に人間に活力を与える食べ物を出すカウンターを配置したり、胴体と建築とはともに空洞があり、そこを入り口として入ったり、または柔らかくて表面の赤い部分が入ることを拒否したり

図 30　カルロ・モリーノ。トリノ・レジオ劇場の、アルプス山脈の岩山を石山として抽象化した屋根を望む

している。

・モリーノはレジオ劇場を、人類史上最古の住居跡であるラスコーの洞窟と関連づけた。洞窟と劇場はともに牡牛が描かれている壁があることで共通するし、洞窟の内部がしばしば鍾乳石が天井から下がっているように、劇場の照明も同様に配置された。

・モリーノはレジオ劇場をトリノから見えるアルプス山脈の岩山と関連づけた。市街地のはるか彼方の山々が見渡せる屋上テラスを覆っている石材が劇場の峰を構成している。

モリーノが劇場と関連づけている女性の身体や洞窟は、偶発的なものではなく、しっかりと考え抜かれたものだ。劇場と女性の身体と洞窟はすべて「魔法のような不思議さ」が存在する場所であった。劇場は演奏や演劇の誕生の場を提供し（人間の表現のための場）、女性の胴体は子孫の誕生を可能にする場であり（人間が表現するための可能性

図 31　カルロ・モリーノ。鍾乳洞のような照明を備えたトリノ・レジオ劇場のインテリア

図32　カルロ・モリーノ。トリノ・レジオ劇場、ロビー中央の階段（展覧会カタログ『カルロ・モリーノ：1905–1973』の286ページより）

同右

をつくる場所)、洞窟は結晶の誕生の場であるだけではなしに芸術と建築の場をも提供する(人間が表現するためのより多くの機会を提供する)。究極的にモリーノが望んだことは、劇場の内部の空間を活力あるものとし、人間の精神を宿すことであった。要するに、モリーノは自分の作品を洞窟と岩山としてデザインし、建築としての限界を超えて理想的な人体により近いものにした。モリーノが新しい公共性の強い建築を女性の身体になぞらえたり、「適切」であることへの挑戦として受け取られたりして、少しひねくれているようにもうかがえる。しかし、それがゆえにモリーノのデザインが、単なるジョークのような建築としてとらえられてはならない。モリーノの劇場は、ほかの作品と同じように真剣にかつ注意深く、全精力を込めて設計されたのである。

レジオ劇場でモリーノは、すばらしい仕事を成し遂げた。そのなかにレンガの壁面に施した精度の非常に高いいくつものレリーフがある。すなわち、トリノの名前にちなんだ怒れる牡牛のように、トリノの「牡牛」みたいに迷信深いこの建築家は、ドムスへ向けての不可能ともいえる試みに挑戦し続けた。この劇場建築は、モリーノの晩年、仕事探しをやめる直前に引き受けた作品であった。

マネキン 4
女性の表現

愛には、正しいとか間違っているとかいうことがない。すべては状況次第である。
——プラトン『シンポジューム』[48](論文集)

カルロ・モリーノの長年の親友、アダ・ミノラ(Ada Minola)は、彼のロリータコンプレックス(少女への特別な感情)について語っている。[49] 本書の次の章では、モリーノが固執したデザインプロセスについて、もう一歩踏み込んで述べてみたい。モリーノが脂の乗り切っていた時期に出版されたウラジミール・ナボコフ著の『ロリータ』に言及するが、誤解は極力避けたい。悪名高い中年の男性と少女との関係を描いた『ロリータ』はのちにハリウッドで薄っぺらな内容の映画となり、ナボコフの描いたこの複雑な人間は、残念なことにポルノグラフィの主人公として理解されるようになってしまった。

モリーノの「モデル」と「作品」との関係についてさらに詳しく述べる前に、まず彼のドムスへの憧れと女性の表現についての一般論的な見解を述べるのが適当かと思われる。モリーノの写真は、残念なことにすでにナボコフのロリータのように、「ポルノグラフィ」として受け取られていた。彼の規模の大きな意欲的なプロジェクトにとって、女性の裸像が受け持つ大きな役目についての質問なら歓迎されるべきだが、モリーノの女性の裸体描写についての興味本位な質問だけが目立った。[50] このような質問が、とくに歴史的に美術や文学で女性がどのように扱われてきたかをほとんど知らない建築家や学生から発せられたのが残念であった。一方、モリーノは芸術全般にわたって深い教養があり、美術史の学位も取得し、貪欲な読書欲もあり、さらに意欲的に芸術や文化のリーダーたちとの交際も広く行っていた。社会的な常識を逸脱した女性への興味がモリーノにあったことは確かであるが、これは、この非常に挑発的な「詩人」の作品に対する幾多の意見よりも複雑であり、究極的にはこのような議論はほとんど何も生み出さなかったと判断せざるをえない。

こういう種類の誤解が存在することは、残念ながら事実である。たとえば、ブルーノ・ゼーヴィによるこのトリノの建築家について書いた「消え去るカルロ・モリーノ、反学究派の一九三〇年より現在まで」と題する追悼記事にも明らかな誤解が読み取れる。ゼーヴィは、モリーノの「誤った有機体論」をついに好きになれなかったので、モリーノを否定的に書くに十分な動機があった。

……六八歳になっても（最後の年）モリーノは救いがたい「子ども」であり、いつも不機嫌でコミュニケーションのとりにくい人物だった。彼は父親と一緒に長年使っていたパンパラート通りのスタジオを引き払ったので、これからはもう乱暴なデザインや不敬な写真で、高潔なアカデミーの聖域を二度と汚すことはないだろう。[51]

必ずしもモリーノの活動を全部認める人はいないかもしれないが、公平な立場からこの複雑で有能な人柄についていうなら、「乱暴」や「不敬」などという言葉でモリーノを表現することは不適当あり、明らかにそれ以上であったことには疑問の余地はなかった。

広く人間の価値全般について言及しているジオ・ポンティの言葉が、この複雑な人間、カルロ・モリーノをいちばんよく言い当てている。「人ははかれるものではなく、理解されるべきものである」と。ゆえに、モリーノを理解するには、「建築」が人間の表現のひとつであるのと同様に、エロティシズムも人間の表現のひとつである、と彼が考えていたことを知らなければならない。「建築」と「エロティシズム」とが人間の二面性でありうるなら、それこそがモリーノの理想とするところである、ということを理解することが、モリーノの本当の姿を理解するための第一条件である。モリーノ自身の表現を借りれば、「クーデターは本物をつくるためにある」[52]となる。フルビオ・イラーチェも書いているように、モリーノは、それが本物であるがゆえに（彼はそれを自分の人生に適応しようとしていた）自分の仕事を愛することができたし、女性も愛したし、人生の中のいろいろな誘惑をも愛しえたのだ。[53]

モリーノという人間は、ブレトンとバタイユから、逆戻りしてボードレールやフローベールやそのほかのデカダン派の芸術家から、さらにサドも含めて、そして元に戻ってサティリコンや歴史上のエロスを謳い上げた詩人など、こういう人々から受け継がれた長い文学の伝統のなかでの、建築的代表者なのである、といえるかもしれない。好色的な内容の文学作品に関して、間違った批評がこれらの作者たちに向けられたが、それらの作品は実は性に関する問題に十分な配慮がなされて書かれているし、人間の複雑な性という問題に対して作者たちはしっかりとした信念をもって取り組んでいたのである。

たとえば、「鏡の芸術」において、ボードレールはポルノグラフィやわいせつな芸術を見るときに経験する

「憂鬱さ」や「怒り」は歓迎されえないものであると書いている。さらにボードレールはポルノグラフィの「問題」は、それが最悪の模倣であったり、劣悪な誹謗であったりすることに大きく起因しているし、不誠実さと不純さにも原因している、と書いている。[54] このデカダン派の詩人はポルノグラフィの定義が、芸術を制作する方法（とくに技術的なこと）やまさに制作するときの態度や意図によって決まるとしている。ボードレールのポルノグラフィに関する判断で、ポンティとモリーノ両者の作品に現れる女性に関しては、芸術の技術的な面と意図的な面との両方の定義を改めて考察しなければならない。

ポルノグラフィに関する技術的な面は、モリーノには通用しそうもない。モリーノは知ってのとおり幻想というものをしっかりとしかも厳密に説明しえているからである。彼の作品は最悪の模倣でもなければ、ましてや劣悪な誹謗でもない。不誠実さや不純さなどともほど遠いといえる。モリーノのレジオ劇場はこのいちばんよい作品例である。この劇場は彼が女性の表現を使ってデザインしたもののなかで、最もひねったもののひとつであるが、それでさえも理想化された女性の胴体はすばらしい意図に沿ってデザインされているだけではなく、劇場に必要な技術的要求も十分に満たしていた。モリーノの技術的に正確なそのほかの作品例としては、彼による写真の構図の研究がある。彼は細心の注意を払ってカメラのレンズに意図どおりに映るように、女性客の周囲の雰囲気づくりのために、家具との出会いの場面を演出している。たとえば、この章ですでに紹介した写真（図22参照）で、このおとなしそうな女性客の顔を、構図の中と鏡の前とで（鏡はほかの刺激的な写真にも使われているが）ごらんいただけると思う。この写真では、モデルの顔とモリーノ自身の顔との間にある、石膏でできたふたつの手が握手している構図で、モリーノが注意深くして、彼と他人の顔とが芸術的雰囲気を共有して奇跡の結合を可能にしている。

モリーノは写真作品に細心の注意を払い、写真のネガを厳密に検査して新たな「視点」を発見し、その写真の縁を注意深く切り取った（図33参照、細部についてはのちに譲る）。モリーノの写真作品の収集家で、カタログ製作

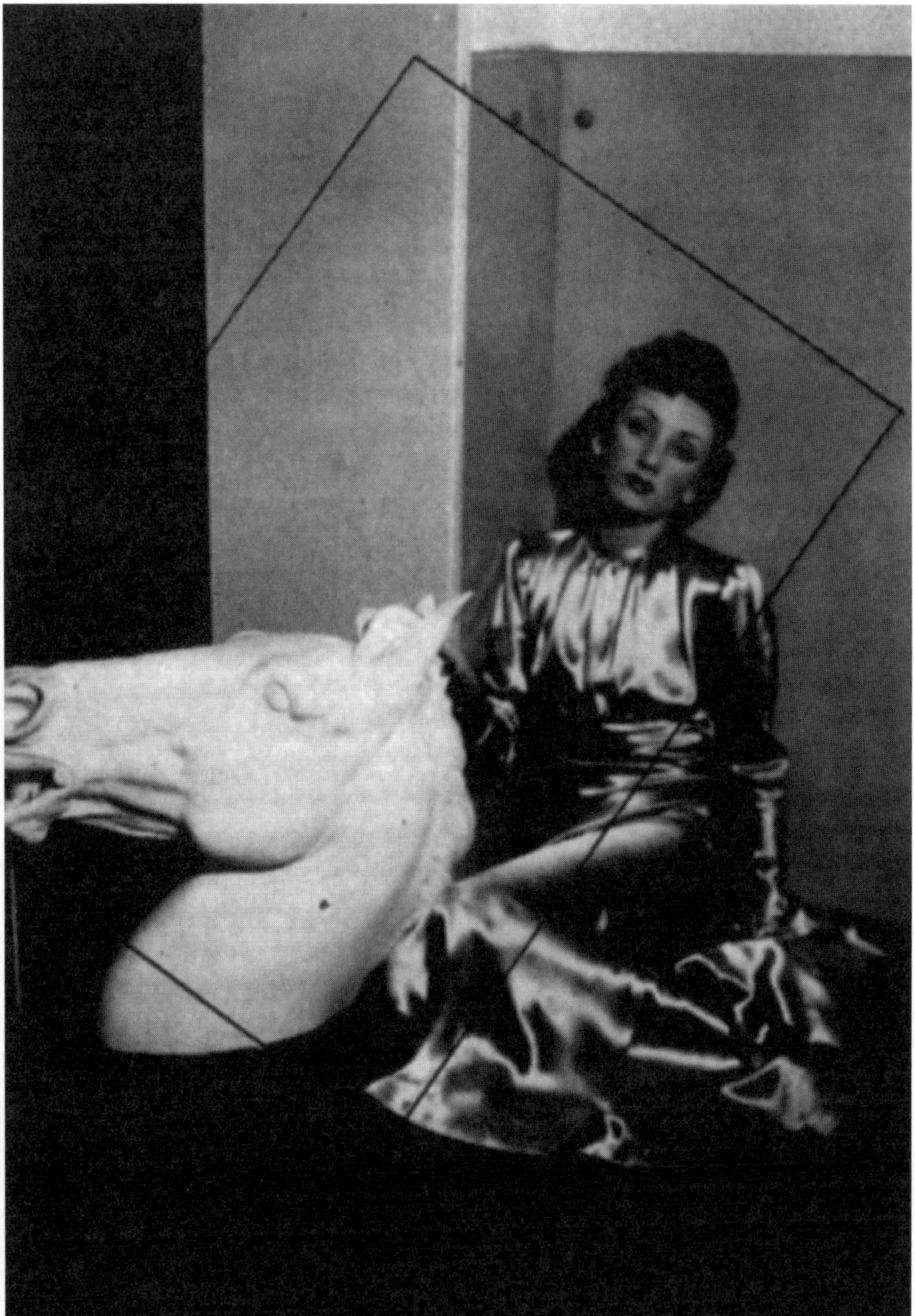

図33　カルロ・モリーノ。カサ・ミラーのインテリアを舞台としてモリーノ自身が撮影したポートレート

者のフルヴィオ・フェラーリがモリーノの写真技術について、より正確には写真技術の目的について語っている。

ビルカレッツリがしたように、モリーノは黒と灰色からなる色調の完全な写真を完成するために最大限の注意を払った。写真では手前に写っている人たちは常に焦点が正確に合い、後ろにいる人たちは少しぼやけるようにしてある。その構図はすっきりとしていて物静かで、プリントにはすべて正式な彼自身の署名がされている。決して技術的な完成度だけが写真の目的ではない。どのような方法を使おうと、写真に彼の詩が視覚的に表現されてさえいれば、すべては正当化されるのだ。[55]

モリーノは建築家としても機械の発明家としてもそうであったように、本当に隅々まで気配りのよく行き届いた丁寧な写真家であった。要するにモリーノは「ポルノグラフィック」ではなく「エロティック」な内容を心がけて、一歩一歩修練を重ねた写真芸術家であったといえる。これに関してはボードレールもそういっていたし、最近ではロラン・バルトも「エロティック」と「ポルノグラフィック」を比較して次にようにいっている。

人にショックを与え、傷のように振る舞ってきたのが「ポルノグラフィック」であった。ポルノグラフィックほど均質なものはない。それはつねにばかばかしいほど単純であり内容や目的もなく、計算された意図もない。ちょうどショーウィンドーに飾られて照明に照らされ、そこに置かれたことが宝石の唯一つの目的であるように、ポルノグラフィックも唯一つの目的「セックス」のためにあり、第二の目的もなく、流行遅れにもならず、惑わされることもない、単純明快なものである。[56]

ボードレールもバーセスもともに、ポルノグラフィの作品を粗野で極めて単純であると決めつけていた。それに比べて、写真におけるモリーノは、被写体に関係するすべての材料を注意深く効果的に配置して、その内容がたとえどんなに誘惑的であろうと感情的であろうと、詩的な内容を盛り込んでいた。

ボードレールもバルトもともに、ポルノグラフィが技術的に幼稚であるだけでなしに、その内容には意図も目的もなく、単に安っぽいものであるとの結論を下している。この複雑な問題については、一九二二年にマン・レイが写したメアリー・カサットのポートレートについて、マン・レイ自身が述べている。マン・レイは、ポートレートを芸術的な意図で制作するに際して、この女性の「パートナー」としてふたりきりで仕事ができる幸運に恵まれたことを、確かに認めていた。「はじめはマン・レイ自身が〃失敗作〃の写真であると判断して捨てようとしたものを、芸術家（写真家）ではないモデルがこの写真に価値を見いだしていた」[57]。マン・レイのようにモリーノの女性の表現は、アルベルティやラファエルがしたように「理想的な創作」をするために多くの女性から最も美しい要素を吸収して制作するのではなく、むしろ、レオナルド・ダ・ヴィンチの考え方で、「もともとよしとされて適切な美しさを有し、いきいきとした姿を描写した作品を制作する」とするものである。出筆活動を通してモリーノは、以上の考えを〃figure〃という言葉に込めて書いた。

ロザリンド・クラウスはマン・レイとジョルジュ・バタイユについて書いている。そのなかで、シュルリアリストの写真作品は「次の瞬間を予測」するために「女性は絶え間なく変化している」ようだといっている。それは、すなわち「女性と写真とは相互に必要条件の関係にあり、対極の気持ちを常に持っていて、薄ぼんやりとしていてほかとの区別がつきにくく、建設的で批判的精神があり、権威に欠き……」ということだ[58]。そして、クラウスは「シュルリアリスムのことをあたかも反フェミニストであるかのようにいうが、これは間違っている」と結論づけている[59]。私は、クラウスの論点をもう一歩進めて、自らをシュルリアリストと呼んでいるモリーノは、「女性」をつくり上げようとしていただけではなしに、「女性」を介して「建築」と「建築家」（モリーノ自身）をもつくり上げようとしていた、と。

確かに、モリーノは写真を使って、彼自身と女性と建築作品との関係が「必要条件でありながら、対極に位置し、薄ぼんやりとしてほかとの区別がつきにくいほど近い関係で、権威に欠き……」という構図をつくり上げている。このようにしてモリーノは重要な関係、すなわち建築家とモデルと建築の三重構造の関係を築き、それぞれ三者とも将来への可能性を模索して、破壊の危険性と再生への可能性を同時に感じていた。ウェンディー・シュタイナーは『不敬の喜び』のなかで、次のような「対話」の可能性と正しさとを述べている。

> 芸術を、一方向だけの力関係と規定するなら、それは女性にとっても芸術にとってもよいとはいえない。生まれたときからの被害者や必然的な被害者などいないし、被害者であり続けることなどありえない。たとえどんなにミニマルアートに心酔した芸術家であっても、技術の熟達と表現の内容との両面に関係していない芸術などありえない。偉大な芸術がわれわれを圧倒するときに出す不思議な力は、女性に無関係である必要もなく政治を除外視する必要などまったくない。[60]

美文や特殊な述語に惑わされている現代の芸術批評は、芸術家とモデルとの関係について十分に発言しているが（シュタイナーがここで示唆しているように）、しかしここで忘れられがちなのは、この二者を芸術制作のために必要な協力者として、とくにふたりの人間としての関係を認識して考慮する、という点で不足している。

何にもまして、モリーノの芸術作品が目指しているものは、特殊な環境でこのふたりがどのように遭遇しているかを表現することであった。マン・レイにとってそうであったように。モリーノにとっても、女性は作品化されるべき対象ではなく、人間として発見されるべき対象なのであった。ふたりは、人間の「発見」を追求し続けるためにモデルたちに標準をあてて、視点を少しずつ移動させ、遠近法を連続的に変化させて、同じ女性の写真を何枚となく撮影した。この方法は、逆説的に見て、自分自身はもとより彼女たちをも所有することを禁じる結果になった。これはふたりの芸術家の努力とは無関係なのである。[61] しかし残念ながら、モリーノとマン・レイのカメラは、時間を拘束したり、人間のための美ではなく、理想的な〝figure〟としての幻覚のための美を永遠のものにしようとすることだけに使われた。アメリカの作家、カミール・パーリアがユイスマンスの『さかしま』の主人公ジャン・デゼッサントについてこう書いている。「女性が段階的に現れるたびに、次第に性的様相をはっきりさせてきたのは、極端にすばらしい想像の世界においてのみである」[62]と。しかし、レンズの外の現実の世界では、人間の性というものは、とらえにくく複雑なままである。

それでも、マン・レイとモリーノにとって、はっきりしてきた性的様相は、この現実の世界のなかに見つけ出されなければならないし、これこそ真にシュルリアリスムの究極の目的なのであった。著作『狂気の愛』でブルトンは、この詩人が決して所有できえないユニークな女性を望む心と、自分の所有物として彼女を創造したいという欲望との間の葛藤を書いている。この二極間にある緊張を永続化するためだけに存在するかのように芸術がある。ブルトンの『狂気の愛』においてメルロー・ポンティが示唆を与えている……。

シュルリアリストのエロティシズムは、不敬をして喜ぶたぐいのものとは大分異なる。それは原初の結合、直接の結合へと戻ることである。秩序ある世界の無秩序、すなわち原初の状態における奇跡を求めるのがシュルリアリスムであった。年月を経たシュルリアリスムは普通の世界を分解するようなことでは満足しなくなった。そして異なる回答をつくり上げた。『狂気の愛』は自己愛や支配することの喜びや罪のよろこびなどを超えたところで形づくられるべきなのである。[63]

モリーノにとっての『狂気の愛』の環境はといえば、トリノ市のタルッキ通りにあるすこぶる当たり前のツーベッドルームのアパートの空間であった。そこで彼は、完全とはほど遠いこのアパートの状態をそのまま受け入れないで、そこを原初的結合の場所、ふたりのこの世で最も直接的な結合の場所としたのであった。この「独身寮」でモリーノと彼のモデルは相互に関係をもったのだ。スーザン・ソンタグの言を借りるなら、「現実の問題」は究極的には、作品が「自意識それ自身の複雑さ」を表現しているかどうかである。[64]この重要な課題を成し遂げるには、ふたりの相互破壊が「他人のいない場所」へ、すなわち「他人が知らないこと」を準備できるような場所へと導いてくれるかどうかである。[65]

「愛には絶対に正しいといえることも間違っているといえることもなく、ただその場の状況による」とプラトンはいっている。モリーノは、この不可能と思えるプロジェクトを実行することになって、人間の行為の限界を知ろうとする大変なリスクテイカーになったのだ。カルロ・ラマはモリーノについて「彼が危険を冒してまでするのは、すばらしいことだ。モリーノは同時代人の何年も先をいっている」[66]と。一方のポンティはモリーノのようなリスクテイカーではない。ポンティの建築の「モデル」は、独身寮の「理想的な誘惑女」ではなく、むしろおとぎ話のなかの天使のような女性であった。

彼女は「ある日バルコニーに現れて、手を振ってくれる」ような人である、とポンティは書いている。[67]同じような状況下で、モリーノなら彼のほうが彼女に手を振って、カサ・ミラーに招き入れるだろう。しかしポンティはもっと敬虔であった。彼はこういっている、「われわれは彼女の家に入らなかった。階段も上らなかった。彼女を連れ出すこともしなかった。彼女はいつも理想像のままでいた」と。ポンティの想像上のこのつかみどころのない、理想的ともいえる作り事は、感情を込めて連続的に描いた一連の女性の顔のスケッチに現れている。[68]一枚のスケッチだけでは、彼女のエッセンスをつかみ、表現することができなかったのだ（図34参照）。

ポンティによる金属に彫られた男と天使の彫版には、また生命が吹き込まれた。このポンティのおとぎ話では、いかに男と天使が混乱しているかがわかる。表面には男が彫られていて裏面には天使が彫ってある彫版で、その男は彼の後ろに立っている女（天使）が何を考えているかに、思いを巡らせている。背中合わせにしているが、お互いの存在を意識しているポンティのつくり出した不

図34　ジオ・ポンティ。一連の女性の顔スケッチ

思議なふたり。この気になる男と天使のような女が、たとえばデ・キリコの絵に描かれている顔のないふたつのマネキン人形の「The Duo」である可能性は十分にある。そのふたりには、神秘的な雰囲気があり、ゆっくりと安息できそうな「すみか」で、お互いを盲目的に求めあっている男と女である。

ポンティとモリーノは、ともにこの盲目のふたりによく似ている。彼らは逃げられてしまった「理想的」な女性と「すみか」を探して、やっとポンティとキリコの肖像画に描かれたふたりにたどり着いたのだ。しかしまだ、このふたりとこれらの人間の面影の宿る人形たちとの間には解決しきれていない相違が残っている。このふたりにはふたりを導いてくれる詩作という才能の贈り物がある。この世界と他の世界の間に存在するもの、それは建築と多くの人たち、すなわちいきいきとして意義深い建物のような、そういう彼ら自身を形づくることのできる詩――そうなのだ、ふたりにはそういう詩作の才能があるのだ。

原注

1 Gio Ponti, *In Praise of Architecture*, pp. 222-223

2 Gio Ponti,（注1）, p. 223

3 Gio Ponti,（注1）, p. 222

4 この主題についてのキリコのよりいきいきとした描写は、彼の『The Moving Statue』（一九二二）と題した絵画に見ることができる。この画家自身が述べているように、この絵はそれまでに描いた絵のなかで最も重要な絵である、と。

5 Gio Ponti,（注1）, p. 222

6 Gio Ponti,（注1）, p. 101

7 フルヴィオ・イラーチェは、Abitare 273（April, 1989）, p. 243の「カルロ・モリーノ」と題する特集への賞賛の手紙のなかで引用した。

8 Gio Ponti,（注1）, p. 226

9 Gio Ponti,（注1）, p. 227

10 同右。

11 Ovid, *Metamorphoses*, transl. A. D. Melville（Oxford: Oxford University）, pp. 232–234. ピュグマリオンと芸術活動、とくに超現実派の活動については、『Artforum』14号を参照。そこには、Max Kozloffの"Pygmalion Reversed"とWhitney Chedwickの"Eros or Thanatos – The Surrealist Cult of Love Reexamined"が掲載されている。

12 Louis Sullivan, *Kindergarten Chats and Other Writings*（NY: Dover, 1979）, p. 127

13 Erich Auerbach, "Figura", pp. 21–23

14 ラテン語は、アウエルバッハの"Figura" pp. 21-23より引用。

15 Mario Perniola, "Between Clothing and Nudity", *Fragments for a History of the Human Body*（Part Two）, ed.Michael Feher（NY: Zone, 1989）, p. 249

16 ジャン・ド・マンが描いたピュグマリオンの物語に関する部分は、Le Roman de la Rose（Paris: Librairie Honoré Champion, 1982）からの抜粋である。

17 Mario Perniola,（注15）, p. 243

18 Mario Perniola,（注15）, p. 246

19 Mario Perniola,（注15）, p. 252

20 Mario Perniola,（注15）, p. 248

21 André Breton, *Mad Love*, transl. M. A. Caws（Lincoln, Nebraska: University of Nebraska, 1937）, p. 15

22 Umberto Boccioni, letter to Severini（November 1912）, Ester Coen, *Umberto Boccioni*（NY: The Metropolitan Museum of Art, 1988）, p. 203

23 建築分野での「ピュグマリオン」は、どちらかというとジャン・ド・マンのピュグマリオンと似ていて、フィラレテ（Antonio Filarete）の建築に関する論文のなかのスケッチを説明したすばらしい付随文として表明されている。この文のなかでフィラレーテは、無数ある可能性のなかで、とくにモデルで示すことは重要である、といっている。「人に服を着せるには、私の言うとおりにしなさい。まず木の身体に関節のついた腕や足や首を取りつけなさい。そして、あなたの好みのデザインの服を生きている人に着せるような気持ちで選びなさい。それをあなたの思うとおりの形にしてモデルに着せるのです。もし布地が期待どおりにたれ下がってくれないなら、溶かした糊に浸して形を整えるのです。そしてしばらく固定しておいて乾いて形が固まるまで待ちなさい。もしも形を変えたかったら、お湯に浸けて好きな形に変えるのです。指を使ってあなたの好みのように仕上げなさい」（Filarete, *Treatise on Architecture*, transl. J. R. Spencer [New Haven Yale University, 1965] book XXIV, 184r and v:315）。

24 Adolf Loos, "Ladies' Fashion", *Spoken Into the Void: Collected Essays 1897–1900*, transl. J. Newman and J. Smith（Cambridge, MA: MIT Press, 1982）, p. 99

25 Adolf Loos,（注24）, p. 99. 女性が初めて服装を身につけたときに、その女は男にとって謎となったのだ、とロースは考えた。あたかも男の心中に謎を解きたいという欲望を植えつけるかのように。

26 ある読者にとっては、この話は心理分析を行うときの〝フェティッシュ（fetish）〟として映るかもしれない（Sigmund Freud, "Fetischismus", *Internationale Zeitschrift fur Psychoanalyse*, Vol. 13 [1927], translated and republished as "Fetishism", *The Standard Edition of the Complete Psychological Works of Sigmund Freud*, Vol. 21, transl. J. Strachey [London: Hogarth, 1961], p. 152）。言葉としてのフェティッシュの語源としては、精神分析の限界を超えた潜在的な活力を示唆している。「Fetish（フェティッシュ）」はポルトガル語のfeiticioと同属言語であり、もとを正せば、「artificial（人為的な）」を意味するラテン語の「facticius」からきている。

27 Mario Perniola,（注15）, pp. 247-248

28 Bernard Gordonio, *Lilium medicale* [c. 1285], Quoted in Giorgio Agamben, *Stanzas*, p. 113

29 Benedetto Croce, "The veil of Mystery" in *Philosophy–Poetry–History: An Anthology of Essays by Benedetto*

Croce. trans. C. Sprigge（London: Oxford U. Press, 1966）, p. 41

30 Benedetto Croce, "The Veil of Mystery". p. 36

31 Huysmans, *Against the Grain*（*Rebours*）p. xxi

32 Benedetto Croce,（注30）, p. 36

33 Benedetto Croce, *The Philosophy of the Practical: Economic and Ethic*, trans. D. Ainslie（New York: Biblo and Tannen, 1967）: 27

34 Huysmans,（注31）, p. 30

35 Huysmans,（注31）, p. 62

36 Joseph Rykwert, "Organic and Mechanical", *Res* 22（Autumn 1992）p. 14. カルロ・ロドーリの建築についての考え方の多くは、ちょうどこの有機的建築（organic architecture）に近いが、信奉者であるアンドレア・メモの記録のなかだけに残されている。

37 Rosa Maria Rinaldi, "Discoveries & Rediscoveries", *Domus* 650（May, 1984, p. 33）

38 「森のなかで、縦六フィート、横三フィート、でピラミッドのような形をした土の塚のようなものに遭遇する場合に、われわれは真剣に考えて、誰かがこの下で眠っているに違いないと思う。それこそが建築なのだ」（Adolf Loos, "Architecture"［1910］, Yehuda Safran and Wilfried Wang, *The Architecture of Adolf Loos*［An Arts Council Exhibition, 1987］p. 108）

39 Susan Sontag, "The Aesthetics of Silence", *Styles of Radical Will*（New York: Anchor Books, 1969）, p. 11

40 Carlo Mollino with F. Vadacchino, *Architettura : Arte e tecnica*, pp. 3-23

41 これらのスケッチと写真に関しては、以下を参照。"Ceramica d'Imola: 120 anni di cooperative" *Abitare* 335（December 1994, pp. 48-49）

42 ポンティはたびたびジャン・コクトーを範例として使った。たとえば以下を参照。*Amate l'Architettura*, pp. 41, 56, 188, 251

43 Joseph Rykwert, "Organic and Mechanical" p. 13

44 Joseph Rykwert,（注43）, p. 13

45 F. T. Marinetti, "Multiplied Man and the Reign of the Machine", *War, the World's Only Hygiene*［1911–1915］, in *Let's Murder the Moonshine: Selected Writings*, p. 99

46 F. T. Marinetti, "Tactilism"［1924］, in *Let's Murder the Moonshine: Selected Writings*, p. 120

47 ポンティは、Domus 238（September 1949）, pp. 10–12にて、Radio-gramophoneと題する論文と、〃Forme di mobili（動きの形）〃と題する論文より抜粋したものを発表した。

48 Plato, *The Symposium*, transl. W. Hamilton（NY: Penguin, 1951）, p. 50. パウサニアスによって、プラトンが創作した表のなかで、この説が表明されている。

49 Plato,（注48）, p. 50

50 私がモリーノ作品について講演をするときには、会場から決まって、「建築家の女性についての意見は不敬である」という人がいる。もちろんこれは、感情のある人間について語っていることに対しての答えにはなっていないのだが。

51 Bruno Zevi, “La scomparsa dell’architetti Carlo Mollino: L’antiaccademico a trecento all’ora” *L’Espresso*（September 9, 1973）

52 フルヴィオ・イラーチェの論文〃Carlo Mollino〃に寄せる敬意の手紙にカルロ・モリーノが引用されている。“Dear Mollino” ed. Fulvio Irace, *Abitare* 273（April 1989）, p. 245

53 同右。

54 Charles Baudelaire, *The Mirror of Art*, transl. J. Mayne（NY: Doubleday Anchor, 1956）, pp. 69 and 71

55 Fulvio Ferrari, “Carlo Mollino” in *Carlo Mollino: Photographs*（Köln: Taschen, 1994）, p. 10

56 Roland Barthes, *Camera Lucida: Reflections of Photography*, transl. R. Howard（NY: Noonday, 1981）, p. 41

57 Jane Livingston, “Man Ray and Surrealist Photography”, *L’Amour fou: Photography and Surrealism*, eds. R. Krauss and J. Livingston（NY: Abbeville, 1985）, p. 135. 同ページにはマン・レイの回想と謝辞が掲載されている。

58 すべての引用は、Rosalind Krauss, “Corpus Delicti” *L’Amour fou: Photography and Surrealism*, eds. R. Krauss and J. Livingston（NY: Abbeville, 1985, p. 95）からである。

59 Rosalind Krauss, “Corpus Delicti” p. 95. ブルトンとバタイユとはマルキ・ド・サドの文学作品を超現実主義の先駆けとして認めていた。フランシーヌ・デュ・プレシックス・グレイは、マルキ・ド・サドを再考するにあたり、その作品は伝統的なポルノ作品の定義、すなわち、人を性行為へ誘うようなものとはほとんど関係はないと述べている（Francine

du Plessix Gray, "Sex and Revolution", *The New Yorker* [September 6, 1993], pp. 103–109）。この作家はさらに続けて、マルキ・ド・サドは、肉（肉体）の神秘化と機械化という汚点ともいうべきものを持っているが、その動機はより複雑で、知的ですらあると述べている（p. 108）。

60 Wendy Steiner, *The Scandal of Pleasure* (Chicago: University of Chicago, 1995), p. 92

61 カサ・ミラー室内で撮影された初期のモノクロ写真のモデルは、モリーノがよく知っている人たちであった。たとえば、リナ（Lina）であったり、ときにはアダ・ミノラであったりした。モリーノの写真家としての後半になると毎回異なるモデルを雇っていた（Fulvio Ferrari, "Carlo Mollino" in *Carlo Mollino: Photographs*, p. 8）。残念ながらTaschenシリーズとして出版されたフェラーリ編集によるカルロ・モリーノ写真集は、ほとんどの写真がモリーノの後半期に属するもので、一般読者のために写したものではなく、建築家・写真家としての自分のために写したものであった。ライカのカメラで撮影した初期のモノクロ写真と比べると、後半（一九六五年以降）のポラロイドカメラで写したカラー写真は、女性モデルに焦点が当てられていて、インテリアデザインはその背景とされている。モリーノの後半の写真は初期のものと比べて女性モデルを表現することに焦点がおかれていたが、その一枚一枚は注意深く制作されていて、表面に引っかき傷のようなものをつけるテクニックが用いられていて、表面はニス仕上げにし、以後誰も手を加えられないようにしてあり、油絵の仕上げのような効果を上げている（p. 11）。

62 Camille Paglia, *Sexual Personae: Art and Decadence from Nefertiti to Emily Dickinson* (New Haven, Yale, 1990), pp. 431-432

63 Maurice Merleau-Ponty, *Signs*, transl. R. C. McClearly (Evanston, IL: Northwestern, 1964), p. 309 (Ch.7 "On Eroticism")

64 Susan Sontag, "The Pornographic Imagination" *Styles of Radical Will* (New York: Anchor Books. 1969, p. 41)

65 Susan Sontag, "Pornographic Imagination" p. 71

66 フルビオ・イラーチェ編の『Carlo Mollino』（p. 253）のなかにキャロル・ラーマ（Carol Rama）のモリーノへの手紙がある。モリーノとキャロル・ラーマとの友情は長期間にわたって続いた。彼らの友情は芸術への追求という精神を鼓舞するような形で続いた。コラード・レヴィ（Corrado Levi）が説明しているように、ふたりの接点の結果は彼らの作品に表れている。ふたりの友情の結果は、たとえば一九三八年から一九四〇年にかけてのラーマの多くのエロティックなスケッチは、モリーノのカサ・ミラーへの度重なる訪問と時期を同じくしている。以下を参照。Corrado Levi, “Space, Time and Garconniere” *Westuff* 10（September/October 1987）, p. 22

67 この部分と跡に続く文章は、ジオ・ポンティの『In Praise of Architecture』（p. 121）から引用したものである。

68 同右。

第五章　建築は「蝶」である

私がこれから建てようとしているヴィラは、スペイン語では美しい「マリポーサ」、イタリア語では響きのいい「ファルファーラ」、そして英語でも「バタフライ」という優しい言葉で呼ばれることになるだろう。

——ジオ・ポンティ『建築を愛しなさい』[1]

蝶であることは、自由闊達に、愛に色彩を施すことである。

——カルロ・モリーノ『ドムス』誌（一九五〇年度版）でのインタビュー[2]

ポンティはこの繊細で飛翔を得意とする昆虫が、マリポーサ（mariposa スペイン語）、ファルファーラ（farfalla イタリア語）、バタフライなどと、各国の美しい言葉で言い表されていることに大いなる喜びを感じていた。「神秘的でしかも純粋な響きの言葉」で各種の表現がなされてはいるが、蝶の形は基本的にはひとつである。この昆虫は自然界の法則に従って幼虫から変態を経験して成虫になる。ポンティは名前からくる響きと自然の形とが呼応していると感じていた。そして、このことを彼の施主や友人たちにも伝えたいと考えていた。住宅の設計や敷地についていうなら、丘陵の上に建つ家は、蝶があたかも軽やかに休んでいるようにデザインされてしかるべきであり、古くて重そうな城や岩山のように見えてはならない、とポンティは考えた。ヴィラは上品にして軽やかに、まさに蝶が休んでいるようであればよく、その屋根は羽のようであってほしい、と。[3]

「軽やかさ」の象徴としての蝶は、各種の思いきった方法でモリーノやポンティの建築のなかに取り入れられていった。ポンティは慎重にして確実な方法で、友人のプランチャート夫妻のためにデザインした、カラカスの丘の頂に建つヴィラを通して、蝶のすばらしさを表現しようとした。このヴィラの設計中に、プランチャート夫妻に書き送った手紙にはこうしたためてある。「このたびの作品は、これまでに私が建築について考えてきたすべてをつぎ込む機会を与えてくれました。とくに軽やかさのための研究の成果は、十分に適用できたと思いま

図35　ジオ・ポンティ。ヴィラ・プランチャートの翼のような入り口の庇を上階のテラスより望む

す。プランチャート邸は、すばらしい蝶が丘の頂に降り立って、優しく羽を休めている構図です」。[4] 丘の頂に建つ「優雅」で「軽やか」なプランチャート邸のデザインでは、抽象化した蝶の特徴を緩やかな屋根勾配と蝶の羽のような入り口の庇とで表現した（図35参照）。ポンティのピレリ・タワーの屋根も同様に軽やかな「様相」を呈しているが、一方でカルロ・モリーノの作品の多くも彼らしい「軽やかさ」を備えている。とくにモリーノがデザインして、飛行操縦もした軽飛行機のデザインはそのよい例である。

ポンティは、ヴィラ・プランチャートのデザインで、蝶の形というよりもその動きに着目して、蝶の繊細な動作を抽象化してみせた。一方のモリーノもまた蝶の表現に関しては、蝶を実によく観察して、遂には蝶そのものを表現しようとした。実はこの傾向には前例があった。それはローランド・ペンローズが描いた一九三七年作の『ヴァレンティーヌの肖像』と題した絵で、蝶の魅惑にとりつかれたシュルリアリストの夢が描かれている。そこには何匹もの蝶がヴァレンティーヌの目や口に群がっている。ペンローズの絵と同様に、モリーノのカサ・デヴァーレ（Casa De valle）は、彼のカサ・ミラーと同様、非常に特徴のある作品であり、それは不思議にいきいきとした独身者用アパートであった。カサ・デヴァーレには、捕獲して標本にされた本物の蝶がガラスケースに入って展示されている。モリーノは、ときどき蝶を女性の客にはりつけて、「毎日の生活のなかでの義務」に縛られている芸術家やモデルを、さらには芸術それ自体をもこの「義務」から解放しようと努めた。モリーノのカサ・デヴァーレの写真（図36参照、詳細は後述）とそこにいる蝶は、ポンティによって『スティレ』一九四一年一月号に掲載された。ポンティとモリーノのやり取りは、第二次世界大戦中も続けられた。ジオ・ポンティのデザインによる「カサ・デ・ファンタジア」では、蝶のイメージが椅子や壁の表面にも映され、そこでは家具と周りの空間とがひとつにとけ合い、区別がつきにくくなり、自然界のカモフラージュ（仮装）のプロセスを建築家自身がまねている（図37参照、詳細は後述）。ポンティはのちに、このカモフラージュの手法を使った建築表現を、ヴィラ・プランチャートのデザインでより綿密に展開している。

蝶の「軽やかさ」に対するポンティとモリーノの執着は強く、重力という自然界の法則を大きく超えて、社会や政治、文化や精神的な領域にまで及んだ。第二次大戦後、このふたりの建築家は「技術」というものを詩的で個人的な表現のための道具、何にも束縛されないで自由に使える道具と考えた。たとえば、全体主義が過ぎ去ったあとの政治的な「軽やかさ」などの表現のように。不安定な均衡状態で立っている、極端に細い（訳者注……椅子の）脚やポンティのデザインした（訳者注……住宅の）薄い壁などは、ムッソリーニ体制下で精神を抜き取られてボロボロになって生き残った人たちや、イタリアの彫刻家ジャコメッティの細長く引きのばされて性別のつかなくなった人間と比較できるかもしれない。モリーノの空を飛びたいという欲求は、当時トリノに勃興した航空機産業やダイダロスとイカロスの神話に大いに触発されたといえる。『建築を愛しなさい』のなかで、ポンティの「軽やかさ」への熱中ぶりは、「美しい知性」と自ら表現

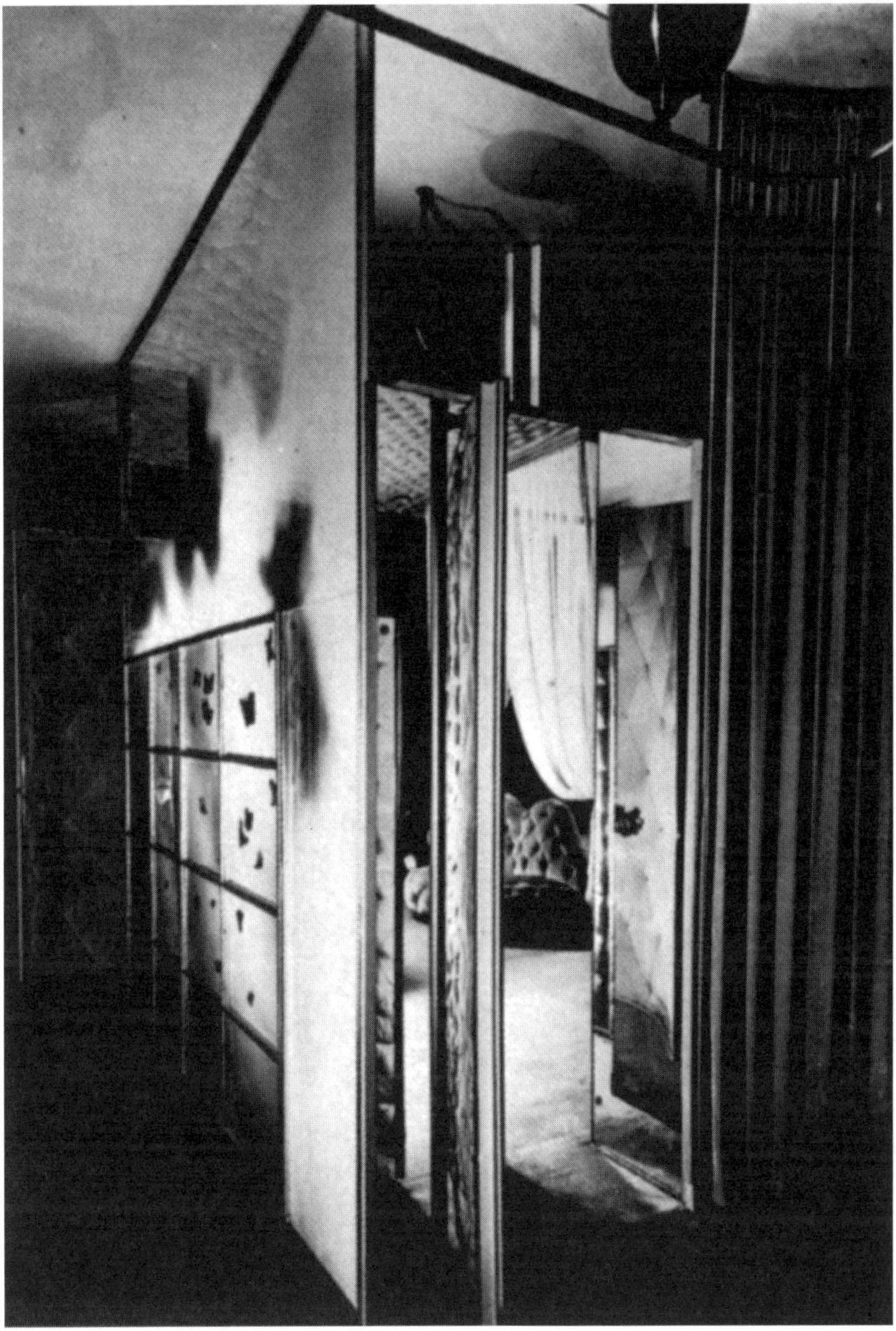

図36　カルロ・モリーノ。モリーノ自身の撮影で、カサ・デヴァーレのベッドルームを望む

図 37　ジオ・ポンティとピエロ・フォルナセッティとの協同作品。ポンティ設計によるアパート（Casa di Fantatsia）のためにデザインされたルカーノ・チェア（1951年）

した機械的生産体制をさらに発展させようとして、チャレンジ精神を大いに発揮していた。一方、蝶に関する性的な連想は、モリーノの作品に明確に読み取れる。それはモリーノがシュルリアリストたちと交流をもちつつ没頭していったものであり、第二次世界大戦後、彼と同世代のウラジーミル・ナボコフともおそらくは暗黙のうちに内容を共有していたのだろう。

建築を蝶と見立てた、ポンティとモリーノは、このすばらしい生き物の特殊な性質を作品に取り入れて、「軽やか」な建築を、その物質的限界を超えて政治や文化や精神の領域をも反映させつつ、発展させていった。これら蝶を通しての連想は、作品だけにとどまらず彼ら自身をも束縛から解放していった。要するに人間の身体や作品を、脱皮させたかったのだ。建築作品を「材料の限界を超えてなしうる、最高の芸術的自由の獲得」[5]へと導くことだった、とモリーノは説明している。しかし、蝶が飛ぶことによって到達する軽やかさや脱皮やエロティシズムをそのまま建築に期待しても、それは容易ではないだろう。なぜなら、当然ではあるが、建築が重力に抗して建っていなければならないという現実があるからだ。

蝶1
不可能に近い、軽やかな建築

「軽やかさ」についてポンティは、「もし〝建築〟というものが壊れやすくて軽量なら、建っているということがすでに奇跡である」[6]といっている。ポンティのスーパーレッジェーラ（極端に軽い椅子）はこの「奇跡」と「均衡の不安定さ」のよい例である。[7]この「極端に軽い」椅子は一九四七年から五四年の間にデザインされた一連の椅子のひとつである（図38参照）。それはおそろしく精密にできている。全体は極端に細い部材で構成されていて、軽やかさは写真の効果でよりいっそう軽く見え、不安定に一本の脚で立っているように見えたり、空中に浮いているように見えたりしている。長い年月の経過にもかかわらず最小限度の改善や改良しか必要としなかっ

図38　ジオ・ポンティ。超軽量（Superleggera）椅子（1957年作）。宙を舞うように浮かばせて軽量を表現（リサ・リチトラ・ポンティ著『ジオ・ポンティ：全作品1922–1978』の174ページより）

た、スーパーレッジェーラのデザインの本質は、建築が「時間の経過とは関係がないだけではなくスタイルをも超越しているところにある。すなわち絶頂の継続であって進歩ではない」というポンティの信念の証明にほかならない。[8] ポンティの一連の「軽やかな」な椅子はピカソの一連のエッチングと比べてみるとおもしろい。両者とも、その出発点においては、どこに行き着くかもわからないで始まっている。実際に最終目的地へと到着したかどうかも判断できない。ポンティは雑誌『ドムス』の表紙のために、「精密さの幻想」と題してこの極端に精度の高い椅子を表現するべく、豊かな黄土色の生地を逆さまにした椅子に絡ませて、次元の判別できない空間に浮かせ、あたかもクモの巣にからまった蝶のように見せた（図39参照）。以上のようなさまざまな試みで、ピカソの一連のエッチングと同様、スーパーレッジェーラは、人間が達成できる「啓示」の表現であることを示している。ポンティにとって「軽やかさ」は一次元的であり、それは直線的ではなく、進歩的でもなく、むしろそれは環状であり、完全に近い状態であった。

ピレリ・タワーの屋根は、もうひとつの「軽やかさ」のフォームを提示している。ポンティはその初期デザインでは、広々とした前庭に面しながら、ガラスの壁面と柱とで構成されていて、しかも最も軽いと思われる屋根をのせた菱形のタワーを見ることができる。彼は極端に軽い屋根を頭に描いていたにちがいない。あまりに軽かったので、「風」の力がこの軽い屋根をタワーの頂上まで持ち上げてそっとその屋上に休ませてあげたかのようだ。実際に、ポンティはピレリのデザインと並行してヴィラ・プランチャートもデザインしていた。ポンティの古い文献にあるスケッチのなかに、彼が描いた「スパニッシュダンサー」がソンブレロをかぶっているのがあるが、これが屋根の原形かもしれない。

ポンティの考え方が、暖かい太陽の光とスパニッシュダンサーへと興味が移ったかのように見えるかもしれないが、彼としては過去の伝統と同時の現代から未来へ向けてのミラノの人たちのために適切な建物であると信じて、ピレリ・タワーをデザインしたにちがいない。それは当然なことではあるが。一九六一年には〝軽やかな〟

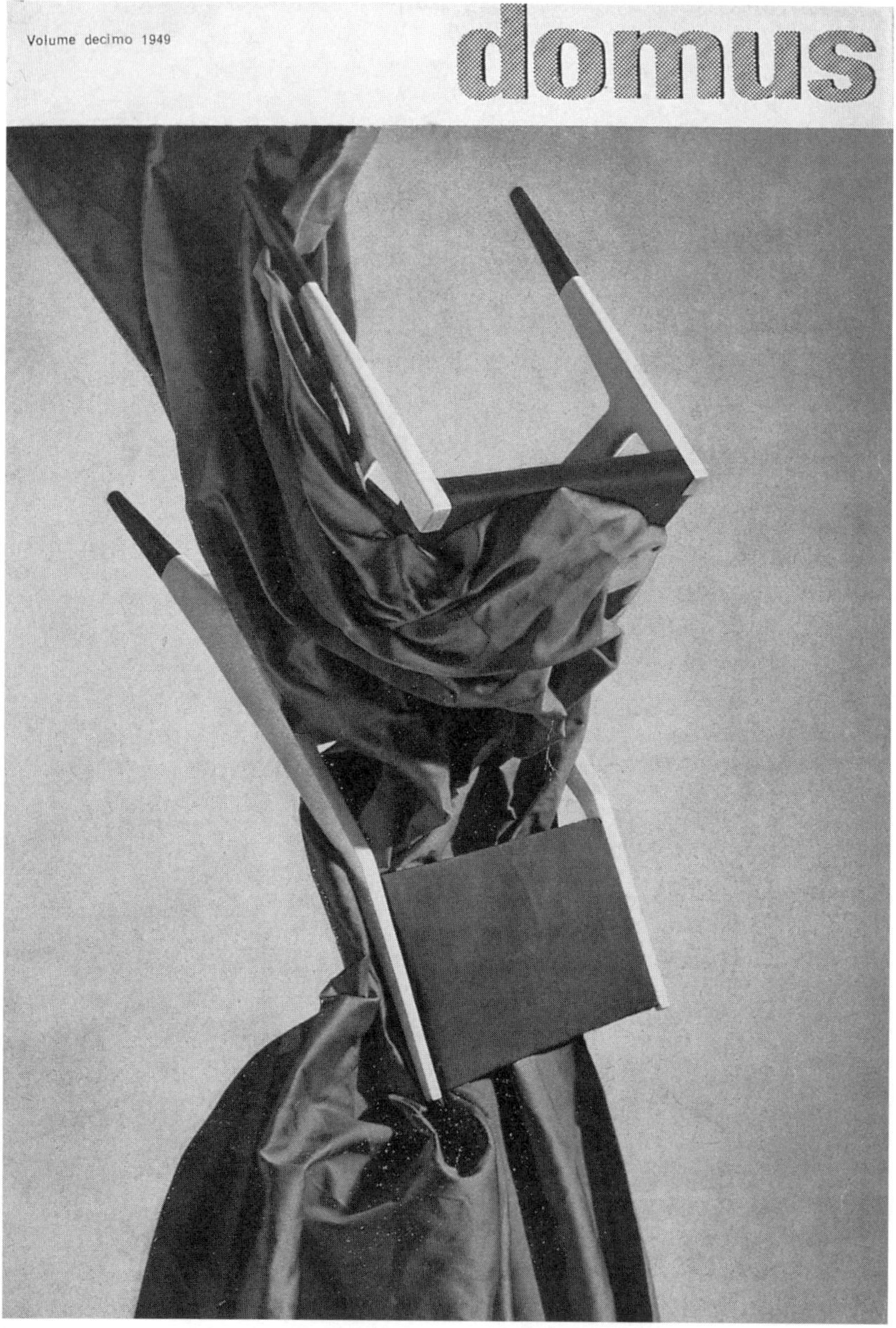

図39　ジオ・ポンティ。ポンティの初期のスーパーレッジェーラ（超軽量椅子、1949年製）を雑誌『ドムス』の表紙で、シルクのクモの巣に捕らわれた蝶として表現している

ピレリ・タワーで開催されたミラノのハイファッションの世界で「社会的な蝶」と直接かかわった。すなわち雑誌『ライフ』に掲載された写真にはファビアーニのデザインによる蝶をあしらったすてきなドレスをまとったモデルが現れた。ピレリ・タワーの流行性をもった魅惑的で迫力のある形態は、軽やかで極端に軽く見え、事実、簡単にニューヨークやバルセロナや遠く南半球のニュージーランドのオークランドにまで知れわたり、安っぽいものまねとなってその土地の建築家によって設計されたりしている。

「軽やかさ」はまた、独立自尊の精神をも意味する。たとえば、モリーノは曲乗り飛行の軌跡や飛行機製作から得たヒントを建築に応用した。彼のラゴネロに建てられたスキーリフトの建物は、断面図として見ると山の頂に軽やかに休んでいる大きな蝶のようだ（図40参照）。その数年のちにフルゲンに完成したケーブルカーの駅にもモリーノの同じようなデザインを見ることができる。モリーノは親友のル・コルビュジエにも影響された。コルビュジエも飛行機のもつ建築に対する影響力の大きさに心を動かされていたのだ。コルビュジエの装飾芸術についての非常に長い評論のなかで、飛行機の各種の構成部品の写真を見せながら、次のように書いている。

> 飛行機の部材——スパー（縦部材）とストラット（斜め部材）。これらの部材は鳥のように軽くてしかもそれぞれの最大限の強度を出しきっている。豊かな強度と最小限の材料。豊かな輪郭と繊細な断面は、確実にわれわれをパルテノンへと導いてくれる。[9]

では、飛行機はモリーノをどこへ導いたのだろうか。最も頻繁に導いた場所は、彼が自分と仲間のためにデザインした、質実剛健な山間の避暑地に建てたいくつかの住宅であった。たとえば第二次世界大戦後にセウゼドゥルクスに建てたいくつかの山間の家か、彼の晩年に制作したシャンポルックにあるカサ・ガレッツリ（一九六三—六五）か、それともリシア・ディ・ヴェッカ（一九六七—六八）にあるカサ・モリーノであった。[10] これらモリーノの避暑地に建つ住宅は、大体において理想的な敷地、「隆

図40　カルロ・モリーノ。モリーノ設計のスキーリフトの終着駅（1946−47年）

起している土地」「丘陵の頂」「海辺」に建てられており、彼の避暑地のビジョンをよく反映したものであった。それらの作品はすべてポンティによって『スティレ』と『ドムス』に掲載された。[11] 自分のためにデザインした家をも含めて、モリーノの後期の山間の住宅は、アドルフ・ロースの一九三三年にプラハに建てられた質実剛健な「最後の家」と題する住宅と比較してみるのもおもしろいし、ロース初期の一九〇三年作のウィーンにあるアパートと比較してみてもよい。時代も場所も異なるこれらの住宅は、この世の現実を踏まえて理想的なすまいと敷地とを調和させることの難しさを示している。

これらの山間の避暑地に建つすまいをデザインするにあたり、モリーノは彼が独身者用アパートで示したような大胆なコンセプトは極力避けたようだ。彼にとって「避暑地」のすまいはそこに長く泊まるというよりは、むしろそこを発ってどこか他の場所へ避暑にいくか、すべてを置いてそこを去るか、またはどこかへ飛び立つというように、そこを出発点と考えていたようだ。しかし、もしここに長く住むつもりがなかったのなら、いったいどこへ向かうつもりだったのだろうか。たぶんその答えは、またもや、J・K・ユイスマンスの『さかしま』主人公、デ・ゼッサントのように、彼と世の中との不安定な関係に注目することになるだろう。彼は肉体的にも精神的にも空っぽな自分と、「彼のなかで徐々に育ってきた世間嫌いの気持ち、その気持ちを癒してくれるかもしれない女性、その女性に情熱を傾けることによって調和がとれるのだろうか。しかし、デ・ゼッサントにとってはそのよりどころと考えたものさえも使い果たしてしまったので、この主人公は、自分のつくった回廊に逃げ込むことになるのだ。」[12]

「しかし、問題はそこなのだ」とユイスマンスは書いている。「懺悔と祈りをささげるための隠れ家をつくる職業のなんと醜いことか。ましてや、それを我慢することなどは絶対に受け入れられなかったのだ」[13]。デ・ゼッサントの建築的概念は隠者の隠れ家と享楽を楽しむ場所との狭間に立ち往生することとなった[14]。モリーノにとっての独身者用アパートは休む場所を提供したわけではなかった。モリーノ自身もいっているように「私は同時に屋根裏部屋にいたり、ミノアの王様だったりしたような夢を見た気がする。目が覚める前に、非宗教的な回廊の落ち着きと静けさとを味わった」[15]。モリーノにとって、山間の避暑地の住宅は第二の家であり、彼の夢のように「独身者用アパート」と「非宗教的な回廊」との間で流動性をもってさまよっていたのだ。

モリーノは、ドムスへ向けてのビジョンとそれとは対照的な牧歌的で田園的なビジョンという、相反する可能性を同時に取り入れてデザインを展開しようとしたのだ[16]。バチェラーもこの揺れ動く思考を説明して、「大邸宅に住んでいるときには、小さな家に住むことを夢見て、小さな家に住んでいるときには、宮殿に住みたいと思う。要するに、誰でも小さな家と宮殿の両方に住めればよいのだ」[17]といっている。カサ・ミラーが物質的にも心理的にもインテリアと調和しそうな「ひとりの女性」の存在を必要としているが、山間の避暑地の家は、彼が「ひとりで神と対話をする隠者」[18]になることを可能にしていた。バチェラーはさらに説明している。「その小屋は修道院とは反対側に位置し、宇宙の外側にある宇宙なのだ。

図41　カルロ・モリーノ。人力による飛行を試している

ここは貧困が進めば安全で完全な隠れ家となる」。[19] しかし、モリーノは彼の建築のなかに神も完全な隠れ家も見つかるとは考えていなかった。彼も説明しているように、「小さな私的空間には、立派にしかもまわりからサポートされうる力がある。それは安易に得られるものではなく、もうすこしで諦めるそのぎりぎりの限界内で得られる質のものだ。このような環境のなかでは、夢もなければ、自己反省の余裕もない」。[20] モリーノの山間の避暑地の家は、彼が探していたような隠れ家ではなく、むしろそれは管制塔であり、そこから飛行に移る準備をするところだ（図41参照）。

モリーノの建築作品に対する飛行術的態度にはイタリアの未来派とマリネッティの「飛行の詩」のなかにその前例を見ることができる。「私の内に深遠なる宗教的心があり、それは次第に優しさを増し、私に希望の光を与えてくれ、私を高みへと誘ってくれる」と書いているれである。[21] 彫刻家のウンベルト・ボッチョーニの独白的な日記がそれである。モリーノのデザインは、施主とモリーノ自身を「高みへ持ち上げ」て「光明を与えた」のだ。いうなれば航空機の操縦席のようによく整理されていて動きやすい、そういう建築なのだ。操縦機器、バケットシート、ハッチなどは可能な限りに軽くし、操縦室のパイロットが「高度を上げる」ための準備ができている状態、これが彼の作品の主題なのであった。

ポンティと同じようにモリーノも、軽やかな（Leggera）椅子をデザインした。この椅子は極端に軽量化されてＭＵＳＡ展示会に出品された。もう一つのアンビエンテ（Ambiente）展に出品するためのスケッチの余白には、女とドレッシングテーブルがひとつに調和している様子が描かれていて、そのなかで唯一つ生気のある生き物は、さまよっている蝶であった。実際にアンビエンテ展に展示されたときのモリーノのこのドレッシングテーブルのデザインコンセプトは、幻想的に蝶のように軽くてかわいらしく、航空機の操縦室のように精密で機能的であった。

著作『建築を愛しなさい』でポンティは、「軽やかさ」は量的な特質というよりも質的なものであると定義した。「重力に抗してものを支えていた壁は、今では逆に支えられている。だから、壁の厚さはもう特質ではなく、今の壁の特質は軽さである。すなわち、軽くて、薄くて、空洞で、通気性のない、どちらかというと知的な特徴なのだ」[22]。「知的な特徴」としての「軽やかさ」は、ミラン・クンデラの著作『存在の耐えられない軽さ』の主題でもある。すなわち、政治的、文化的、精神的次元での「軽やかさ」である。クンデラに言及したので、ここでイタロ・カルヴィーノの意見に耳を傾けてみよう。彼は、これからの一〇〇〇年間に作品をつくる芸術家にとって「軽やかさ」こそ大切であると主張している。

私の制作方法に関していえば、いかに作品を軽くするかに努力の大半を傾注している、といえる。あるときは人から、あるときは天使のような肉体から、またあるときは都市から、重さというものを取り除こうとした。いやそれだけではなく、物語や言語の構造からも重さを取り除こうと試みた。私は、軽さを重要な特質と考えるようになった。[23]

カルヴィーノと同様にポンティの仕事への姿勢も、肉体的な、精神的な生活のすべてにおいて、いかに軽くするかが重要な課題となっていた。ポンティにとって「軽やかさ」は、単に知的な特質としてではなく、生活のあらゆる面で重要事項であった。

ポンティは、「軽やかさ」に関係するあらゆる知的なものや毎日の生活からくるすべてを、ヴィラ・プランチャートのデザインに持ち込もうとした。ポンティは、最初に丘陵の頂にあるこの敷地を見にいった瞬間から、「軽やかさ」をヴィラ・プランチャートのデザインコンセプトとして発展させると決めていた。この間の事情は、『建築を愛しなさい』のなかの「カラカス」と題する部分に書かれている。

文明が熱帯地方の生活のしやすい自然環境から誕生したように、文明はまた熱帯地方へと帰っていくのだ。生活しやすい熱帯気候における幸福感に浸って、近代建築は開花する。ほかの地域で建築は防備のための複雑なものであったり、頭上につくった巣であったりするが、ここカラカスでは、建築は羽の下で広がる地上の楽園なのだ。[24]

実際、一九五〇年のカラカスは地上の楽園だった。ヴェネズエラは首都の近代化のきっかけをつくった急成長の石油景気に浮かれていた。マルコス・ペレス・ヒメネスの独裁政治にもかかわらず、カラカスは知的なコミュニティの成長とともに大胆な企業化が行われていたにもかかわらず、建築やその住人にとって完全な条件が整っていたにもかかわらず、建築の法律が整備されていなかったので、ポンティは本来なら、彼自身やプランチャート家にドムスの夢を実現させるはずだったのだが、建築が蝶になれる奇跡の日を夢見ながら、ヴィラ・プランチャートは、彼が建てたいと思った「マリポーサ」にはならず、単に言葉の上だけでドムスにはいたらなかった。それは、多面体の優しい羽を持つ「軽やかなすまい」となった。

蝶2

いつまでも変態を繰り返す建築

変態とは、幼虫が連続的な発展による自然のプロセスを経て蝶になる過程のことであり、岩石であるなら圧力と熱とで構造の変化をもたらす自然のプロセスのことでもある。オウィディウスやカフカが示したように、変態とは物質と精神とが経験する奇跡的変遷のプロセスであるとも定義できる。ポンティは、蝶としてのヴィラ・プランチャートを考え出したその発想の源について次のように説明している。

蝶のように「大地の上で休む」とする考え方は、石は石からつくられたとするようにごく当たり前のこととして、考えついたのだ。メキシコシティの近くにあるエル・ペドレガルの火山庭園を偶然訪れたことに始まる。そこには、ルイス・バラガンがエメラルドの草原と表現した黒い火山岩の無煙炭が鈍く光っていた。そのときに軽量の構造体という考え方を思いついたのだ。それは凧《たこ》のようにしっかりとした構造だった。白い蝶のようにこの大地に優しくそっと休んでいるヴィラを思い描いたのだ。それは重さも容積も大きさもないものだった。[25]

溶岩の形態が激しく変化している火山庭園で、ポンティはヴィラ・プランチャートのための構想を思いついたのだ。「石が石から生まれた」ようにヴィラのコンセプトも「変態的」なプロセスを経て思いついたのだ。エメラルドの草原でポンティが考えたことは、建築は「不安定な均衡」として形成されて、究極的には蝶になる、という自然のプロセスを経て変遷していくものなのだ、ということだった。

ポンティが「変態的」建築を夢見ているとき、一方の、モリーノは、自分の写真の仕事を、「瞑想に浸っている間の彼自身の気持ちの変化」としてとらえていた。[26] カサ・ミラーの室内やほかの同じような環境のなかでモリーノのカメラのレンズは、モデルの女性に焦点を当てていた。彼女たちは、室内の空間、表面や置き物などとの関係において、自分を表現するようにいわれていた。撮影のためのセッティングに関しては、彼がコントロールできるが、彼がシャッターを切る瞬間に彼女たちが周囲の環境にどのように反応するかはコントロールがきかなかった。彼が注意深く仕上げたインテリアが、彼女たちによって、彼女たちの活気のある存在によって、どのように変化するかは予測できなかった。

写真は、モリーノにとって、台本どおりにリハーサルを重ねたシーンを客観的に記録に収めるだけのものでは決してなかった。写真はそれ以上にもっと大切なものであったのだ。「その場、そのときの写真家と被写体の間にあるものが、たとえ単純であろうと複雑であろうと、また正式に計画されているものであろうとなかろうとにかかわらず、その本質が単に技術的なものであったとしても、モリーノはそれ以上を期待していた」[27]。彼は、写真やインテリアデザインを用いて人と社会との関係をよりよく理解するために、彼にとってとくに興味のある人と物とを関係づけようとした。カサ・ミラー内で彼が撮った一連の写真では、人体と建築とがそのように遭遇しているのが見て取れる（図24を再び参照）。これらの写真には、「理想的な女性」としてのモデルと彼の建築空間との関係が描写されている。ある一枚の写真には、カーテンが下がっている部屋の鏡の前で、女性モデルが理想的な形をした上半身（ミロのヴィーナス）として、各種のポーズをとっているものである。ここで、鏡はモデルと同室の反対側に下がっているモビールのコラージュを映している。このように写真の技術を使って、モリーノは「理想的」な人間と、建築作品と、これらの鏡に映ったイメージとを重ね合わせ、「瞑想に浸っている間の彼自身の気持ちの変化」を表現しようとした。モリーノは、この写真に写っているすべてを、「絶対に必要と考えられているもの」から解き放そうとして、結果としてこれらすべてについての理解をより深めることができたのだ。

マン・レイの写真の場合は、より明らかにシュルリアリストの写真であったが、モリーノの一連の連続的に撮った写真は「変態」を可能にし、ほかとの明確な違いを示す典型的なシュルリアリストの作品ではなかった。

その代わりに彼の写真に見る変態は、統合されていて完全といえる作品で、「全体的」ともいえる充実感を得るための努力が何倍にもなって結実する、そういう人間や建築の「身体」を表現するものであった。[28] モリーノの写真撮影では、ひとつひとつの要素が、一人二役のようにもうひとつの役目を自然と会得していた。反映や鏡に映ったイメージ、また対比や繰り返しなど、これらが決して直線上の動きや連続的発展ではなくてむしろ円状の動きをつくりだしていた。このようにして写真のイメージの変化は、連続しているドラマのなかの彼の意識の動きに従って指令を下すのである。このような動きを可能にするために、モリーノは回転するパネルやヒンジつきのドアに鏡をはりつけて使うのを好み、とくに、部屋の壁面にすでにはりつけられて固定されている鏡よりも、揺れ動いたり回転したりする鏡でその場面の雰囲気を何倍にも活気づける空間を好んだのだ（図42参照）。人や物や環境が、ある瞬間において偶然に一致協力するなら、モリーノのカサ・ミラーやルトラリオ・ディスコテックなどの建築作品が、ドムスにたどり着く可能性を深めてくれるはずだ。[29]

自然界で起きている変態は、ポンティやモリーノにとってもそうだが、実はわれわれが普通に毎日営んでいることと似ている。毎日の営みとは、その素材がもつ可能性を現実化していないことに気がつく、その発見のプロセスなのだ。「昆虫学者」としてのアリストテレスの考えは、蝶の複雑な問題を解決することだった。アリストテレスは、『動物の発生について（*Generation of Animals*）』で、ほとんどすべての種の動物の詳細な研究をして整理したが、彼が観察した蝶の一生の間に起きる変態に関しては、首をひねってしまった。彼は、幼虫がなぜ卵のようなさなぎになり、そして蝶へと変身するのか、不思議でならなかった。彼は、この現象を「発生の目的と完成」と名づけた。[30] アリストテレスは、立派な一個の幼虫がどうしてほかの形に変身しなければならないのか、わからなかった。「われわれが面している問題は、何からではなくて、なんによってそうなるのか、である」。[31]

この自然のプロセスを理解するためにアリストテレス

図42　カルロ・モリーノ。カサ・デヴァーレの廊下を通して見る。モリーノ自身による撮影（展覧会カタログ『カルロ・モリーノ：1905–1973』88ページより）

が行った最初の試みは、蝶の変態と自然の生死のサイクルとを比較してみることだった。まず、蝶はさなぎ（Chrysalis）からつくられたプシュケ（Psyche……ギリシア神話、蝶の羽根をつけた美少女でエロスに愛された）、または魂であると考えた。Chrysalis（さなぎ）はギリシア語の「小さな人間の死体」[32]を意味する〃Nekydallos〃からきている。アリストテレスが変態を死者の復活と関係づけたことは、「預言者的」な意味合いを期待したからだろうか。たとえば、オウィディウスの「変態」[33]などがそうであるように。「預言者的」意味合いは、『動物の発生について』の後半に出てくる文章からも明らかである。そこでアリストテレスは人間の「形成」と自然の「形成」とを重ね合わせて考えている。「物が自然や人間の芸術によって形づくられるとするなら、その物がまだ潜在力を秘めたままの状態で形成されるのは、〃現実〃の状態がそれを可能ならしめているからである。すなわちBはすでにAのなかに存在していたはずだ、ということだ」[34]。変態についてのアリストテレスの定義は、ここに仮定として使っている〃figure〃の定義と驚くほど似ている。すなわち、AもBもそれ自身では十分ではなく、相互に依存し合っている。Aを形づくろうとしているからBができてくる、すなわち「発生の目的が完成」なのだ（ドムスが建築の目的であり完成であるし、さらにたとえるなら、生誕がキリストの目的であり完成であり、理想郷が文明の目的であり完成である）。アリストテレスは同書の後半で、変態のプロセスをよりいっそう明確にしている。すなわち、まず第一に、「発生の目的と完成」をマネキンの奇跡的な機能と比べ、そして第二に、それを家を建てるプロセスと重ね合わせた。

……AはBを動かし、BはCを動かしと、このようなプロセスは「奇跡的」な自動人形のようなものだ。この自動人形のある部分は、休んでいる間も、動く能力を潜在的に内在している。そして外部からの操作によってある部分が作動を始めるとその隣の部分も動き始める。あとは、この繰り返しである。これらの動作のきっかけをつくるのは、外部からの操作であり、ほかの部分を操作したからではない。初めに一度操作されただけなのだ。初めの操作のなかにすでに次の動きへのきっかけが内在されているのだ。建設のプロセスも同様で、家が建てられる原因がすでに内在されているのだ。[35]

ここで、変態のプロセスの例として、家を建てる過程を説明したアリストテレスは、建築がいかにしてドムスへと行き着くかという「変態」の過程を、啓発的な声明をもって説明している。ミノタウロス（ギリシア神話に出てくる人身牛頭の怪獣）の項で述べた機械仕掛けの蝶の説明で根本的には、私のやり方で各章を関連づけたつもりである。すなわち、建築は機械仕掛けの生き物であると同時に、自然界の蝶のように完全であることを期待されているのである、と。

アリストテレスは再び『動物の発生について』の蝶の項に戻って次のようにまとめている。「対象物全体が変化しているのである。動物は全体からできていて、部分からできているのではない」[36]と。部分から全体へ、という同じ表現を使っても、変態についてのアリストテレスの考え方は、「部分同士が関係」していて、「すべての部分が一緒になって全体を形づくる」というアルベルティの古典的なコンセプトと対比的に比較してみるとよい。[37]アルベルティの「世界」は部分を集めて調和のとれた集合体をつくり、その結果が統一された全体となるものだ。

しかし、アリストテレスの蝶の場合は不思議な世界で、ひとつの全体がもう一つの全体に変身するのだ。都市の形について言及するなら、長期にわたって支配的だったアルベルティの都市に関する静的な「分子」理論は、一九六〇年にイタリアの「形態学的理論」によって取って代わられた。この理論では、都市の形態は、長期間かけてその理論に沿って徐々に変遷していく、というものである。[38]

ポンティとモリーノの作品に関していうなら、少なくとも「変態」という言葉が言外に示唆する意味が三つあるといえる。

その第一義は、すでに考察した「変態」だ。それは、必ず「より軽く」なるプロセスを意味する。

「軽い」蝶が、重い体ではいずり回っているイモムシから逃れるように、もしかしたら、人も、罠にかかった重い人間の体から逃れたいと欲するかもしれない（政治的に、重い罠から逃れたいというかもしれない）。

第二義は、精神的な変遷としての「変態」だ。それは、アリストテレスの論文に明らかなように、「復活」の概念である。蝶が幼虫から生まれてくるように、人も埋葬されて腐った身体から立ち昇って魂や精神的な身体になるかもしれない。

第三義は、人生の過程で経験する性的活動としての「変態」だ。色彩豊かな蝶が、休息状態と飛行（羽を広げた）状態の間を繰り返し行き来するように、人も定着状態と飛行状態や、現実と幻想の間を行き来したりする。人間の場合これらの間で起きる性的衝動はことさら明らかだ。たとえば不安定な状態と説明のつかない状態が恋愛の初期段階であるからだ。

以上、変態のさまざまな解釈において、「不安定な均衡」と定義できる瞬間や、ふたつの対立的感情を同時に感じたり、緊張する瞬間であったりするが、これらの瞬間に次の行動を起こす偉大な潜在力が秘められているのであり、この瞬間こそがポンティとモリーノの建築の瞬間なのだ。「不安定な均衡」こそが、蝶のように完全になれる偉大な可能性を秘めている。もし建築が蝶であるなら、ジオ・ポンティとカルロ・モリーノの建築は、彼らの夢とこの世の夢との間にいる恋人や飛行の魂を揺さぶるにちがいない。

このようなダイナミックな動きの操作は、ポンティがヴィラ・プランチャートのためにデザインした階段の踊り場で見ることができる。ポンティのヴィラのための図面を思い出してもらいたい。地上階の平面図には多くの人が描かれていて、このフロアがこの家で社交的に重要な役割を担っているのがわかる（図18参照）。一階の平面図には、目が多く描かれていて、より私的なフロアであることがうかがえる（図19参照）。ポンティは地上階の平面図で、厚い壁の両側にそれぞれ短い階段をひとつずつ

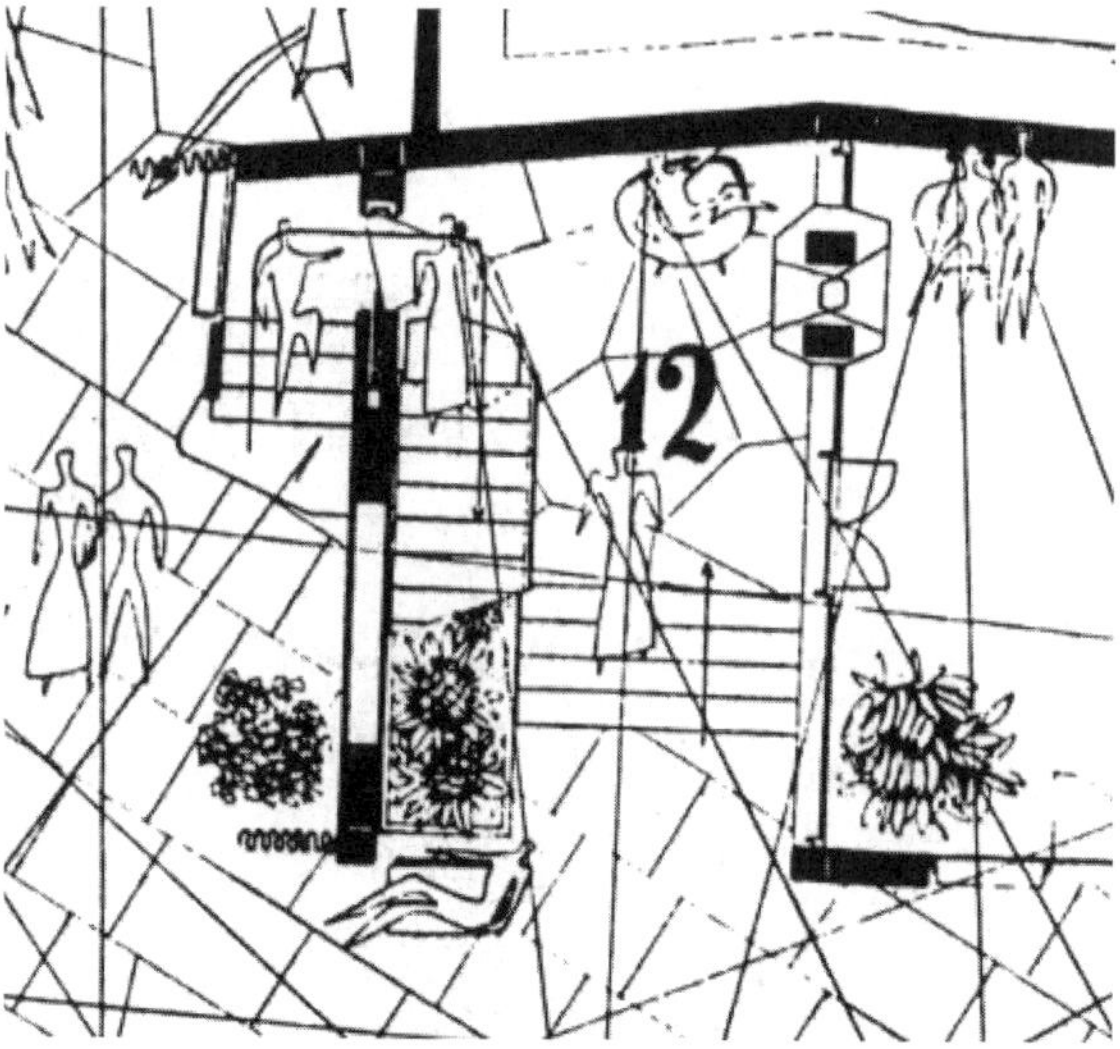

図43　ジオ・ポンティ。ヴィラ・プランチャート地上階平面図詳細。中央階段踊り場で男女が遭遇する様が描かれている

置いた（図43参照）。ふたりが壁の両側にあるふたつの短い階段を同時に上って、踊り場のある壁の開口部で出会えるようになっている。まるでおとぎ話を書いているように、ポンティはこの平面図に男と女をそれぞれの階段に描いている。共通の踊り場の近くで、まるで『ロミオとジュリエット』のようなふたりが、壁の開口部を通して目と目を合わせているようだ。ポンティはふたりの間を線でつないで、目と目が合ったようにしている。この凝縮した瞬間にポンティは明らかに女性を上階の私室へ上がるように描いているが、実際に建った建築の内部では、この図面どおりになったかどうかは定かでない。このふたりは一緒に二階へ上がったのだろうか。それとも、彼らは目を下方へ向けてからやめることにしたのだろうか。ポンティはモリーノとは違って、おとぎ話の「当たり前」の出会いを可能にしたかったのにちがいない。この男女は別々の階段を社交場の地上階から上がってきて共通の踊り場で出会い、一緒にひとつの階段を上がって私的な上の階へ行き、愛の行為のあと、私的なフロアからひとつの階段を一緒に共通の踊り場まで下りてきて、すべてが始まったその壁の開口部で別れて、ふたりは別々の階段を使って社交場へ戻っていったのにちがいない。ポンティはこのようにして、ヴィラ・プランチャートの平面図で「預言者的瞬間」を味わったのだ。二匹の「蝶」が共通の踊り場で意気投合して、不可

能に近い愛の行為に及んだ。これこそがポンティが夢にまで見た「不安定な均衡」なのであって、おとぎ話のような結末は約束できないかもしれないが、期待はできるし、何よりもそれを彼の建築作品に見ることができる。

このような建築のドラマは、ヴィラ・プランチャートにとっては「やさしい」課題だが、実はより複雑で難しい未解決の課題がまだある。このおとぎ話によると、二階には吹抜けのリビングルームを見下ろすふたつのバルコニーがある（図44、45、46参照）。ふたつの短い階段が共通の踊り場でつながっているのとは異なり、このふたつのバルコニーを結びつけるものは、吹抜けの空間があるだけだ。ポンティはアナラとアルマンド・プランチャート夫妻を想定して、これらを「月」バルコニーと「太陽」バルコニーと名づけた。「月」と「太陽」のモチーフは入り口のアトリウム（地上階平面図に3で示されている）からすでに始まっている。ヴィラに入ると、頭上の天井に太陽と月がステンシルで描かれているのが目に入る。同様のシンボルは同夫妻の仲のよい印として天井や手すりなどに、さらにはポンティが招かれて夕食する際にも使われている。このシンボルは家のなかのいろいろな場所で見受けられるが、太陽はヴィラのどこにいても常に明るくいっぱいに表現されているが、月は満ち欠けのそれぞれの段階が示されている。このヴィラのおとぎ話の世界では、アナラ（月）は来客には部分的に隠れて表現されていて、客のまぶしいような視線を避けるようにしているが、アルマンド（太陽）は常にどこにでもいて、月に向かって光をあてて手招きをしているようだ。

バルコニーの話題に戻るが、この室内にある「月」バルコニーは、双子のように「太陽」バルコニーとちょうど反対側の壁の上に対照的に位置している。バルコニーについている手すりは、それぞれ一方の手すりを意識してデザインされていて、双方とも金属製の太陽手すりと月手すりである。[39] バルコニーへ出るための壁の開口部は、双方とも棺または結晶のような形をしている。この形は蝶の幼虫を表しているのだ。アナラのドレスルーム（図19の二階平面図で24）、バスルームとマスターベッドルーム（同25、26）などのプライベートな空間から月バルコニーは突き出ている。一方、太陽バルコニーは、ゲスト

図 44　ジオ・ポンティ。ヴィラ・プランチャートのリビングルームで「太陽」のバルコニーを見上げる

ギャラリー（同36）と隣り合わせのゲストテラス（同31）から突き出ている。ゲストギャラリーの窓についている回転パネルは開閉が可能で、そこから吹抜けの下のリビングルームを見下ろすことができる（図44参照）。

すでにヴィラの階段の踊り場についての考察はしたが、この静止状態の平面図は奇跡的な統合と予知をしている。ポンティのずば抜けたアイデアでは、太陽である「アルマンド」は主人であると同時に客でもあるのだ。客室を歩き回って話し相手を探し続けているのだ。[40] 一方では、プライベートなドレスルームの陰にいる三日月のアナラを、太陽は「光」を使って手招きをしている。『建築を愛しなさい』のなかで、このようなおとぎ話のような「誘惑」について、決して飽きることのない芸術への必要な要素なのだ、とポンティは説明している。

> 私たちは欺かれたいと思っている。ラテン語のVulgus Vult decipi（一般の人は欺かれることを欲している）は芸術であるための必要条件だ。人々は芸術を愛しかつ誘惑されたいとさえ思っている。誘惑とは、決して飽きることなく懇願して、しかも慣れ親しんだ背信行為なのだ。人々は想像の喜びのために幻想を切望する。[41]

ポンティはおとぎ話を夢見はしたが、人の能力の限界もよくわきまえていた。このヴィラ・プランチャートでは、太陽と月の間の愛の駆け引きが決して終わることはない、という見通しに満足していた。そして彼の建築が、進歩ではなくてクライマックスとしての継続と定義して、それが長続きすることに満足していたのである。[42]

ポンティのおとぎ話におけるアルマンドの役目は、蒸気に満ちたすばらしいバスルームのなかで（これはバスルームから出てきてドレッシングルームにいるアナラでありうる）愛人を探しているアンドレ・ブルトンとどこか似ている。『狂った愛』の蒸気に満ちたシーンで、ブルトンはとらえどころのない愛人に向かって、

> 私はあなたを探しています。霧はあなたの声さえも取り除いてしまいました……どの女もこの部屋へ

図45　ジオ・ポンティ。ヴィラ・プランチャートのリビングルーム上部より「月」バルコニーを望む

は来られません。あなたは形がないのです。私はあなたの記憶をすべて分解してしまったのです。あなたはどこにいるのですか。私は幽霊とかくれんぼをしているようです。[43]

ブルトンもしたようにポンティも人間の形として考えられる一〇〇〇もの形を考えたのだ。ポンティの言葉に「生き物には一〇〇〇の形がある」というのがあるが、言い換えれば、これは形がないということだ。芸術の形は生命の抽象形であり、総合であり、恍惚の動きである。それは永遠の急停車である。[44]ポンティの考えでは、プライベートなドレッシングルームで霧に包まれたアナラは、アルマンドには一〇〇〇の形に見えるはずだ。アルマンドは、この幽霊のようなたくさんのイメージから、昼間のまばゆいばかりの光のなかでアルマンドは輝いているアナラを見分けることができるだろうか。覚えているだろうか、ポンティはすでに『建築を愛しなさい』のなかで、このことに言及していたのだった。

図46　ジオ・ポンティ。ヴィラ・プランチャートの「太陽」と「月」のバルコニー

われわれがまだ若かったころ、バルコニーを見上げては、恋に陥るかもしれないといくたび感じたことか。理想の女性がいつかバルコニーに現れて手を振ってくれるかもしれない、と望みつつ。家の中にも入らず、階段も上らなかった。ましてや彼女と結婚したわけでもないし、彼女を連れ去ったわけでも

なかった。彼女は理想の女性のままであった。[45]

これがポンティが渇望した建築に関するおとぎ話である。ポンティは「建築は私たちを恋に誘わなければならない」と書いている。[46] このような可能性を推進するためにポンティは、二階平面図に示したように（図19参照）、バルコニーにいるアルマンドの視線を向かい側にいるアナラ（ドレッシングルームへ入ろうとしている）へと結びつけた（霧のために視線が少し定かではないが）。お互いにルールを守ることを約束して、アルマンドはアナラを彼女の七面体の開口部（彼女のさなぎ）をくぐってバルコニーへ出てくるように説得したのかもしれない。まさにこの時点で、ポンティはもうひとつの目を描いて、アナラが飛行するための次のステップを示したかったのだ。しかし、もしアルマンドとアナラがこのような形で会わないほうがよかったのなら、それがポンティのスケッチに描かれていたシナリオなのだが、アルマンドは回転窓を少し回転させてアナラをチラっと垣間見てから、テラスを離れてゲストのギャラリーへと戻っていったにちがいない。しかし、もしここでアナラがアルマンドの興味をひきつけておきたいと思ったのなら、彼女は彼の努力を歓迎してあげるべきだった。

ポンティの「変態」式のデザインセオリーを使えば、建築作品は、彼が考えた「愛」を無理に強制することになるかもしれない。一〇〇〇種類もの三日月（形）のようなアナラをもって始まるおとぎ話では、彼女が殻（ドレッシングルーム）のなかに硬く閉じこもっていることになる。ポンティが用意してくれた方法を使うなら、アルマンドがまずアナラに声をかけ、アナラはそれに答えて、さなぎを破って出てきて（壁に開口部をあける）、蝶（理想の女性）として現れるのだ。話をリビングルームに戻すと、アルマンドは彼が以前から憧れていて、説明が不必要なほどに理想的な女性がほかならぬアナラであることがはっきりする。彼は彼女の中にとけ込んでしまうべきなのであり、彼らは、ふたりではなくてひとりなのだ。[47]

アナラとアルマンドとの愛のおとぎ話は、ブリトンによる説明と基本的には同じである。それは、「蒸気に満ちた室内で何回となく彼女のイメージが繰り返され、それと同じ数だけのぬれたバスタオルを太陽に当てて乾かしている光景だ。すでに見たことのあることに関して、こんなにも新鮮で完璧な印象を受けたのは初めてだ」。[48]おとぎ話における遭遇はポンティが考え出し、彼の建築がそれに形を与えたのだ。「アルマンド」は、「アナラ」を自分が常日頃心に思い描いていた女性として、その月（彼女）が太陽（彼）のために彼の目前に差し出されていた贈り物として、彼の片割れとして、皆既月食として、神にかかわるものとして、認めたのだ。ポンティにとっては、「月が全世界」[49]であり、ヴィラ・プランチャートのリビングルームは、夜気のなかで太陽と月との合体を準備して期待しているのだ。冒険好きの大理石の結晶で満たされ、さらには多角形の装飾であしらった洋服を着ているマネキンたちによって占領されている「世界」では、「アナラ」は「アルマンド」に、「宇宙」を超えて蝶のように彼女のプライベートなバルコニーまで飛んでくるようにと誘うだろう。そして、「アルマンド」が無事に彼女の腕のなかに着地したら、彼女は彼を蒸気に満ちた浴室を通ってマスターベッドルームに導き、彼を柔らかいベッドへと誘うだろう。

蝶3
機械的に建てられた建築

ポンティにとって、もうひとつのドムスへの道とは、製図道具（訳者注……鉛筆やフォトコピー）を使って図面やスケッチを描き、コピー機を駆使して達せられる。要するに、芸術家が使う「変態」のような技術といえる。すなわち、オリジナルのBをコピーしてつくられたAはBと必ずしも同じではなく、より進んだものとなる。このような方法で、ポンティのいたずら好きの友、モリーノはすでに述べたように、下着のカタログから鉛筆でなぞった軽薄で性的なイメージのスケッチを施主への建築デザインのプレゼンテーションに使ったりした。しかしポンティはといえば、上品な天使のような女性を建築のプレゼンテーションに使っていた。ポンティやモリーノにとって、女性よりも蝶を描くときや生の肉体よりも夢を追うとき、現実よりもおとぎ話つくるときに、よりすばらしい表現が可能になった。これらのスケッチは、わざわざ女性を表現しているのだと主張しなくとも、「完全」な女性（女性とは建築家を暗示している）を望んでいることを表現している。少し変わったやり方ではあるが、これらのスケッチはアイデアよりも希望を表現しているからだ。

洗練された機械的な方法は、第二次大戦後の一〇年間で大いに発達した。ポンティやモリーノ、出版社の編集者や写真家たちは、この進歩した方法の「軽やかさ」に、そしてとくに印刷技術に魅了された。『建築を愛しなさい』で、ポンティは紙に印刷する技術について詳細にわたって説明している。「紙は宙に軽々と浮かぶように見え、無重力の思想のように軽くてすばらしい。まるで表面に何も描かれていないかのようだ」[50]。彼はまた、印刷機がつくり出す「知的自由度」をよく理解し、印刷機が人間を各種の手仕事から解放することを知っていた。さらに彼は、「手作りのオリジナルから、人間の疲労度が読み取れる、といっている。複写のプロセスにおいては、すべての努力は、紙に印刷されることに集中されて、精神的にも報われる。紙とは文明の生んだすばらしい重さを感じさせない道具である……」[51]。モリーノもまた『建築——芸術と技術』のなかで、印刷技術がもたらす新しい種類の自由を祝福して、「昔の重くて動かせない機械とは違って、新しい印刷機は動かせるし、印刷職人の技術の程度に関係なく短時間にして常に同じ結果が期待できるすばらしいものだ」[52]といっている。楽観主義者のモリーノが考えるに、建築には、機械の発達によって毎日の労働が軽減され、よりいっそうの自由が獲得できるような、そういう性格がある、と。「産業や機械技術の完璧さは、純度の高い洗練されたすまいの創作を可能にする。そのすまいはといえば、空間の調和や色彩感覚を、落ち着いて楽しめる建築へと変身する、そういう可能性を内在した純粋な精神なのだ」[53]。

すでに紹介したように、モリーノは機械化された印刷技術を使って写真を拡大して、彼の独身者用のすまいに使っていた。たとえば、偉大なるミケランジェロが遂に完成させることのなかった彫刻、「*Dying Slave*（死相のあらわれた奴隷）」のフォトイメージが、同じように未完成のカサ・ミラーの室内にある書き物机の表面を飾っている。また、トリノにある一九四九年作のカサ・リヴェッティの小さな室内では、森や滝や大理石の拡大された写真が使われた。カサ・リヴェッティのダイニングルームは、住人は窓の外の実際の景色を見るのではなく、写真で拡大されて額に収まった自然のイメージを眺めるのだ。このダイニングルームでの普段の食事中の雰囲気は、この部屋から見える屋外の景色から牧歌的な世界への招待状へと変わるのである。同様にして、カサ・リヴェッティの愛人たちは、寝室に敷きつめられた本物の大理石に魅惑されるのではなく、細心の注意を払って「軽い感覚」でつくられた大理石のフォトコピーに囲まれている。この寝室におけるモリーノの写真による大理石の代用品や象牙の模造品は、住人を物質的世界から解き放ち、「より軽い」まだ経験したことのない「新しい高み」へと誘うのだ。

すでに述べたように、ユイスマンスは「人工的なものが、生活の疲れからくる嫌気を追い払って、われわれを自由にしてくれる」と書いている。主人公のフロレッサス・デゼッサントは、人工的な田園の理想郷をつくり出していた。デゼッサントは「偽物（人工的なもの）をまねる自然の花が欲しかったのだ」[54]。デゼッサントと意を同じくするモリーノも、自然を無理やりに芸術の領域に持ち込み、人工的に理想郷をつくりたかったのだ。モリーノの自然の景色を撮影した写真や建築材の模造品は、彼の「自然に対抗」する姿勢を示している。よりよい世界への夢を持ち続けるために、モリーノは自然界の人工的代用品をつくり上げたのだ。この独身者用のアパートのなかで、彼は、「非現実」への道のりをつくるため「現実にある」光と「自然に存在する」光とを用意した。それは完全な自然でもなければ幻覚でもなく、その中間のどこかにある新しい次元なのだ。ポンティはモリーノの作品のこのような傾向を適切に性格づけようとして書いている。「建築は技術を駆使した創造であり、それは現実には存在しない巨大なイメージを創造することなのだ」[55]と。

モリーノのカサ・デヴァーレの特徴は、自然に飛んでいた本物の蝶を捕獲して展示したことだった（図36参照）。しかし、ナピオーネ通りにある彼の最後の独身者用アパートでは、蝶の単なる模写が展示された。それは、彼がアンジェロ・ロンバルディから買ったカタログからの模写であった。エンリコ・モンカルヴォは、カサ・デヴァーレで最後の独身者用アパートにおける蝶の二種類の扱い方に注目した。ナピオーネ通りの「蝶の部屋」と題する記事で、モンカルヴォはこう書いている。

カサ・デヴァーレでは、色とりどりの昆虫の箱を背景として丘や川の景色が飾られているが、最後の独身者用アパートでは、モリーノは、正式に博物館に見られるような方法で展示している。これは、色彩的に洗練されたデヴァーレ・ハウスにおいて、本物の蝶が昆虫箱のなかにその軽さを堅持するかのように展示しているのとは大いに異なっている。[56]

モリーノの最後の独身者用アパートでは、蝶や田園風景が、本物ではない窓の額縁のなかに収められている。それは完全に人工的なものであり、変化しない景色であった。日常、見慣れているものを何かに変えてしまいたいと常に考えていたモリーノは、住人や彼自身をも自然から遠ざけること、とくに機械的な方法で、しかも極端な方法でそれを実行した。最後の独身者用アパートの蝶は機械的に作られているが、あまり「完全」とはいえないし、あまり喜べるようなものではなく、未完成で、しかもあまり「意味」のない変態なのだ。

ナピオーネ通りのカサ・デヴァーレの壁にある見かけの窓をつくってみて、モリーノは自分がいかにドムスから程遠いかがわかったはずだ。そのものが発する魔法のような霊気は、人間の神秘に対する憧れ以外のなにものでもない。要するに、この芸術家でもある建築家にとって、この世で起こる人と物との遭遇では、それ自身をも破壊しかねない機械的な方法によって左右される、ということなのである。

蝶４
再び仮装の建築

モリーノは彼自身がつくり出した（演出した）外界とは切り離されたすばらしい環境のなかで、彼も来客もともに落ち着いた雰囲気を味わえることを夢見ていた。しかし、この不思議な空間に反映されているのは彼自身だけであって、ほかの誰でもない。モリーノはポンティへの手紙のなかで次のように告白している。「私には他人の趣味に合わせて自分を変えることなどできません。それがたとえどんなに正当に見えてもです。実際には、他人と私の趣味が同じような場合が多いことも確かですが、そうでない場合もあります」。[57]

融通性のあるポンティと違って、モリーノの不安定な飛行は、ドムスに向かっているかと思うと、また離れていき、その間を行きつ戻りつしていた。では、いかにして「幻惑的」建築や、「不安定な均衡」を保つすまいのなかで、ドムスを創造しようというのだろうか。ここで再び、蝶の仮装が、すなわち生き残りの方法やその極端な美しさが、非常に特殊な方法でドムスの夢と建築の現実を一致させるべく、モリーノに手を貸したのだ。

本物の昆虫の展示によって明らかになったモリーノの仮装方法に関してはここで再び登場を願うギリシア神話のミノタウロス（人身牛頭）が、ヒントを与えてくれる。ミノタウロスに関して、社会学者であり文筆家でもあったロジェ・カイヨワは、ふたつの随筆を発表した。ひとつは「祈るカマキリ」についてであり、もうひとつは「カモフラージュの生物学的現象」[58]についてであった。このふたつの随筆は人と昆虫が同じ性質をもっている、というカイヨワの信念が貫かれて書かれている。ミノタウロスの神話をよく読んでいたモリーノはカイヨワの随筆をよく知っていたにちがいない。蝶のカモフラージュ（仮装）を詩的に解釈してイラストとしたピカソのミノタウロスの写真を、モリーノが写したものがあるが、これがそのよい証拠である。

ふたつ目の随筆でカイヨワは、昆虫とその環境との模倣的関係の型や方法について思考をめぐらせた。人間の住居と昆虫の巣とを比べてみた。具体的にいうなら、模倣的関係は必ずしも生き物の幸福に貢献しているとは思えない、と彼はいっている。たとえば、虫とその環境との厳しい関係が生存を脅かしたり、間違って自分の仲間に食べられたり、仲間に交尾の目的と勘違いされたりする。[59] 生き物とその環境との関係に内在する「自然」の緊張関係は、モリーノが苦心して探し求めてきた関係と類似している。

モリーノは、自分のすまいをつくることが、いかに自らの運命を左右するかを知っていた。彼と女性客たちが互いによい関係を保ち、その置かれた環境に合っていることがわかっていても、それぞれの主体性を失う危険性を常に持っていた。カイヨワが説明しているアンビバレントな関係については、ロザリンド・クラウスがさらに詳しく書いている。

いかなる生物においても、その特殊性を継続できるか否かが、生命の存続を左右している。その特殊性の範囲内で自己管理がなされているかである。擬態はその自己管理の欠落である。なぜなら、動物がその環境と一体となることは、環境から疎外されたことであり、現実から遊離したことであり、広い外界との融合への誘惑である。[60]

モリーノは巨大な空間から、リラックスできて親しみやすい空間を削り取った。とくに女性の客が多かった。彼らの各種の出会いを成功させようとするつもりはあるのか。果たして彼らは恍惚の瞬間をつかまえられるのか。そして最後に、どんな建築空間のなかでこれらを達成できるのか。

待した。そこへ彼はさまざまな客を招いが、さまざまな疑問を投げかけた。まず、彼らは互いに適切な相手なのか。この部屋の環境は彼らにとって、適切なのか。彼らは、相手に対して、また環境に対して、どう対処するのか。彼らは自分を犠牲にしてまでこの出会いを成功させようとするつもりはあるのか。果たして彼らは恍惚の瞬間をつかまえられるのか。そして最後に、どんな建築空間のなかでこれらを達成できるのか。

モリーノはドムスにはっきりとこう書いている。「空間全体としての雰囲気を、家具を〝収めておく箱〟にたとえることはできないが、そのインテリアは精度の高い壁によって雰囲気を醸し出しえる」。[61] 彼自身がぴったりとこのダイナミックな室内環境にとけ込んでいる。彼の服装のすべてがそこの雰囲気と判然一体としている（図5を想起していただきたい）。カイヨワも説明しているように、仮装においては「視覚の世界だけが機能している」のだ。[62] カサ・ミラーで写したモリーノ自身のポートレートを思い出していただきたい。建築家であり写真家でもあったモリーノは、この不思議な動きのある空間のなかで、絹のネクタイを石膏の彫刻につけたり客の女と一緒に石膏彫刻をつくったりして、彼自身だけでなく客もともに仮装（カモフラージュ）してしまった。

モリーノは各種の仮装のテクニックを使っている。たとえば、ガラスケースに蝶を入れて展示したり、蝶を思わせる形の家具をデザインしたり、客の服装に直接蝶をあしらったりしていた。このようにモリーノは仮装のテクニックを、一九三九年にカサ・ミラーとよく似ているカサ・デヴァーレをデザインしたときから使うようになった。これらのテクニックはすべてポンティによって『スティレ』誌上で発表された。[63] カサ・デヴァーレでもモリーノは、カサ・ミラーで使ったのと同様の装置を使った。たとえば、固定された鏡や動く鏡、透明ガラスやくもりガラスで覆った各種の壁面、反射板のついたすりガラス、拡大された写真、各種のカーテンやじゅうたん、ついたて、キルト張りのドアや壁、天井、自動切り替えの照明、そのほかには完璧に演出された材料やテクスチャーと色彩の芸術品など。[64]

しかし、カサ・ミラーとは違ってカサ・デヴァーレでは、本物の蝶の展示が入り口の廊下から始まっており、空間を蝶で埋めつくそうとした意図がうかがえる。きれいな羽根のついたこの小さな昆虫をいくつもサテンの布地にはりつけてガラスのディスプレーケースに収め、鏡に反射させて展示している（再び図36参照）。寝室をのぞいてみると、バタフライの形をした豪華なソファが置いてある。バタフライソファは、網で縁どられたベッドの前にどっしりと置いてある。この「バタフライソファ」がそこに置いてある理由は、愛人をつかまえるためである。一度つかまると愛人はすぐさま隣にあるベッドの上に持ち上げられて、捕獲網の虜になってしまうのだ。違った角度からベッドルーム全体を眺めると、それは繭《まゆ》のようにも見える。天井はサテン地のクッションで覆われ、壁は床から天井まで厚手の布地でできている。カサ・デヴァーレの装飾は、ちょうどモリーノがデザインしたルトラリオ・ディスコテックのダンスしたくなる回転式フロアのように、誘惑のための活動を始めることを催促している。繭のようにカサ・デヴァーレのベッドルーム全体が「不安定な均衡」さをもつ舞台のようだ。すなわち、「女──蝶」の変態なのだ。「女──蝶」は、アリストテレスの定義である「種の保存が目的であり、それ自身で完結している」とは異なるかもしれないが、女がロマンスに自由に色を添える役目を果たす「蝶」であってもおかしくはない。

カサ・デヴァーレにおいて、このトリノの建築家は蝶を主題とした思いつくすべての、誘惑や影響を教唆する環境をつくり上げた。寝室にある繭のベッドから、愛人たちは、鏡に自分たちを映して恍惚にひたるのだろう。鏡の下のガラスの棚は、羽の片側半分の形をしていた。ベッドのこちら側にも同じような形のガラスのテーブルが置いてあり、反対側には蝶が二枚の羽を広げた形のガラスの棚がワイヤーで吊られている。このガラスの吊られたテーブルは、真上からの光で、あたかも床にゆったりと羽を広げている蝶のように見え、それがモリーノのレンズによって「捕らえられ」ている。

カサ・デヴァーレではもっと多くの蝶を捕まえようとしてか、来客用にバタフライチェアを用意した。ジオ・ポンティもモリーノをまねてバタフライチェアをデザインした。この椅子はフォルナセッティの蝶をあしらった「スーパーレッジェーラ」（超軽量）シリーズのひとつである（図37参照）。この椅子と一緒にポンティは「バタフライベッド」をデザインした。壁やドアの表面に同じような蝶をあしらって、これらふたつの家具をカモフラージュ（仮装）して全体の雰囲気の統一を試みた。ポンティはこれをカサ・ディ・ファンタジア（幻想の家）と名づけた。[65] この経験から、のちにヴィラ・プランチャートのデザインでこの仮装のテクニックを効果的に使った。たとえば、不規則な結晶状の形をしたダイニングテーブルの表面や、床の大理石や吊り天井、さらに変態の重要な一部である壁の装飾などである。ポンティはプランチャート邸ではおとぎ話というカモフラージュ（仮装）

を使ったが、モリーノはカサ・デヴァーレでそのような回りくどいことはせず、写真という直接的な材料を十分に使いこなして、この独身者用アパートを飾った。さらにそこでは、彼の「究極的な目的」達成に向けて、女性モデルの服に直接、蝶をあしらった。この空間がいかに不自然に見えようと、モリーノのカサ・デヴァーレは、豪華な見世物であり、もっとも美しい蝶の魅惑をつくり出すための「幼虫」なのであった。

蝶5
建築、不可能ともいえる結合へ向けて

『裸体――それは理想的フォームの追求』において、イギリスの美術史家、ケネス・クラークの叙述によると「均衡と補足による完璧さの追求は、古典芸術の基本である」となる。彼はつけ加えて、「理想的な形には動きのリズムがすでに内包されている場合もあるが、結局は真の中心に落ち着くものである。それで完全であり十分なのだ」[66]と。ポンティとモリーノは理想的な状態を夢想するしかなかったのだ、とクラークはいっている。最良の条件の下でも、彼らの建築は、彼らの現実離れしたドムスに向かう大型船に積まれた、奇跡としかいえないビジョンを実現するための触媒を提供することしかできないだろう。たとえば、ポンティがデザインしたすまいの室内の立面図で、額縁に気持ちよさそうに収まった女性をドアの代わりに描いたのは、おとぎ話での建築作品とそこの住人との「完全で十分」な出会いを表現したかったからなのだ。しかし、ポンティは、人生の試練や重労働によって、図面で表現したような幻想が実現するとは確約できなかった。彼はヴィラ・プランチャートは丘陵の頂で、「まるでデリケートな蝶のように休んでいる」といったが、ヴィラはポンティが説明しているように、土地と一体となったのではなく、土地の上に休んでいる建造物にすぎないのだ。ヴィラ・プランチャートの上部は下部の地下室部分の上に腰をかけている形になっていて、あたかも自然の環境の上に、よそ者のように腰を下

ろしているのであり、それはすなわちポンティの「軽やかさを表現することの難しさ」[67]を表明していた。

「軽やかさ」ということについて、小説家のイタロ・カルヴィーノは「人間らしさが、その重さによって左右されるように見えるときは、私はいつもペルセウスのように宇宙へ飛んでいきたくなるのだ。しかしそれは非合理な夢の世界に逃げるということでは決してなく、むしろそれは異なる理論と、より新鮮な認識と確認の方法とをもって、私の世界観を新しく変えることにある」[68]といっている。モリーノは自分の世界観を変えるために、彼が「怒れる昆虫学者」と名づけたマン・レイと同じような服を着て、マン・レイ自身になったつもりで「暗室からのメッセージ」という記事を書いた。そのなかでこういっている。

マン・レイは、怒れる昆虫学者がするように、焦点を昆虫から物や人間に移した。彼は、職業的誠実さという衣を着てはいるが、楽しげに自分の欲望に照明を当てていた。光が彼の顔を照らしたが、優雅なのか貧乏なのか、定かでなかったし、素顔なのか内面から出てくる力が顔に表れているのか、それとも意地悪なのかさえわからなかった。その顔が、衝撃に耐えているという事実を考え合わせると、険悪そうにも見えてくる。もしそうでないなら、彼にとって大切なことや、この世の罪深いことなどに、一般には弱点と思われていることや、より強い光を当てて理解しようとしたとしても、同情を取り戻すことは難しかったろう。欲望は苦しみを呼び、結局は命取りになるのだ。[69]

モリーノは、ここでマン・レイについて書いているように見えるが、実は自分のことをいっているのだ。「怒れる昆虫学者」としてモリーノは、自分が皆のためにと思ってつくった仕掛けに、自分がはまってしまったのだ。それらが蝶であっても、女の客であっても、友達であっても、たとえ施主であっても、はまってしまっただろう。確かに彼は、芸術の「魅惑」の虜になってしまった。[70]

モリーノは自分の建築を「説得の建築」と呼び、その説得は施主に会った瞬間から始まった。彼は次のように説明している。

……理想的な雰囲気に浸り、極端なほどに主観的になりかつ神聖な創作に立ち向かい、羨《うらや》ましいほどの自由を楽しむ、それこそが本物の建築家といえる。それは、想像の世界であり、そこでは施主は蝶のように普遍なのだ。蝶であることは、ロマンスに自由な色彩を施すことである。[71]

モリーノは、蝶であるかもしれない施主がモリーノの内なるデザインの禁じられた部分を、自由闊達に取り出して見せてくれることを望んでいたのだ。

ウラジーミル・ナボコフの『ナボコフ自伝――記憶よ、語れ』のなかで、想像上の小説家であり昆虫学者でもある主人公、フンベルト・フンベルトが、「四〇年間の試み」と呼んでいる、その四〇年の間に、蝶を一度も捕まえることができなかった、と大いに嘆いている。[72] モリーノもまた蝶を捕まえようとして「四〇年間の試み」に、創造力豊かなる生涯を通して「つかまえ所のない何か」を追い続けた。しかし、それを見失ってしまったのかもしれないし、初めから存在していなかったのかもしれない。ナボコフの創造的追求について、アルフレッド・アペルは次のように述べている。

……彼の芸術は、常に何かに到達するためのプロセスを記録することだった。芸術的創造活動を通しての芸術家自身の変遷や、昆虫の変態の周期が、ナボコフの生涯を通して見れば、生物学的調査のプロセスのようなものだった。すなわち「蝶と自然の根本的問題との間」を関係づけるための調査であった。ナボコフの小説の最後の部分で、この本の芸術的周期が完結するときに、蝶と蛾が重要な要素として現れてくる。[73]

ナボコフとモリーノの同じようにユニークな芸術活動において、変態のプロセスは、芸術家としてのこのふたりとさらに、彼らの芸術の賛同者をも一緒に巻き込んでいった。すなわち、芸術作品（小説や建築）や各種のテーマ（性格やモデル）や観客（読者や住人）などである。アベルはさらに書いている。

『ロリータ』を理解する際に大切なことは、いろいろと異なる感じ方や、小説としての『ロリータ』の内容や、小説のゲーム的要素に支配されている著者と読者がともに変態のプロセスを同時に経験していることを知ることなのだ。とくに作者のウラジーミル・ナボコフ自身でさえもが、ある瞬間においては左右される対象となり変化せざるをえなくなるということだ。よって、蝶は、より本質的には、よりオーガニックに『ロリータ』を豊かにしている要素を支配することになる。それはちょうど蝶になるための変態を経験しているようなものだ。すなわち、『ロリータ』の内容は、すべてが常に変態のプロセスなのである。[74]

ナボコフの芸術と人生に関する「変態」についての表明は、長い時間をかけて持続的に、しかも地理的にも広範囲で行われた。モリーノはトリノの都市環境と田園の避暑地との間を往復飛行し続けた。逆説的にいえば、モリーノの交互に場所を変えての動き方は、いってみれば、彼自身の建築のコンセプトをまねした結果となった。モリーノは、彼の著作『芸術と技術』で、彼が弁証法的思考のなかで「二極の柱」と呼んでいるものを、見事にしかも断定的方法で、間違いであると証明した。彼自身、「二極の柱」が実際にはなかったことを認めている。[75]

モリーノは、都会と田園の環境の間を頻繁に往復飛行して、文字どおり弁証法的生活をしていた。バチェラールは再び、「豪華なすまい」と「自然の避暑すまい」を楽しんでいるモリーノの「変態」的傾向に光をあてた。

「さなぎ」という言葉そのものが、ふたつの夢が一緒になっている何よりの証拠である。その夢は休息か飛行をしている存在であり、夕刻の結晶化か光に向かって広げる羽でもある。たとえ都会であっても海辺であっても、人間であっても宇宙であっても、羽を広げたような形の館の躯体のなかで、彼はひとり隠れて完全な休息をするために、さなぎの代わりをする小屋を保持し続けた。[76]

モリーノの建築的感受性は、都会と田舎の両方にまたがって反応した。モリーノはこのふたつをかみ合わせたものがドムスであると考えたにちがいない。それは、豪華な空間と自然の休息所であり、館のようなすまいと小屋でのすまいであり、女性の私的空間と宗教的とでもいえる空間であった。バチェラールは「夢のすまいとは、すべての特質を備え持ったすまいにちがいない」という結論に達した。どんなに大きくとも、それは同時にまた小屋であり、山鳩の巣であり、さなぎでなければならないのだった。[77]

モリーノの最後のふたつのすまいは、彼自身のためのものであった。これらのすまいが置かれた環境は、それぞれ、避暑地のすまいがトリノの丘の上にあり、もうひとつは、トリノの中心のナピオーネ街にあり、幻惑的な誘惑を実行に移す場所として使われた。ナピオーネ街のすまいの写真は、モリーノ自身が撮ったモノクロ写真が残っており、のちに撮ったポラロイドのカラー写真は残念ながら薄っぺらであまり価値のある写真とはいえなかった。モリーノはこのふたつの作品を一九五〇年代にデザインしはじめ、一九七三年に亡くなるまで改良し続けた。残念ながら、この二作品は、モリーノの使い古したテーマを不完全な方法で繰り返しただけにすぎなかった。しかし、それはまた彼のいきいきとした、色褪せることのない、諦めることのないドムスへの道程を物語っていて、まさに未完成そのものであった。彼は自然と人工の理想郷の間を行きつ戻りつしながら夢を追い続けた。モリーノがこの本質的に共通点のないふたつの場所を、常軌を逸したように往復し続けたということは、まさに「すまいのデザインは決して終わることがない」という主張の証なのだ。

彼がデザインした繭に彼の女性モデルたちがいつまでも捕まっているように見えるが、実は彼自身も捕まっていたのだ。モリーノは数多くのすまいの写真を撮っているが、そのなかには彼自身も多く収められている。彼は自分のデザインした空間のなかで、自分を鏡に反射させて何枚もの写真を撮っている。

モリーノは一九四三年に「(モリーノ自身の言葉を借りて)きまじめで物静かな」夫婦のためにデザインしたすまいの寝室に、モリーノ自身を入れることによって、本来ならゆっくり休めるだろうと期待してよい場所を、この建築家は完全にしかも意識的に施主を裏切ってしまったのだ。モリーノは施主のためにスケッチを描いた(図47参照)。いつもどおり豪華で気持ちよく休めそうな蝶の形をしたベッドを描いて、部屋の中央に置き、天井から吊るした蚊帳でベッドの四方を包んだ。[78] モリーノは、この吊り下げられた軽い布で突風が起きたような波を模倣し、新しい種類の謙虚さと親密さを表現しようとした。[79] しかし彼にとってはいつもするようなデザインであったためか、決して満足はしていなかった。彼はこのスケッチで室内装飾に加えて、製図用ランプに使うひじつきのアームに支えられたバックミラーを加えた。この鏡に映っているのは、寝ている施主ではなく昆虫採集用のネットに捕まったモリーノ自身の顔だった。この特異なモリーノのスケッチが意味することは、彼がまだ建築家としての活動を始めたばかりのころに、自分のベッドルームをデザインしたが、そのときにしたことを今度は施主のためにしたかったのだ。繭に閉じ込められて孤立はしているが、同時に自由に飛びまわれる外界をのぞけるかどうか試してみる機会を施主に与えたかったのだ。[80]

写真家でもあるこのトリノの建築家が、自分でデザインした網に自分自身が捕まっている間、女性のモデルは彼のレンズの焦点を彼女から蝶に移させた。あたかも彼女の強い視線が蝶をその場に釘づけにしてしまったかのように。この瞬間をモリーノのカメラはとらえていた写真が、「*Testa con farfalla*(蝶と頭)」である。この写真では、モデルは「蝶」の模様の入ったブラウスを着て、この蝶の模様を熱心に見つめて、命を吹き込んで外に飛び出していけるようにしているかのようだ。

最後の都会にあるすみかとしてモリーノのナピオーネ通りの独身者用アパートでは、よりいっそうドラマティックな出来事が起こっていた。彼がここで写したカラー写真(図48参照)、「怒った昆虫学者」であるモリー

図 47　カルロ・モリーノ。モリーノ設計でパッディ・フィールドに建つ農家のベッドルームのためにスケッチ（1943年）。鏡にモリーノの顔が描かれている

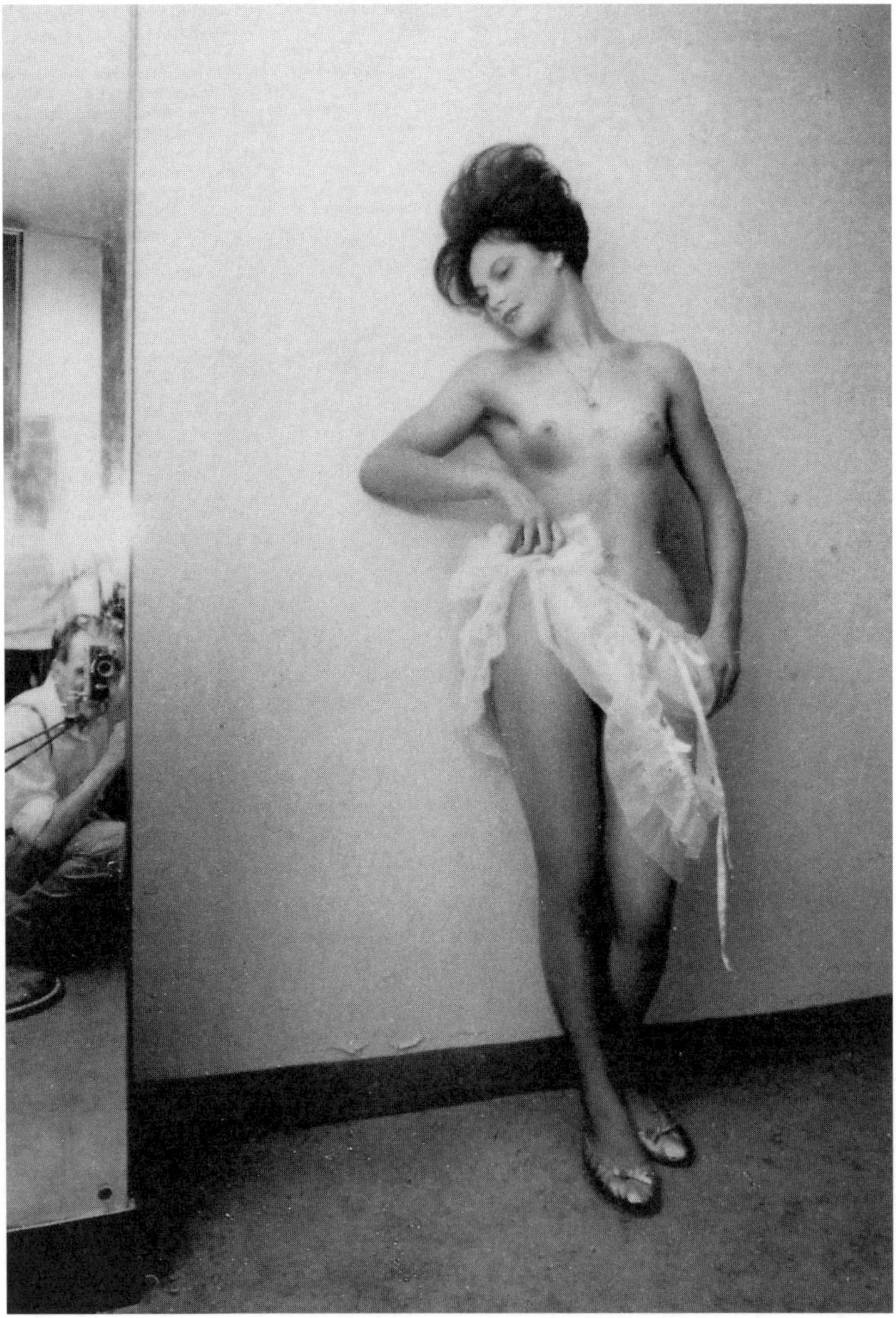

図48　カルロ・モリーノ。ポラロイドカメラにより撮影された。鏡に撮影中のモリーノが映っている

ノがより裸に近い格好で、彼のモデルと同様な格好で写っている。ここでは、この老年の建築家兼写真家は再び自分で描いたシナリオのなかで、ネットや魅惑的なベールを破って自由を獲得した、しなやかなモデルに比べて、なんと年老いていることか。

一方、ナボコフは一九五一年に書いた手紙のなかで、カメラで蝶をとらえたときの興奮について触れている。多くの点でナボコフの言葉は、モリーノの逆説的な探求を言い当てている。

私は長い間、写真うつりもよいそれほど恥ずかしがり屋でない、蝶の姿かたちと蝶の止まる場所を頭に描いてきた。花や葉、小枝や石や木の幹などである。ある場所では、興味を引くようなあでやかな蝶たちが湿った砂の上に集まって、ちびりちびりと飲んでいて、ちょっとしたことでは逃げ出しそうもなかった。またある種類の蝶は、小さな花の上で羽をいっぱいに広げて休んでいるし、日当たりのよい石の上でひなたぼっこをしている。またほかの種類は、羽を閉じているので、横から見たり、下から写真を撮ったりもできた。[81]

蝶がこのようにいろいろなポーズで写真に写されただけでなく、ナボコフ自身も同じようにして写真に収まったにちがいない。この同じ手紙のなかでナボコフは「すばらしく興味のある私自身の写真、たとえば、がっちりとしていて俊敏で堂々と歩く私の写真か、または蝶を花から私のネットへ運び入れようとしている写真か、または私が空中で蝶を捕まえている写真である」。確かに写真に写っているのは必要以上にフォーマルな服装をしたナボコフが、視界に蝶はいないのに、持ちにくそうな蝶採集のネットで武装して、まるでモリーノがカメラを手に途方に暮れているように、彼も迷子になった様子だ。

エウジェーニオ・モンターレが書いた蝶についての「小さな詩」はモリーノやナボコフのジレンマを巧みについている。実際にモンターレは、第二次世界大戦後にミラノの新聞に「ディナール（Dinard）の蝶」と題する詩を投稿している。[82] 彼は恋人に何かを聞くという形でこの詩を始めている。「小さなサフラン色をした蝶は、ディナール広場のカフェにいる私に会いにきて、あなたのことを話してくれているかのようです。風が吹く寒い日の午後一時に、この小さな広場に来ていただけますか」。モンターレにとってこの蝶は、戦後のミラノの混乱のなかで一時的にでも精神的バランスを保つ方法を意味していた。おそらくこの蝶が、不可能とも思える、理解しがたい感情の、また自分の状況と自分がいる世界との間の、溝や空虚を埋めてくれると考えたのかもしれない（モンターレにとって、フィレンツェでファシスト党に加わらなかったためにガビネット・ヴィウソウの指導的立場を辞めねばならなかったことを意味した）。動機はともあれ、モンターレは自分の運命を蝶と関係づけたのだ。この詩人は心のなかに蝶をとどめておくための詩を書いた。この蝶を自然に飛びまわっている昆虫という存在から切り離して、ただ静かに彼の心の中にとどまっていてほしかったのだ。一方モリーノにとっては、蝶と関連した建築や写真の作品では、その奇跡的存在は、いつまでもその場にとどまっている運命にあった。さもないとネットから逃げてしまうからだ。

興味深いことに、ロラン・バルトは、モリーノと同様に、写真家の仕事を昆虫学者と関係づけて書いている。「われわれが普通、写真を静止したイメージとして見るとき、それが動かないイメージを表現しているだけではなしに、なかったものが現れたり、目の前にあるものが消えてしまう可能性があることをも同時に意味しているはずだ。これらの写真は一時的に麻酔をかけられて動けないようになっているのだ。まるで蝶のように」[83]。彼自身が写っている写真について、バルトは写真でイメージした自分が思慮深くて意義のある存在を示している、という欲求の現れなのだったと告白している。さらに続けて、「簡単にいえば、私が欲しているものは、無数の写真のなかで、状況や年齢が変わってわからなくなったり、そのなかで、とくに私の動きのあるイメージと、思慮深い私自身とが常に一致してほしいのだ」。しかし、とバルトはつけ加えて「実際は逆なのだ、といわざるをえない。現実の自分がイメージされた自分と一致したことはない。なぜなら、イメージに描いている私は重くて、動きが鈍く、しかも頑固（それゆえに社会は継続する）なのだが、実際の私は、軽くて、心が分離しているうえに分散していてまとまりがない」。[84] カメラがとらえたアンビバレントな雰囲気のなかでは、バルトは決して「思慮深い自分」のイメージに固執せず、モリーノのように、次々とイメージを変えた。バルトは「私の意図する写真とは、私が主題でも目的でもなく、ただ目的に近づいていると感じられる主題であり、そのような安定した瞬間を表現するものである。それは、すなわち、身近な死を経験することだ」。[85]

バルトが示唆したように、彼が住みたいと思った場所、それは死ぬための場所だった。[86] 彼が決して主題ではありえないたったひとつの場所でもあった。はっきりとして明白な目的、パーマネントなイメージ、そう、人間の死体である。バルトは、最終的なすまい、すなわち墓をイメージするような写真の場所に住みたいと言っていた。[87] しかし、さすがの永遠の楽天家であるポンティもモリーノもそのような静止した場所をイメージすることには抵抗を示した。[88] その代わりに、ふたりは建築への「忠誠心」を証明すべく、奇妙で比喩的な建築をデザインしていった。いつの日にか訪れるかもしれない奇跡的であり夢でもあるドムスへ向かって。ポンティは『建築を愛しなさい』のなかでこう語っている。[89]

なぜ夫婦間の特質として忠誠心が挙げられるのだろうか。われわれ建築家は建築に忠誠でなければならないと考える。しかし、それなら、建築はわれわれに忠誠であろうか。それは、われわれの建築に対する愛の強さによるのだ（一方向の愛だってあるのだ）。

原注

1 Gio Ponti, *In Praise of Achitecture*, p. 182

2 Carlo Mollino, "Tutto è permesso sempre salva la fantasia", p. 20

3 Carlo Mollino,（注2）, p. 182

4 Gio Ponti, letter to the Plancharts（dated August 21, 1953）, quoted in Fulvio Irace, "Corrispondenze: La villa Planchart di Gio Ponti a Caracas", *Lotus 60*（1988）p. 88

5 Carlo Mollino with F. Vadacchino, *Architettura: Arte e tecnica*, p. 104. これらの言葉は、この作品に関するモリーノの最後の言葉であった。

6 Gio Ponti,（注1）, p. 181

7 Gio Ponti,（注1）, p. 109

8 Gio Ponti,（注1）, p. 51

9 Le Corbusier, *The Decorative Art of Today* [1925], transl. J. Dunnet（Cambridge, MA: MIT, 1987）, p. 45

10 モリーノの山岳地帯にある作品についての大要は次を参照のこと：Bruno Reichlin, "Mollino sulle Alpi", Casabella 588（March 1992）, pp. 30-31

11 たとえば、ポンティは「海沿いにあるすまい（The House by the Sea）」を「La casa al mare è una tribuna per assistere al mare」としてに掲載した。Domus 243（February 1950）, pp. 1–10.

12 J. K. Huysmans, *Against the Grain*（*A Rebours*）, p. 6

13 J. K. Huysmans,（注12）, p. 62

14 J. K. Huysmans,（注12）, p. xxiii. ユイスマンスはその著『L'Arte Moderne』のなかで、すべての芸術は、純粋さとみだらさの間や天国と地獄との両極の間でどちらかに引かれるべきなのだ、まるで人間性がそうであるように、と書いている。

15 Giovanni Brino, *Carlo Mollino: Architecture as Autobiography*, p. 92からのモリーノに関する引用。

16 この目的のためにモリーノは、the Institute of Mountain Architecture（山岳建築研究所）を設立した。さらに彼は、Val d'Aosta（ヴァルダオスタ）の田園建築に関するエッセイ集を出版した。

17 Gaston Bachelard, *The Poetics of Space*, p. 63

18 Gaston Bachelard,（注17）, p. 32

19 同右。

20 Carlo Mollino, "*Utopia e ambientazione*" part I, p. 14

21 U. Boccioni, (diary entry March 22, 1908), Ester Coen, *Umberto Boccioni* (NY: The Metropolitan Museum of Art, 1988), p. 259

22 Gio Ponti, (注1), p. 37

23 Italo Calvino, “Lightness”, from *Six Memos for the Next Millennium* (Cambridge, MA: Harvard, 1988) p. 3

24 Gio Ponti, (注1), pp. 215–216

25 Gio Ponti, “Il modello della villa Planchart in construzione a Caracas”, *Domus* 303 (February, 1955) p. 10

26 Carlo Mollino, *Il massaggio dalla camera oscura*, p. 60

27 Carlo Mollino, (注26), p. 75

28 Jane Livingston, “Man Ray and Surrealist Photography”, *L'Amour fou: Photography and Surrealism*, eds. R. Krauss and J. Livingston (NY: Abbeville, 1985), p. 145を参照。

29 『Uncanny』のなかでフロイトは、「二重人格」とは、そもそも自我を破壊から守るための保障としてのものであった、と述べている。[Otto] Rank（オットー・ランク）によれば「死の力に対する猛烈な否定」となる（Sigmund Freud, “The Uncanny”, *The Complete Psychological Works of Sigmund Freud*, trans. and ed. J. Strachery [London: Hogarth, 1953–73, vol. 17] pp. 234-235）。

30 Aristotle, *Generation of Animals*, transl. A. L. Peck (Cambridge, MA: Harvard, MCMXLIII) book II, ch. 1: p. 143

31 Aristotle, (注30), book II, ch. 1: p. 145

32 同右。

33 文学における変態の型についてより多くを知りたい場合は、以下を参照。P. M. C. Forbes Irving, *Metamorphosis in Greek Myths.*

34 Aristotle, (注30), book II, ch. 1: p. 149

35 Aristotle, (注30), book II, ch. 1: p. 151

36 Aristotle, (注30), book III, ch. ix: p. 329

37 Leon Battista Alberti, *On the Art of Building in Ten Books* [*De re aeidifactoria* (1485), trans. J. Rykwert, N. Leach, R. Tarvernor (Cambridge, MA: MIT Press, 1988), book 1, chapter 9, p. 23. And book I, chapter 2, p. 80

38 一八〇〇年、形に関する科学を説明するために、ゲーテが「形態学」(Morphology)という言葉を初めて採用した。

ゲーテに続いて、最初に印刷物としてこの言葉を使ったのは、解剖学者カール・フリードリヒ・ブルダックであった。

39 Gio Ponti, "Una villa 'fiorentina'", *Domus* 375（February 1961）, p. 20

40 Plato, *The Symposium*, transl. W. Hamilton（NY: Penguin, 1951）, p. 62. この話は、雌と雄の両方を兼ね、ともに最初の相手を探し求めている雌雄胴体について、最高神であるゼウスによって語られたものである。

41 Gio Ponti,（注1）, p. 116

42 Gio Ponti,（注1）, p. 51（さらに、彼の著書全般）

43 André Breton, *Mad Love*, p. 90

44 Gio Ponti,（注1）, p. 69

45 Gio Ponti,（注1）, p. 121

46 Gio Ponti,（注1）, p. 9

47 Plato,（注40）, p. 64 Zeus again

48 André Breton,（注43）, p. 90. 原書のフランス語版では、ブレトンは言葉の遊びをして、この文章の重要さを強調している。「never yet seen」（見たことのない）（フランス語でjamias vu）は、見たことのない珍しい（virginal）景色を意味し、「already seen」（見たことがある）（フランス語でdéjà vu）は見たことのある景色を意味する。ブリトンにとって珍しい（virgin）は、実際には見たことはないが、不思議と見たことがあるような気がするものを意味する。

49 Gio Ponti,（注1）, p. 124

50 Gio Ponti,（注1）, p. 196

51 Gio Ponti,（注1）, p. 198

52 Carlo Mollino with F. Vadacchino,（注5）, p. 96

53 Carlo Mollino,（注20）, part II, p. 25

54 Huysmans,（注12）, p. 84

55 Gio Ponti,（注1）, p. 8

56 Enrico Moncalvo, "Carlo Mollino", Interno in via Napione, Torino, 1959-1966, *Domus* 703（March 1989）, p. 68

57 Giovanni Brino,（注15）, p. 91でカルロ・モリーノが引用される。

58 私の"Roger Caillois and his contribution to Minotaure"に関する言及では、Rosalind Kraussに負うところが大きい。Rosalind Krauss, "Corpus Delicti" *L'Amour fou: Photogrphy and Surealism*, eds. R. Krauss and J. Livingston（NY: Abbeville, 1985）, pp. 70–78

59 Rosalind Krauss,（注58）, p. 74

60 Rosalind Krauss,（注58）, p. 74–75

61 Carlo Mollino,（注20）,［part I］. p. 18

62 Rosalind Krauss,（注58）, p. 74

63 Albino Galvano, “Un arredamento di Carlo Mollino”, *Stile* 5/6（May/June 1941）, pp. 31–34

64 Giovanni Brino,（注15）, p. 71

65 ポンティは一九五二年五月号の『ドムス』に、短い文を添えて、全体像がわかるような写真特集を掲載した（Gio Ponti, “Opere d’arte nell ‘casa di fantasia”, *Domus* 270［May 1952］, pp. 28–38）。

66 Kenneth Clark, *The Nude, A Study in Ideal Form*（Princeton: Princeton University, 1990）, p. 38

67 Gio Ponti,（注25）, p. 10

68 Italo Calvino, “Lightness”, p. 7.

69 Italo Calvino,（注68）, p. 15.

70 Carlo Mollino, “Rhetoriche e poetiche della proporzione”［Rhetorics and Poetics of Proportion］*Domus* 269（April 1952）, p. 33

71 モリーノの引用は、彼とのインタビューを掲載した、Carlo Mollino, “Tutto è permesso sempre salva la fantasia”, p. 51から抜粋したものである。

72 Vladimir Nabokov,*Speak Memory: An Autobiography Revisited*（NY: Putnam, 1966）, p. 120

73 Vladimir Nabokov, *The Annotated Lolita*, p. xxii

74 Vladimir Nabokov,（注73）, p. 340, note 18/6

75 Carlo Molino with F. Vadacchino,（注5）, pp. 9, 18, 30, 34の順で。

76 Gaston Bachelard,（注17）, p. 64

77 同右。

78 Giovanni Brino,（注15）, p. 87

79 Carlo Mollino,（注20）, part I. p. 14

80 同右。

81 Vladimir Nabokov, letter to Patricia Hunt, February 6, 1951, *Vladimir Nabokov: Selected Letters, 1940–1977*, ed. D. Nabokov and M. J. Bruccoli（San Diego: Harcourt Brace Jovanovich, 1989）, p. 114

82 Eugenio Montale, “The Butterfly of Dinard”, *The Butterfly of Dinard*, transl. G. Singh（Lexington: University of Kentucky, 1971）, p. 186

83 Roland Barthes, *Camera Lucida: Reflections of Photography*, transl. R. Howard（NY: Noonday, 1981）, p. 57

84 Roland Barthes,（注83）, p. 12

85　Roland Barthes,（注83）, p. 14

86　Roland Barthes,（注83）, p. 15

87　ロラン・バルト「よく耳を研ぎ澄ませて、自分自身に耳を傾けるなら、この住みたいという念願は、幽霊を見ているようでもあり、また理想郷の時代へ早く行きたいというふたつ目の希望でもあり、さらに自分自身のなかに連れ戻してもらいたい、との望みでもあり、二方向への行きたいという願望なのだが……。このような偏った状況を観ていると、あたかもすでにそこに行ったことがあるようでもあり、これから行くかのようでもある」（Roland Barthes,（注83）, p. 40）

88　墓石のデザインをするときに、ポンティは「動き」を考慮していた。ある家族の墓のスケッチはミラノにある記念碑的墓地につくられる予定のものであり、それは一九三〇年代に実現した。そこには、墓地を訪れる人のために、墓石をめぐる順番を示した矢印もデザインされている。

89　Gio Ponti,（注1）, p. 101

終章　建築のその瞬間を待ちつつ

「すまいは完成することがない」というポンティの言葉の意味するところは、彼がデザインするすまいは、期待どおりに完全無欠なドムスにはならないということだ。したがって施主は未完成の状態のすまいで生活することになる。これはやむをえないのかもしれない。なぜなら建築家（ポンティ）もやはり人間なのであって、当然できることには限りがあるからだ。ヴィラ・プランチャート完成から一〇年たった時点で、ポンティは施主のアナラ・プランチャートに手紙を書いて、次のような告白をしている。「私は今、『私が所有しているものは自分の人生だけなのです』と題する本を書いています。この本は、感謝の気持ちの表明、という形をとると思います。私ができることはすべてしたつもりです……。私はどの建築も誠心誠意を尽くしてデザインしてきました……」[1]。カラカスの丘陵の頂に軽やかに休んでいるヴィラ・プランチャートは、繊細な感覚によってデザインされていて、ポンティの人間に対する深い理解を表している。そのポンティは「完全な解決策などはなく、ただ新しい衣を着た古い課題があるだけだ」[2]といっており、著書『建築を愛しなさい』で彼は「われわれは建築のその瞬間をいまだに待っている」と書いている。

ポンティにはドムスを定義することの難しさが、そのまま日常生活における人々の存在そのものの難しさとして映ったのだ。とくに第二次世界大戦の惨劇後の状態のなかで、空間の理論や伝統的法則などが、適切なる建築の基本的状況さえ提供できなかった、という厳しい事実を突きつけられてからはなおさらであった。[3] 建築の「美しさ」などという古色蒼然とした概念は、個人の主観的な感覚で定義された「美しさ」によって、取って代わられてしまった。ここでポンティが言おうとしたことは、「美しさとは、努力をして、悲哀をこめて、痛みとともに確実さを信じてこそ、可能になるものなのだ」ということだ。[4]

「美の追求」と真剣に取り組んできたカルロ・モリーノも、「真摯な姿勢」で、美を解き明かそうとしている芸術家は、多くを期待されていることを知るべきだ、と書いている。モリーノの考え方をより大きな観点から眺めたベネデット・クローチェは、「絵をよりおもしろくする目的だけで、水に裸婦や王女を浮かしたりして絵を補足しようとしている画家」に対しては、(皮肉をこめて)たとえ最大級で精いっぱいの賛辞でも「賢い」とだけしかいえない、と書いている。[5] モリーノは、クローチェの観点をさらに発展拡大させて、「フィギュラティブ(比喩的)な現代芸術とは縁もゆかりもなく、それ以前からすでに有名になっていて、専門家と称されてはいるが、実は貧弱な芸術家の集団であるが、その彼らですら『真摯な興味』をもっている」[6] といっている。ポンティとモリーノは、これら芸術家集団とはまったく異なり、建築作品の精神性の再構築を成し遂げようとしていたのであり、それは、「新しい平面計画や新しい建築言語、人間的な矛盾との闘いから生まれる構造体の解決案であったりした。これらは人間の良心との対局とその超越とを基礎においていた」[7]。もし第二次大戦後のミラノに奇跡が起こるとしたら、それはポンティのいう「愛情過多」が大きな要因となっていたことだろう。しかし、彼にはよくわかっていたのだ。デ・シーカ監督の映画『ミラノの奇跡』のアルツーロの「愛情過多」が示すように、ある種の愛情には「報いられることがない」、ということを。

ポンティとモリーノにとって、人間が獲得しえた唯一の意義あるドムスとは、われわれの間で語られているいわゆる寓話に違いない、と考えていた。ふたりは、建築における奇跡とその建築にかける不可能とさえ思える期待とを混交させ、有頂天(ポンティの好きだった表現)になって喜べるほどの最大級の精緻さを駆使した寓話を、言葉の表現がもつ限界のギリギリまで使って話し合った。ポンティがまだ建設中のヴィラ・プランチャートやピレリ・タワーの建築現場をさまよい歩いていたちょうどそのころ、ガストン・バチエラールは熟考を重ねていた。「果たして、すまいと宇宙との間に起きているこの躍動的な競争意識は、そのすまいを人間の価値体系のなかに加えて、比喩的活動として考えられるだろうか。これは単なる言葉の遊びにすぎないのではないか」[8]。バチエラールはこの問いに自ら「否」と答えて、「想像力が、視覚的表現の補足的役割にまで格下げされることはありえない。それはむしろ逆で、生活のなかで突然にわいてきたイメージを事象として直接に取り上げられるべきだ」とつけ加えた。[9] バチェラールが言わんとしたところは、ポンティとモリーノが単に夢想しただけではなく、実際に描いて実現した幻想的建築の寓話のことだったのだ。

このようにして、ポンティとモリーノのおとぎ話の建築は、日常生活のなかで起きる「奇跡」を示唆することを使命として建設された。彼らがドムスを目指した多義にわたる作品で用いた論理は、誠に特殊な「詩的論理」であった。ヴィコ・マジストレッティは、おとぎ話の論理と関係ある語源学的考え方で、この「詩的論理」を説明している。「Logic（論理）はLogos（ロゴス）からきており、その第一義fabulaはすなわちfable（寓話）であり、それがイタリア語のfavella（演説）になった。ギリシア語でfableはmythos（神話）であり、それがラテン語mutus（無言）になった」。[10] ヴィコに従えば、ポンティとモリーノのドムスへの追求は、論理と夜の花火とを同時に把握することに匹敵する。

しかし、ヴィコの語源的な追跡過程をみればわかるように、詩は論理的であるが、神話的であり、寓話的でもあり、同時に無言でもあるのだ。そうだとしたら、彼らの不思議な、活力あふれる建築から何かが「聞こえてくる」かもしれないと思えてくる。『建築を愛しなさい』にそのヒントがある。その一節で、ポンティは建物から何も聞こえてこないとわかっていても、ただじっと耳を澄ますのだ、と独白している。それでもなおじっと耳を傾けていると、バチェラールもいっているように、「現実と夢との複雑な絡み合いからは、確かな解決策は得られなかった」[11] が、「すまいは決して完成しない」というのであるから、ポンティが想像したとおり、すまいは確かにわれわれに何かを話しかけていたのだ。

ポンティとモリーノがデザインした住宅は、愛の寓話であり、建築が語り出す魔術的瞬間の到来をただ待っていればよい。この活力あふれるすまいは、このふたりの建築家もわかっているように、ただ奇跡的な均衡が訪れるのを待っているだけなのだ。それは精神的景観や現実と想像の世界との間で保たれている不可能に近い均衡なのだ。この奇跡的瞬間には、活力あふれる建築が、神のみができる卓越したディテールの力を借りて、相互に類ポンティとモリーノ、その瞬間を待ちつつ似性のない物事をひとつにまとめられるかもしれないのだ。建築をいろいろなイメージの重ね合わせと考えるなら、たとえば違った結晶や身体や蝶を混合させた結果としての建築は、現世と個人的な理想としての精神的風景との間に存在するイメージなのだが、実は決して実現しないというイメージ、そういうイメージの行方を見つめる思想へと発展するかもしれないのだ。

その瞬間が来るのを待ちつつ（イタリア語ではアテッサ）[12]、ポンティとモリーノは自分たちの建築を創作し続けた。ポンティは、「初期には、直接的に、解き放たれた建築空間の正解を求めてデザインし続け、そして最後には希望だけを頼りにデザインし続けて喜びを感じてはいたのだが、結局は失敗に終わってしまった」とリサ・リチトラ・ポンティは回顧している。[13] ポンティの建築風景は、忘却の風景であり、「すでに最初からあった神秘的存在との不変の関係」と彼が説明していることへの代償であり、幸せな回答となった。[14] 究極的に、ドムスとは可能性というよりはむしろ「祈り」というべき種類のものであった。

「待つ」ということについて、興味ある逸話をふたつ挙げてみよう。ひとつは文学からの引用であり、もうひとつは建築のなかにある。両方とも飽くなき探求に光を当てたものだ。ひとつ目の文学からの話は、一九一一年にアルド・パラッツェスキが書いた小説『ペレラの法典（*Il Codice di Parela*）』からの引用である。このなかで、「煙の男」といわれたペレラは、この世の人々が待ち望んでいる市民「法」を、ついにつくらなかった、という話だ。パラッツェスキの小説で、ペレラの哲学は非常に「軽く」、この世ではほとんど重さがなかった。そして、地球上の人々は一緒にペレラの言葉を辛抱強く待っていた。

……そして、その間皆はのどが渇いていて、からからになるまでおしゃべりし続ける、それほどの時間があった。もう絶対にこれ以上待つことなどありえない、というほどの時間があったので、お互いに励まし合ったり刺激し合ったりして辛抱強くただ待っていた。[15]

ここでパラッツェスキは、待つことそれ自体にこそ「重要性と厳粛さ」があり、[16]たとえ実際に何かが起こったとしても、待つこと自体のほうにより重要な意味がすでに隠されている、といいたかったのだ。「完全無欠な建築」を待っている間に、ポンティとモリーノは来るべきはずのもののヒントともいうべきものを経験していた。たとえば、建築の忘れられた次元を彼らが強く欲して、ついには「実際に」それらが到来して、あたかも彼らの人間的な建築作品と一緒になったかのごとくに、想像したこと、などが挙げられる。ペレラの「軽すぎ」て聞きとれないような言葉を待っている、その間に、すばらしい考えを生み出したペレラの市民のように、ポンティとモリーノも、その瞬間を待っている間に「想像の限界」まで実際に到達できるかもしれなかった。この世の静けさのなかで、このふたりの建築家が、たとえそれを表現できなくても、何か大切なものを獲得したにちがいないのだ。モリーノもいっているように、「ひとりの作品についての最良の評価は、その無言の虚飾のなかにこそ見つけられる」[17]と。第二次大戦後、ポンティの理解と努力にもかかわらず、「大衆は、真実の兆し以上の何かを、より確かなものを、すなわち『詩の心』を欲していたのであり、もう待ちきれずに、完全放棄をする心の準備もできているような状態なのだった」。[18]しかしながら、ポンティとモリーノもまた、パラッツェスキのパレラのように、結局、真実の外観だけしか提供できなかった。

待つということに関するふたつ目の話は、建築についてであり、それはゴットフリード・ゼンパーによる『建築に関する四つの要素』に書かれてある。われわれの思考や判断に容易に受け入れられ、それゆえに見飽きてしまい静的な存在になってしまった建物に「活力」をよみがえらせようと、古代ギリシアの多彩色の建物と彫刻の伝統を改めるべくゼンパーは提案したのだ。ゼンパーは彼のこの大望に向けて、奇跡的に変態を経て生を得た彫刻である自分の〝おとぎ話〟に話しかけた。

硬直状態になって彫刻と化したプロメテウスの創造は、その彫刻台の上から下りてわれわれに仲間入りをするべきであったし、喜ばしい贈り物の呼び声で目覚めるべきであった。さらには、すばらしい色彩の甘き風味に包まれてしまうべきでもあった。しかし、その栄光のイメージは、なんとも嫌気のさすような漫画に変身してしまったのだ。中世の幸せの国から来た賢い芸術家はその前で目を閉じて、目前のものを否定しようとした。彼は、彼の古美術品を収めてあるケースの白い彫刻のところに戻り、触って感じたりして、その美しさを愛でたり、医学的に解剖したり、美学的に解釈したり……。きまじめな芸術家は、多くの色とりどりのまだらの色彩を、調和した美しいものに変えようとしたが、無駄だった。時代が不調和で非芸術的だったときに、芸術を日常生活から切り離して、芸術がある種の孤立的存在であった昔の概念に戻ることはできなかったのだ。[19]

賢い芸術家が重大な可能性の芽を切り取っているかと思えば、一方ではきまじめな芸術家がその可能性の到来を待っているのだ。ゼンパーはとくに意図して、偉大なる中産階級を攻撃の的とした。この建築家が考えるに、この偉大なる中産階級は、「表面的なことだけ」を強調した建築学を教えるエコール・ド・ボザールの幸せそうな中間層によって代表されていた。[20] しかしながら、賢く策略好きの人々以外にも、調和の美しさや、すばらしい色とりどりの興奮するような活力が到来するのを待っているきまじめな芸術家たちがいるのだ。

この同じ随筆の後半でゼンパーは、すばらしい芸術の活力は、過去のアイデアや型を混交させることで得られると指摘している。このことを説明するのに、（ポンティもそうしたように）ゼンパーは、変態のプロセスとしての活力について述べている。

古代文明を構成している各種の要素は、ここに蓄積されて影響し合い、そして、人々の変態を通して、（パリアの大理石のように）沈殿の状態から透き通った結晶状態に変容した。[21]

ゼンパーにとっては、歴史的な残り物には往時の力はすでになかったかもしれないが、それでも重要な可能性を残していて、ほかの残り物との間に偶然に起こりうる結合があると考えた。そして、この偶発的可能性のために「きまじめ」な芸術家が必要だったのだ。この喜ばしい贈り物によって目覚めた「きまじめ」な建築家は、平凡な人々が形式ばった信念、すなわち、すでに生気を失って二度と戻ることのない大昔の栄光が、再びよみがえってくるかもしれないという信仰にも似たわずかな望みに託して、プロメテウスの姿の再来を待った。

ふたりの「きまじめ」な芸術家ポンティとモリーノは、彼らの作品のインテリアに必ずや何かが来てくれるに違いないという期待でいっぱいにした。モリーノは女性を待ち、ポンティは天使を待っていたのだが、女性も天使も現れはしなかった。ふたりは、期待も計画も現実的で正しい方法であると信じて、ただ、ただひたすら目的に向かって突き進んでいった。

いつかきっと実現する日が来ると信じていたポンティとモリーノだが、ゴールの予定を先送りし続けなければならなかった。しかし、直線的な時間表は、絶え間ない変更にじゃまされ続けた。ポッジオーリにいわせれば、「つねに途中経過的状況にいるという意識から逃れるため、過去と決別し、未来が現実のものとなるための潜在的力を未来への希望の力としたのだが、実はその過程では変更の連続に悩まされ続けたのだ」。[22] クローチェはポッジオーリ以前にすでにこういっている。「誰でも未来に希望をもって、未来を信じて、変化し続ける世界から何かをつかみ取ろうとするものだ……完全な幸福感や、不安定で変わりやすい満足感を超越してより確かなものを、もうそれ以上変わることのない理想の状態が、泉のようにわき出してくるように」。[23] ポンティとモリーノの目標(天使と理想的な女)は拒否され続けて、やむことのない変更が繰り返されたが、クローチェにいわせれば、実は待つこと自体に意義があった、といっている。そうすれば、未来が安定してきて、「ある種」の完成への可能性が生まれてくるからである。

ポンティとモリーノ、預言者として

ハイデガーは『考察に関する田舎道での会話』と題する彼の晩年の著作のなかで、待つということは、確かな目的でも場所でもない、といっている。このなかの、教師と科学者と学者の三者の対話で、科学者がほかのふたりに質問をした。「われわれは何を待っているのだ。そして、どこで待っているのだ」。教師は「われわれは誰もそれを知らない」[24]と答えた。ハイデガーの論文では、われわれはこのような対話を通してのみ発見をし、しかも適切な状況においてのみ意見の交換を可能にするのだ、と教えている。また同論文のほかの部分では、参加者のひとりが、表現自身が可能性を与えるという障害があることを発見する。

> 待つことは、新しいことを何も提供せず、解放へと推移する。そして、結局は何も提供しないで終わる。それは、ちょうど自分自身を純粋に解放しようとしたように……。自分を、待つという状況に置くことは、はっきりとした目的をもつことではなく、会話のなかでの出来事として理解すればよい。[25]

表現をする行為とは違って、待つということには将来の出来事の可能性を生むという可能性がある。ハイデガーもいっているように、待つということは、何かをただ待つのではなく、むしろ可能性を探しているのだ。[26]意図したことを単に一時停止して待っていれば、期待していたものが到来するはずだと考えたのでは、ハイデガーの論文を誤解することになる。むしろ逆で、ハイデガーは「神秘的な出来事や神秘への可能性へ向けての解放は、それだけでは決して起きない……。その出来事や可能性はたゆまぬ努力と、勇敢な思考を通してのみ実現するものだ」と述べている。[27]

待っている間にも、預言者の両手は働いていた。右手と左手がわれわれを人間の限界から解放しようとしていたのだ。そして、ポンティとモリーノのふたりは親友であり、同僚であり、「この気の合ったふたり組」は、「数えきれないほどの話題の対話をし続けて、はじめに思っていたよりも広い世界へと、ふたりを誘っていった」[28]とは、モリーノ自身の言葉であった。この終わることのない対話では、いつも正しいのはポンティであり、皮肉屋の役を務めたのはモリーノあった。「ポートレート」と題する文章で、リサ・リチトラ・ポンティはふたりの関係を的確に表現している。

ポンティはモリーノが「社会から敬意をもって理解される」(モリーノがよく使った言葉)ように努めた。ポンティは『スティレ』誌上で(そしてのちにはドムスに)モリーノのために多くのページを割き、モリーノもポンティにすばらしい作品を持ってきた。作品と一緒にモリーノの思想を、とくにポンティ批判をもたらした……。ここにおける批判は親友だからこそできる鋭いものであったが、友情を失うものではなかった。モリーノの口癖で「敬意の念をもっていわせてもらえるなら」(モリーノはこの表現で批判を始めるのを常とした)は、のちにポンティによって繰り返し使われることになった。[29]

ふたりの間の対話は必ずしも、いつもスムーズとはいえなかった。一九五五年に書いた手紙のなかで、ポンティは、この短気で怒りっぽいトリノの友人に弁解をしなければならない、と思った。

一九五五年一月三日
親愛なるモリーノ様

ドムスは、あなたの広範囲にわたる発明と論文をサポートするための舞台なのです。
はじめの投稿から、今までいく度となく掲載させていただいたあなたの作品の内容は、雑誌『スティーレ』で私が始めた「ポンティ・スタイル」の伝統を支えてくれました。
私は、愛している人や尊敬している人を見捨てるようなことは、決してしませんし、『ドムス』についても同じです。『ドムス』は雑誌としての力と私の献身的努力に支えられて、私の感情を表現しているのです。

私が言いたかったことは、あなたの論文をもう一度『ドムス』に掲載したいのです。私は、『ドムス』誌上でのあなたの論文を、いつもわれわれふたりの対話と思ってきました。もちろん、あなたの作品との対話ですが。

どうぞ何かおっしゃってくださいい、お願いします、モリーノさん。

親愛をこめて。
ジオ・ポンティ[30]

このポンティの手紙への返事として、一九五七年七月三一日付のモリーノの手紙には、彼がポンティに連絡もせず『ドムス』へ投稿もしなくなった理由がしたためてあった。モリーノはここで、まず、ポンティへの無礼を謝り、「しばらくの間、私は建築とは直接的にだけではなく間接的にさえ関係しなかったのです」[31]と書いた。モリーノは気が向かないと仕事をしない人だということは、ご記憶だろう。建築デザインに熱中して、作品を多く生むかと思うと、次の時期にはほとんど建築とは関係しなくなったりした。一九四〇年代から一九五〇年代初頭まで建築制作に没頭したが、一九五四年の父親の死から一九六〇年代中ごろまでは、建築とは縁を切ったかのように、自動車と飛行機に熱中した。一九六〇年代の中ごろにレッジオ劇場の設計のために重い腰を上げて建築活動に戻った。この劇場設計は、カルロ・グラッフィとの協同作品となった。

同じ手紙のなかで、モリーノは、親友であり建築仲間でもあるポンティに失望した旨を訴えた。それは、ポンティが『建築を愛しなさい』のなかで、モリーノの貢献に言及しなかったからだ。結果として、この失望がふたりの間に溝をつくってしまった。モリーノからの手紙に答えて、ポンティはこのトリノの親友との交友を続けるためにふたりの間の距離を縮めようと大変な努力を払った。

のちのちまで続くポンティの努力は、「尊敬」の念を強調した手紙をモリーノに送り続ける形でなされたが、結局、このふたりの建築家は、初期の十数年間続いた友情を取り戻すことにはいたらなかった。ポンティがモリーノに書いた手紙の多くには、天使のようなほっそりとした手が描かれていたが、皮肉にもモリーノの手は天使の手とはおよそかけ離れたものであった。ポンティがモリーノに送った手紙のひとつに、たぶん天使の手を描いたものと思われるスケッチがあるが（図49参照）、非常に繊細な線で描かれていて、手から腕へ、そして建築家の夢の延長へと線がのびていた。

リサ・リチトラ・ポンティ著『ジオ・ポンティ』の出版記念会がポンピドゥー・センターで催された際に、フランソワ・ブルクハルトが、「ジオ・ポンティを讃えて」というタイトルの文章をファクスで送ってきた。彼はそのなかで、家具や装飾的壁面をひとつところに集めて演出した「性的魅惑」と「ダイナミックな要素」とを兼ね備えたモリーノの幻想的空間を共有した芸術家がポンティなのである、と、述べている。ヤーコプ・ブルクハルトはふたりの世界の共通部分を示しているが、ふたりともとくに天使という点では一致している。しかし、同じく天使とはいっても、モリーノは「堕ちた」天使であり、ポンティは「神聖」な天使なのだ。ふたりの違いは、モリーノが悪魔に話しかけているのに対して、ポンティは神に呼びかけている。[32] ブルクハルトは、たぶん、部分的にではあっても、モリーノの同級生が書いた「若きモリーノ」のプロフィールに影響されたようだ。深く物思いに沈んでいると思うと、猛烈に容赦のない態度でプロジェクトにのめり込んでいく、それがカルロ・モリーノの人生であったといえる。確かに彼は、悪魔と契約を結んでいたかもしれない。[33] モリーノが以前、家具のデザインで協力したことのある家具工房アンビアンテに友達のアダとチェザレ・ミノラを訪問したときには、全身を黒一色の悪魔のようないで立ちでドアのところに立っていた。これは彼の性格を遺憾なく発揮したものだった（赤以外ではモリーノは黒を最も好んだ）。[34]

ポンティとモリーノはしばしば「天使と悪魔」として性格づけされるが、同様に「太陽と月」として語られることもある。読者は覚えておられると思うが、これは、ポンティが彼の施主のアルマンドとアナラ・プランチャートをたとえていった表現であった。ポンティとモ

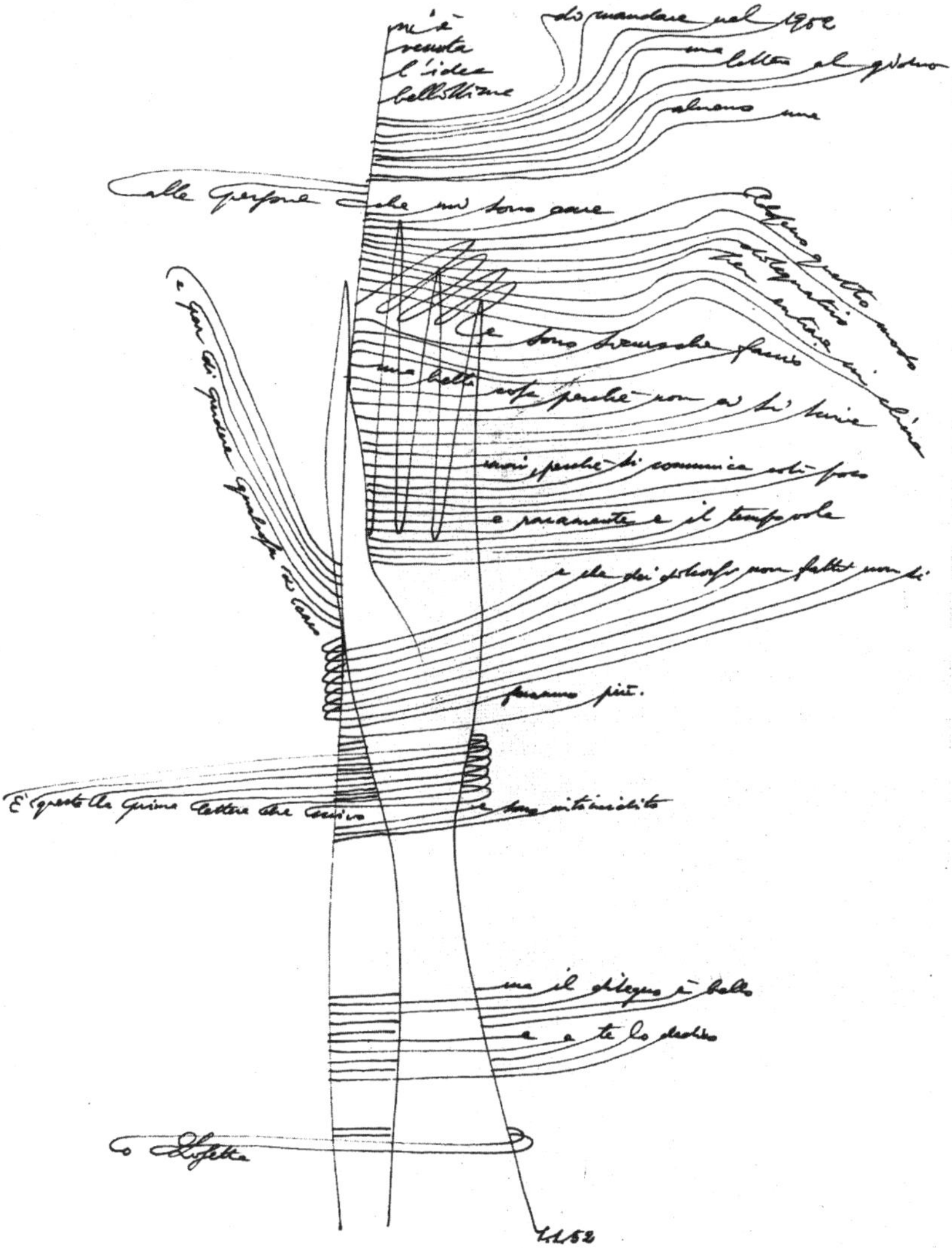

図 49　ジオ・ポンティ。ポンティからモリーノに送られた手紙の中のスケッチ

リーノの関係は、ふたりのシュルリアリストのブリトンとバタイユの関係によく似ていた。マリオ・ペルニオーラによれば、「ブリトン派の芸術の概念は、本質的には美的でも芸術的でもなく、現代詩の限界を極めようとしているポジティビティを表現しているのだ……。一方、バタイユにとって芸術とはポジティビティへの創造の表明ではなく、むしろその逆で、否定の表明であり、混ざり合いの表明でもある。芸術や詩の否定は、本来の目的を言葉から切り離す、すなわち言語構造の非機能化である」。[35] ブリトンやバタイユとは異なり、ポンティとモリーノは「ヤヌス神」のように前後に顔がついており、作品では「太陽と月」を同時に実現しようとし、変則的な方法ではあるが、このような魔法を現実の日常生活にもたらそうとしたのだ。

ポンティの手はまだ触れていなかったのだ。リサ・リチトラ・ポンティが書いているように、「彼は材料にまだ「触れて」ないのです。それがガラスか、セラミックか、シルクか、張子のいずれであってもです。彼が触れたのは芸術家の心なのです」。[36] ポンティの娘は、彼が、なぜ、想像上の人物がたくさん登場する多くの寓話を話したがるのかを説明した。そうすることによってポンティは現実の人間の血肉から彼自身を切り離したかったのだ。[37] ある意味で、ポンティはキリストの教えに抵抗していたのだ。触覚は身体のすべての感覚の基本なのです。[38] 材料に触れないのでポンティの手は、理想郷を視野から見失うことなしに、自由に奇跡を演出できたのだ。ポンティが触れると約束したその手とは、モリーノの手であった。おそらくは遅すぎたようだったが。彼らの関係はすでに終わろうとしていたのだ。「私はあなたを信頼して、あなたの手を抱いているのですから」とまで書いたが。[39]

ルネサンスの巨匠たちのようにポンティは、手について学んでいた。一九五〇年、六〇年代にポンティが、モリーノやそのほかの多くの親友や施主たちに書いた手紙には、天使のような手が、わき出てくる言葉を握っている様子のスケッチが描かれていた。少なくともそのうちのひとつはプランチャート夫妻へ書かれたものであった。[40] ポンティが描いたのは、人間の手ではなかった。彼の表現する手は、細長くて、二次元的に表現されてあたかも重さがまるでないかのように、たとえば、キリコの絵「預言者」のなかの黒板の前にいる人間の部分と同じように描かれていた。ポンティの手は、あたかも身体の本体には興味がないように身体から離れて、ある意味ではひとりの独立した役者のように扱われていたようでもあり、また、古いガラスのカクテルテーブルの上の装飾にように、金でできていて永遠性を強調しているかのようだ。ポンティの人間の手は彼自身の手であり、何ものとも代えることのできない重要なもので、この手なしには、彼の夢はこの世で実現されることはありえない。いずれにしても、ものづくりに携わる建築家ポンティは、彼の夢である「建築の感覚的な本質」を実現させるために、芸術家、職人や建築請負業者の手の助けに頼らなければならなかった。[41] そして同時に、彼の手は、日常では起きない何かを形づくろうとしていた。ポンティの「軽やかな」手は彼を高みに誘おうとしていたのだ。

モリーノの手は重そうに見えるが、ポンティと同様に正確さを求める手であった。その手は、洗練されて完成した器具に触れ、レースカーの運転をし、スキーと曲芸飛行をこなしたし、空間を完全にしようとして家具の配置にはとくに気を配った。一九六〇年には、施主に頼まれたわけでもないのに、ディナー用の食器を自分でデザインし製作した。モリーノはポンティへの手紙のなかで、「古い古典的な食器は、使っている人の口や手になじんだ形をしている」[42]と書いて彼は、銀製の「プロペラ」と呼ばれる食器を製作した。彼はポンティを昼食に招待して、「テスト飛行」をしてもらった。[43] モリーノの手は、親友の心に触れるために、曲芸飛行をしたときと同じように、このテスト飛行を真剣な気持ちで見守った（図50参照）、とモリーノの三〇年来の友達であるアデリア・マルティーナは書いている。[44] モリーノの不可能と思われる大望を人に伝えるためには、この表現力豊かな手が必要であったのだ。その大望はといえば、弁証法的思考から自由になることであり、その思考は両手と関係していた。モリーノは、一方の手または他方の手というような話術の弁証法的論理から離れるために、そして自分自身や他人をも説得するのに使ったのが両手であった。

図50　カルロ・モリーノ。客に身振り手振りで話しているモリーノ

おそらくは、モリーノの手がいちばん多く触れたのは、女性よりも何よりもカメラであったと思う。ローランド・バーセスもいっているように、「この写真家がシャッターを切る際に連動している器官は、目ではなくて手であった（これは恐ろしいことだが）」[45]。彼の手には精神が宿っていたようだし、手のひらの線が、彼を愛や仕事の場所へと誘うと信じていたようだ。モリーノは、同様に星占いやそれに似たようなオカルトにも凝っていて、彼の手には、よく占い用のタロットカードが握られていた。彼の友人のアダ・ミノラも書いている。「彼は星占いに凝っていて、一日の計画を星によって決めていた。人生の最後になって初めて、このような星占いがいかに無意味なことであったか、と私に告白していた」[46]。彼の人生の大半はこのように星占いにコントロールされていたようだ。たとえば、彼の建築デザインの色彩計画は、星占いのための手動式の輪（Rhabdomancy）から選択されたようだ。モリーノは、これらの表の説明書のなかに、強烈に明るい赤、性的感情を思わせる強烈に明るい赤に始まって、緑、黒、金と続く極彩色のスペクトルの「感情的な四分円」を発見した[47]。

　モリーノの中世的で古風な手は、科学と魔法を区別しなかった。マリネッティもいっている。

> 　触覚は、性的で洗練された力強い気性の人のためにあり、その目的は人間同士の精神的会話を完成させるために触覚の調和力を借りて、たとえ間接的であっても貢献することにある[48]。

モリーノにとって「触覚」とは、物質と精神の区別を否定するためにあった。型破りで非伝統的な方法ではあったが[49]。

「すまい」の外郭を追求する作業をしたのは、ふたりの建築家の思考との協調を獲得したふたりの手であったのだ。ふたりの手は思考と同様に、蝶のようにも機能したのだ。その手は精力的で自由な精神をもっていた、とアンリ・フォションはいっている[50]。「手で新世界をつくり出すので、その手が行く先々で手形を残すことになる。その手は変態する実態（蝶）と苦闘し、変化する形と苦戦をしいられた。人間のトレーナーであるその手は、時間がたつにつれて、空間のなかで増加していった」[51]。ポンティとモリーノの飽くことを知らない手は、ドムスへ向けての道を開拓し、言葉だけでは到達できない希望や可能性を実現すべく、スケッチや新建築材料などを提供した。住んでいる人々のためになるもので、すまいをいっぱいにしたのは、このふたりの手であった。

　ふたりの建築家の手が具体的な空間をつくり出している一方で、彼ら自身は、理解されにくいが、意味の深い環境をつくり出していった。フォションはさらに書いている。「ふたりの芸術家は、すでに潜在的に形が胎動している流動性のある空間をつくり上げていた」[52]。このようにして、彼らの手は未来を創造し、やむことのない再生、すなわち、現時点における変態を可能にしたのだ。手の動きは、言葉の動き以上に、われわれの経験を伝える能力がある。それは、彼らが言葉以上に幅のある音の濃淡を最大限に利用したのであった、とフォションは書いている。ポンティとモリーノの手は「絶妙なる死体」をつくったのではなく、「活力あふれる建築」を創造したのである[53]。

ポンティとモリーノの螺旋状的追求

二〇世紀の初頭にベネデット・クローチェは、以下のような感傷を表した。

どの芸術的表現もそのなかに宇宙がある。個性的な形のなかに宇宙があり、宇宙のなかに個性的な形がある。すべての詩人の個性にも、すべての詩人の想像のなかの生き物にも、全人類の知識の結晶が全人類の希望や幻想、悲しみ、楽しさ、偉大さや悲惨さが、さらには次第に膨らんでくる永遠の悩みと喜びが現実のドラマとなって存在している。

私は上記のさまざまな表現の言葉を、半世紀以上も前に書かれたクローチェの本のページに黄色い蛍光色のマーカーで印して引用したのではない。これらは、一九九三年二月号の『ドムス』誌上にヴィットリオ・マニアーゴ・ランプニアーニが書いた「デザインとパッションン」と題する編集後記から引用したものだ。この号には、例によって、「『ドムス』、一九二七年にジオ・ポンティによって創刊される（Domus, rivista fandata nel 1928 di Gio Ponti）」と記されている。ここで、ランプニアーニはクローチェとポンティに光を当てて、再び永遠なる生命を呼び覚ました。同じ編集後記のなかで、「解決策のない建築のジレンマ」に言及している。

……一般読者に理解してもらえるように、わかりやすい言葉で書き、論点を明確にし、誤解のないように表現することは、社会的な義務でさえある。しかし、これは、複雑で複合的な社会の慣習に対する、拘束の少ない今日の読者に対して書かれているのだと知らなければならない。まだ生き残っている数少ない因習に関係づけて、視野を広げることでしか、この矛盾を克服する術はない。当然異なる複数の解釈を許すことになる。この「むなしさ」のなかで、望む者は誰でも問題や希望や心配について意見を述べて興奮を誘い、その答えの余韻に耳を澄ますことになる。

『ドムス』の追求はさらに続いていく。十分でかつ完全な建築のそのときが訪れるのを待つ間、建築家は、現世のわれわれと来世のわれわれの投影との間に横たわる空の空間を、好感をもって眺め、どのようにしてその空間

図51　カルロ・モリーノ。セルフポートレート（日時不詳）

を完成するか（嘆願）を考え続けることができるのだろう。答えがないままでも、建築家は前に進み、明るくてよき日々について考えればよい。

そこで、「永遠のピュグマリオンよ」となって、ポンティとモリーノのおとぎ話の出馬のときがくるのだ。この章の題である「結論」はむしろ「未完成」の「結論」としたほうがよかったのかもしれない。各章の「題」は、ふたりの建築家がもつさまざまな特別な関係を性格づけて考えたものである。すなわち、ポンティとモリーノは、彼ら自身が幻想なのであり、虚構であり、結晶であり、人体であり、蝶でもあり、これらが彼らの活力ある建築作品に現れているのだ。夢では、人々と物事が「理想的な」状態で一緒に現れるが、現実の世界では、詩人が、とらえどころのないすまいであるドムスに到達する道筋をつくってくれることによってのみ、考えうる幻想なのだ。モリーノ（図51参照）はポンティにこう書いている。「自分の創作がどこから来たのか、私にはまるでわからない。アイデアの多くは夢のなかでできたような気がする。でもそれらがたとえどこから来たとしても、

図52　カルロ・モリーノ。カサ・M2アパートのインテリア（1946年）

私の作品はすべて想像力の産物なのだ」。[54]

ポンティは、『ドムス』に発表されたヴィラ・プランチャートのデザインが、まだ発展段階にあったそのときどきの瞬間的な記憶をたどってみながら、ヴィラ・プランチャートと同様に預言者的な建築の例として、彼の初期の住宅で、建築家（彼）の夢に忠実ではなく、ほとんど忘れてしまっていた作品に言及した。親友カルロ・モリーノの助言をもとに、ポンティは、彼自身のすばらしい考えで自分を納得させたのだ。

運命の夢を左右する不思議な忠誠心があるがゆえに、われわれの熱情が消え失せることはない。しかし、モリーノの助言を借りれば、われわれの建築作品の運命は、それとは異なり、自然的に「消滅の状態」へと移行していくことになるのだ（図52参照）。[55]

原注

1 ジオ・ポンティによる施主アナラ・プランチャートへの手紙からの引用。Fulvio Irace, “Correspondences: Villa Planchart by Gio Ponti in Caracas” p. 85

2 Gio Ponti, Letter to Anala Planchart（August 30, 1974）, p. 235

3 Gio Ponti,（注2）, p. 93

4 Gio Ponti, In Praise of Architecture, p. 186. ポンティのほとんどのコンセプトがそうであるように、彼の「美」についてのコンセプトもどちらかといえば、難解なものであった。同著作でポンティは、ミース・ファン・デル・ローエやアスプルンドの近代建築は伝統的な美の延長上にある、といっている（永遠の美の原則に沿った）（p. 51）。

5 Benedetto Croce, *La critica e la storia delle arte figurative: questioni di metodo*［The history and criticism of figurative art: questions of method］（Bari: Gius. Laterza & Figli, 1946）, p. 81

6 Carlo Mollino, “Utopia e ambientazione” part II, p. 25

7 Susan Sontag, “The Aesthetics of Silence”, *Styles of Radical Will*, p. 9

8 Gaston Bachelard, *The Poetics of Space*, p. 47

9 同右。

10 Gaston Bachelard,（注8）, p. 127

11 Gaston Bachelard,（注8）, p. 48

12 イタリア語で「waiting（待っている）」はattesaであり、「to wait（待つこと）」はaspettare［to wait for; to await; to expect; to keep waiting（fare aspettare）: to be on the lookout for（attendere al varco）］であり、これを関連するイタリア語の動詞は、attendere［to await; to bide one’s time（attendere l’ora propizia）; to attend to］。私の「waiting」についての視点は、サミュエル・ベケット（Samuel Beckett）作の『Waiting for Godot』と比較すると、理解しやすくなるが、この脚本では、結局何もやってこなかった、のである。ベケットについてのカルラ・ロカテッリ（Locatelli）の分析は、ポンティとモリーノの建築作品とそこに住む人たちとの関係に負うところが多い。ベケット作の『dwelling』のように、ポンティとモリーノの住宅建築は、本質的に動きと比喩とからなる「空間」のなかの人と物との関係の論理であるといえる（Carla Locatelli, *Unwording the World: Samuel Becket’s Prose Works After the Nobel Prise*［Philadelphia: University

of Pennsylvania, 1990], p. 12)。

13 Licitra Ponti, "Portrait", *Gio Ponti, The Complete Works 1923–78*, p. 20

14 Licitra Ponti, (注13), p. 269

15 Aldo Palazzeschi, Man of Smoke [Il Codice di Perelà] (1911), pp. 223-224

16 同右。

17 Fulvio Ferrari, *Carlo Mollino: Cronaca*, の表紙にモリーノが引用されている。

18 Gio Ponti, "Architettura 'nel' cinema" *Stile* 13 (January 1942) insert

19 Gottfried Semper, *The Four Elements of Architecture and Other Writings*, trans., H. F. Mallgrave and W. Hermann (Cambridge: Cambridge U.Press, 1989) p. 78

20 ゼンパー (Semper) の評論の視点については、ジョゼフ・リクワートの著作 "Gottfried Semper: Architect and Historian" を参照。Gottfried Semper, (注19), vii-xviii; and here, particularly ix

21 Gottfried Semper, (注19), p. 101

22 Renato Poggioli, *The Theory of the Avant-garde*, p. 72

23 Benedetto Croce, "The Veil of Mystery", *Philosophy – Poetry – History; An Anthology of Essays by Benedetto Croce*, trans. C. Sprigge (London: Oxford U. Press, 1966), p. 33

24 Martin Heidegger, "Conversation of a Country Path About Thinking", *Discourse on Thinking*, trans. J. Anderson and E. Freund (New York: Harper and Row, 1966), p. 62

25 Martin Heidegger, (注24), p. 69

26 Martin Heidegger, (注24), p. 74

27 Martin Heidegger, "Memorial Address" *Discourse on Thinking*, p. 56

28 Carlo Mollino, "Tutto è permesso sempre la fantasia" p. 21

29 Licitra Ponti, (注13), p. 22

30 Gio Ponti, letter to Carlo Mollino, dated January 3, 1955 (Mollino Archives, Turin)

31 Gio Ponti, letter to Carlo Mollino, dated July 31, 1957 (Mollino Archives, Turin)

32 François Burkhardt, "Hommage a Gio Ponti" (a faxed letter to Lisa Licitra Ponti, dated October 25, 1990),

The Gio Ponti Archives, Milan.

33 Giovanni Brino, *Carlo Mollino: Architecture as Autobiography*, p. 58に引用された、学生によるカルロ・モリーノの横顔。

34 Giovanni Brino,（注33）, p. 96

35 Mario Perniola, *Georges Bataille e il negativo*（Milan: Feltrinelli, 1977）, pp. 45-46

36 Lisa Licitra Ponti, "Gio Ponti: A-Z" p. 6

37 一九九五年一二月九日、リサ・リチトラ・ポンティは、ランダッチオ九番地の自宅で、このことを著者に話してくれた。

38 これは、聖トーマスの法令であった。エッセイストであるリチャード・セネトはその著『肉と石（Flesh and Stone）――西洋世界における身体と都市（The Body and City in Western Civilization）』でキリスト教徒の肉体同士接触に関する立場を説明している。肉体的接触は、キリスト教文明に深く刻まれた身体的経験なのである。肉体的接触の感覚は、聖書に載っているすべての性的イメージについて回る。聖トーマスにとって、接触の感覚はすべての肉体的興奮の基礎なのであった（Richard Sennet, *Flesh and Stone: The Body and City in Western Civilization*［NY: W. W. Norton, 1994］, p. 212–251）。

39 Gio Ponti, letter to Carlo Mollino, dated December 1, 1959（Mollino Archives , Turin）.

40 プランチャート家への手紙は、Fulvio Irace, "Corrispondenze: La villa Planchart di Gio Ponti a Caracas" p. 92に掲載されている。

41 Gio Ponti, *In Praise of Architecture*, p. 97

42 Carlo Mollino, letter to Gio Ponti, dated December 17, 1959（Mollino Archives）.

43 Carlo Mollino, letter to Gio Ponti, dated December 17, 1959. この手紙でモリーノはポンティに、「前にお話した刃物をぜひお見せしたいので、昼食にご招待させてください」と申し出た。

44 Adelia Martina, letter of homage, in "Carlo Mollino" p. 253

45 Roland Barthes, *Camera Lucinda: Reflections of Photography*, transl. R. Howard（NY: Noonday, 1981）, p. 15

46 Ada Minola, letter of homage, in "Carlo Mollino" p. 255

47 Giovanni Brino,（注33）, p. 47

48 F. T. Marinetti, "Tactilism of the Art of Touch", Let's

Murder the Moonshine: Selected Writings, ed. R. W. Flint（Los Angeles: Sun and Moon, 1991）, p. 119

49 F. T. Marinetti,（注48）, p. 120

50 Henri Focillon, *The Life of Forms in Art*, transl. G. Kubler（NY: Zone, 1992）, p. 157

51 Henri Focillon,（注50）, p. 184

52 Henri Focillon,（注50）, p. 167

53 「絶妙なる死体」は、文章やスケッチが数人の手によって順番に、互いに他人の作品を見ないで制作するという超現実主義者たちのするゲームなのだ。文学的範例としては以下を参照。Révolution surrealiste:“The strike of the stars/corrects the house/without sugar”

54 Carlo Mollino, letter to Gio Ponti（from about late 1930s）, Fulvio Irace, “Carlo Mollino, 1905-1973”, p. 242

55 Gio Ponti, “Una villa ‘fiorentina’” p. 10

訳者あとがき

本書はKeith Evan Green, *Gio Ponti and Carlo Mollino: Post-war Italian Architects and the Relevance of Their Work Today*, The Edwin Mellen Press, 2006の全訳である。

建築とはまことに裾野が広い分野だ。

私はキース・グリーン教授の原著を一読して、西洋的発想で始まり、終わりのない東洋的結末で締めくくってある、探偵物語的なスリルを味わった。一般に問題提起は、人生や仕事に対してだけではなく、遊びに対してですらもその深みと楽しみの度合いを増す手助けをしてくれたりするが、この本では、問題の穴を埋めれば埋めるだけ新しい穴が口を開けたり増えたりで、解決の糸口がなかなか見えてこなかったりして悪戦苦闘していると、ある時ふと問題の本質が見えてくるのだ、といっているように思えた。ここではドムスという終わりのないチャレンジに対して、果敢に立ち向かっていったイタリアの建築家ジオ・ポンティとカルロ・モリーノを、勇敢にして理想に燃えた中世の騎士的存在として描いた、ロマンあふれる探偵物語的学術論文なのだ、と直感した。

グリーン教授に私の直感的印象を話して、日本語への翻訳の可能性を正してみた。彼はすぐに承諾してくれただけではなしに、私の直感に非常に興味を示してくれて、ぜひ翻訳をと逆に頼まれたようなかっこうになった。翻訳では、原作者の思想や意図を正しく理解しなければならないのは言うまでもないが、それ以上に作者の思考形式を自分のものにして、あたかも自分の本を書いているような気持ちにならないと、原作者の情熱はなかなか伝わらない。未完成で完成しているシューベルトの未完成交響曲のようでもあり、また「未完成」のすまいに住むひとたちもその作品の完成に力を貸すというような、まさにわれわれが現在直面している問題を半世紀以上前に、ドムスというテーマに向かって探求し続けた建築家の実話物語である。

私はこの翻訳から多くのことを学ばせてもらった。とくにグリーン教授との度重なる会話から得た教訓はその後の私の人生に多くの指針を与えてくれている。ここに改めて心からお礼の気持ちを伝えたい。鹿島出版会の川嶋勝氏と校正者の中神直子氏には忍耐強く最後まで全面的協力をいただき、やっと完成することができた。感謝の気持ちでいっぱいである。

二〇一一年六月

岸本雄二

著者
キース・イヴァン・グリーン
Keith Evan Green
建築家。クレムソン大学建築学科教授、兼新材料・システム・環境研究所所長。
一九六三年二月一八日米国ニューメキシコ州生まれ。ペンシルバニア大学建築学部卒業、イリノイ大学大学院修了。ペンシルバニア大学にて建築学博士号取得。著書に『現代イタリア文化事典』など。

訳者
岸本雄二　きしもと・ゆうじ
建築家。クレムソン大学建築学科名誉教授、兼日米関係担当学長補佐。
一九三八年一一月六日東京生まれ。早稲田大学建築学科卒業。菊竹清訓建築設計事務所、ルイス・カーン建築設計事務所などを経て、ハーバード大学大学院建築学修士およびマサチューセッツ大学大学院教育学修士取得。一九八〇年よりクレムソン大学教授を務める。

ジオ・ポンティとカルロ・モリーノ——ドムスへの道程《みちのり》

発行　二〇一一年八月一〇日　第一刷
訳者　岸本雄二
発行者　鹿島光一
発行所　鹿島出版会
〒一〇四―〇〇二八
東京都中央区八重洲二―五―一四
電話　〇三―六二〇二―五二〇〇
振替　〇〇一六〇―二―一八〇八八三
印刷　壮光舎印刷
製本　牧製本

ISBN978-4-306-04556-9 C3052

本書の内容に関するご意見・ご感想は左記までお寄せください。
URL: http://www.kajima-publishing.co.jp
e-mail: info@kajima-publishing.co.jp